주식시장의
천재투자자들

THE GURU INVESTOR

The Guru Investor: How to Beat the Market Using History's Best Investment Strategies
by John P. Reese and Jack M. Forehand

책에서 나오는 예시가 다소 시간이 지났지만, 독자들이 꾸준히 찾고 있으며 담고 있는 가치가 여전히 유효한 지점이 많다고 생각하여 재출간을 결정하였습니다. 이 책이 주식 초보자, 주식으로 성공하고 싶은 이들에게 길을 안내하는 길잡이가 되었으면 하는 바람입니다.

10인의 거장들에게 배우는 역사상 가장 탁월한 투자 전략

주식시장의 천재투자자들

JOHN P. 리즈, JACK M. 포핸드 지음 | 김숭진 옮김

슬로디미디어

역사상 가장 탁월한 투자전략으로 시장을 이기는 법을 배운다

왜 투자자들은 대부분 실패하는가?

지난 60년간 미국 주식시장의 연평균수익률은 11% 내외였다. 하지만 월가의 이름난 투자자 몇 사람을 제외하고는 개인투자자든 전문투자자든 대부분 이 수익률 근처에도 가지 못했다. 왜 이처럼 투자자들은 대부분 실패하는 것일까? 언론이나 매체에서 소위 전문투자자라는 사람들은 올해 시장이 어느 쪽으로 예측할지 코멘트를 한다. 하지만 이들의 지식과 사람들의 지지에도 불구하고 그 예측이 맞거나 틀리는 비율은 거의 같다. 전문투자자는 여러분의 생각만큼 그렇게 훌륭하지 않을지도 모른다.

그렇다면 개인투자자나 비전문가는 어떨까? 대부분의 개인투자자는 늘 지는 쪽에 속한다. 투자연구회사 달바가 2003년 7월 발표한 '투자자 행동에 관한 정량적 분석'이라는 연구결과에 따르면 개인투자자의 성적은 아주 형편없다. 1984~2003년 기간 동안 S&P500지수는 12.2% 수익률을 기록한 반면 개인이 올린 수익률은 2.6%에도 미치지 못했다. 이처럼 개인투자자의 투자성적이 나쁜 이유는 인간 심리에 기초한 행동, 좀 더 구체적으로 말해서 수익은 높이고 손해는 피하려는 인간의 심리에 따라 행동했기 때문이다.

이런 정황을 따져보면 사실 투자에 도움을 구할 곳이 없다. 전문투자자도 나 자신도 믿을 것이 못 된다. 나 자신이나 전문가나 시장에서 승리하기는 어렵다는 결론이 나오기 때문이다. 그럼 주식투자를 포기해야 할까? 아니면 인덱스만 추종해야 할까?

하지만 필자는 어딘가 장기간에 걸쳐 시장을 이기는 방법이 꼭 있을 것이라 믿었다. 결국 높은 위험을 누르고 최고의 수익률을 낸 몇몇 천재투자자들이 있다는 사실을 알게 되었다. 필자는 이 천재투자자들 중 1명을 선정해 그의 방법을 배워서 그대로 따라하고 싶었다. 하지만 1명으로는 무언가 부족한 느낌이 들었다. 그래서 몇 가지 기준을 세워 최고의 천재투자자들 여러 명을 추렸다. 놀라운 투자실적은 기본이고, 누구나 따라하기 쉬운 종목선정 기준이 있어야 하며, 그 전략이 낱낱이 공개되어 있는 사람들을 선정했다.

그들이 벤저민 그레이엄, 피터 린치, 워런 버핏 등 역사상 가장 뛰어난 수익률을 거둔 천재투자자 10명이다. 이들 10명의 천재투자자들은 자신들의 원칙과 전략을 정하고 그에 따라 투자하며, 수익이 나든 나지 않든 자신들만의 전략을 끝까지 고수했다는 공통점이 있다. 또 단기간의 시장 변동에 연연해하지 않고 멀리 볼 수 있는 인내심과 성정을 지녔다는 공통점이 있다.

반면 전략과 철학, 투자법에는 약간씩 차이가 있어 가치투자자도 있고 성장투자자도 있다. 독자 여러분은 자신의 투자스타일에 맞는 사람을 먼저 만나도 좋을 것이다. 필자는 시장을 이기기 위해 10인의 천재투자자들이 사용한 각자의 비밀공식을 자세히 설명하는 한편, 천재투자자들이 개별종목을 분석할 때 특정 지표를 왜 그렇게 중요하게 생각했는지도 알아보았다.

왜 1명의 고수가 아닌 10명의 천재투자자인가?

10명의 투자전략을 한마디로 정리하면 '좋은 종목을 싸게 사서 장기투자하는 것'이다. 주식투자를 해본 사람이건 아니건 이 전략은 누구나 알고 있다. 하지만 왜 모두가 이렇게 하지 못할까? 주식은 정찰제가 아니라 인간 심리에 따라 변동성이 매우 큰 시장이기 때문이다.

'저평가된 주식을 사라'는 말은 누구나 알고 있을 것이다. 여기서 '저평가'란 말에 주목할 필요가 있다. 과연 한 기업의 주가는 누가 평가하는 것일까? 기업인? 기관투자가? 아니다. 바로 우리, 여러 투자자가 하는 것이다. 왜냐하면 상대적으로 저평가된 종목은 개인투자자들이 상대적으로 적게 투자하는 종목이기 때문이다. 만약 이런 종목을 발굴하는 전략이 드러난다면 그 순간 많은 투자자가 몰리게 되므로 저평가의 정도 차이가 낮아질 것이며, 그에 따른 수익률도 감소할 것이다.

따라서 1명의 천재투자자의 전략을 무조건 따라하는 것은 한편으로는 위험하다. 만약 모든 사람이 그의 전략을 알고 그대로 따라한다면 특정종목에 돈이 몰려들 수 있고, 그러면 저평가 종목이 고평가 종목으로 바뀔 수 있기 때문이다. 우리가 천재투자자의 전략을 따라해도 쉽게 성공하지 못하는 이유가 여기 있다. 원칙은 고수하되 변화하는 시장에 맞게 전략적으로 변하지 못하는 것. 전략은 바뀌어야 한다. 10명의 천재투자자들도 원칙은 고수했지만 전략은 끊임없이 업그레이드했다. 하지만 시간과 지식이 부족한 개인투자자가 어떻게 쉽게 전략을 바꿀 수 있을까? 10명의 천재투자자들의 장점을 합치는 것이 가장 쉬운 방법이다.

주식시장의 최후승리자 10인 천재투자자들의 투자전략 비교분석서

필자는 개인투자자들도 쉽게 투자하고 전략을 짤 수 있도록 연구원을 몇 명 고용해서 Validea.com을 설립했다. 이들과 함께 천재투자자 10명의 전략과 투자종목을 철저히 비교분석해서 모델을 만들었다. 또한 10명의 전략을 분석해서 장단점을 찾아내 위험은 최소화하고 수익은 최대화하는 최적의 방안을 개발했다.

아울러 언제 매수하고, 얼마나 오래 보유하고, 언제 매도해야 하는지도 기준을 세웠다. 이 시스템으로 필자의 홈페이지에 투자실적을 기록한 포트폴리오 10개가 전부 S&P500지수를 눌렀다. 그중 9개는 2배 이상, 8개는 3배 이상, 5개는 4배 이상을 기록했다. 이 시스템이면 누구나 쉽게 최적의 포트폴리오를 구성할 수 있을 것이다.

아무쪼록 이 책이 많은 투자자에게 주식시장의 다디단 열매를 안겨주기 바란다.

존 리즈

PART 1

천재투자자들에게 무엇을 배울 수 있을까?

PART 2

가치투자의 전설적인 인물들

CONTENTS

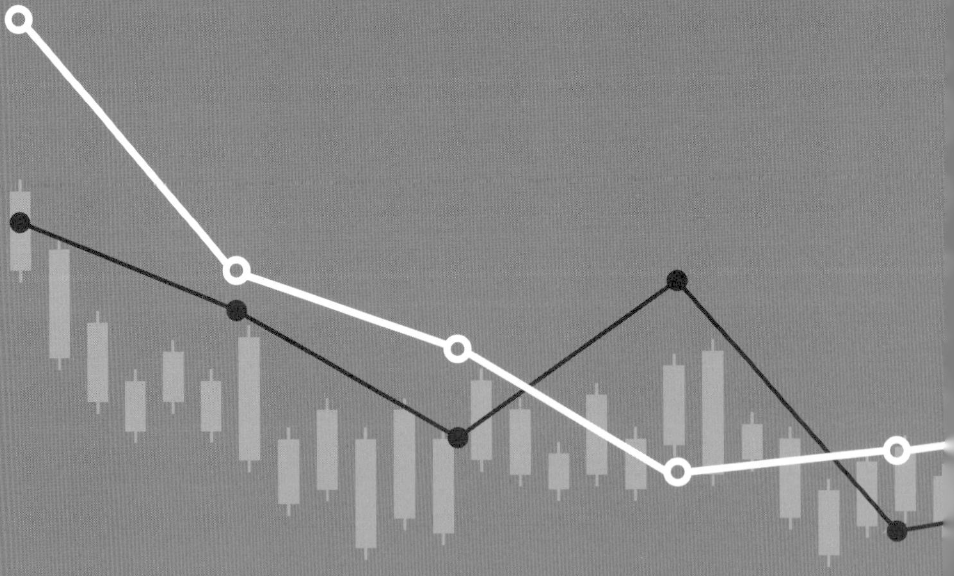

천재투자자들에게 무엇을 배울 수 있을까?

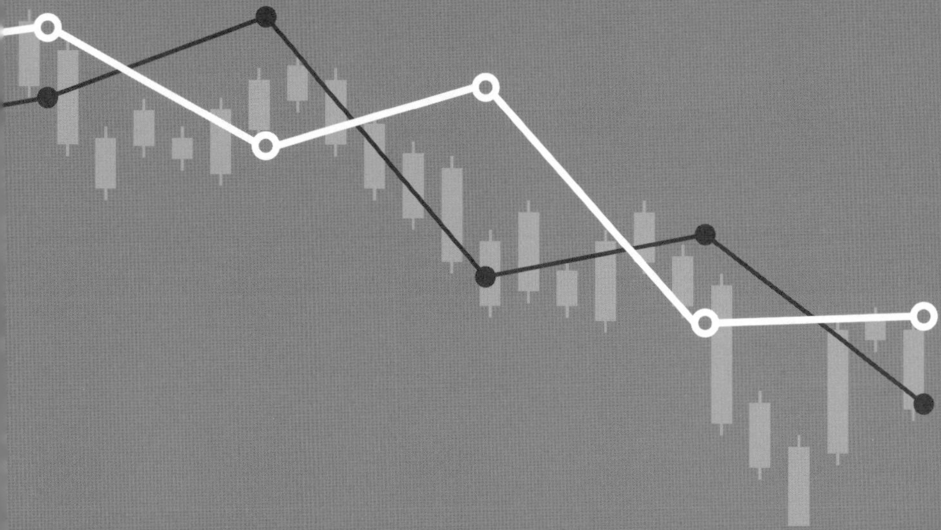

이 책을 읽어야 하는 이유는 무척 간단하다. 지난 60년간 미국 주식시장의 연평균수익률은 11% 내외였다. 단지 인덱스펀드에 투자해놓고 계속 기다리고 있기만 했어도 투자원금이 눈덩이처럼 불어나 저축, 회사채, 미국 국채, 심지어는 금에 투자한 것보다 훨씬 더 많은 수익을 얻었을 것이다. 즉 시장평균보다 수익률이 조금만 높아도 돈을 긁어모을 수 있다는 이야기다.

하지만 월가(街)의 몇몇 유명 투자자를 제외하고, 개인이든 전문투자자든 투자자 대부분이 연간수익률 11% 근처에도 가지 못했다. 왜 투자자 대다수가 실패하는 것일까? 장기적으로 주식시장이 가져다주는 혜택을 투자자 대부분은 왜 누리지 못하는 것일까? 오랜 기간 꾸준히 놀라운 수익을 거두어온 극히 소수의 천재투자자들에게서 우리는 무엇을 배울 수 있을까? 이제부터 이 질문에 대답해보겠다.

✔ 일러두기

- 본문에서 계속 등장하는 경제용어를 간단히 표로 정리해 357쪽에 실었습니다.
- 천재투자자들 10명과 관련된 도서의 서지사항을 358쪽에 실었습니다. 본문에서는 우리말로 번역된 저서는 번역본의 제목을 우선해 표기했습니다. 아직 우리말로 번역되지 않은 저서는 원어를 먼저 썼으며, 358쪽에 자세한 서지사항이 있으니 참고하세요.
- 옮긴이가 추가한 각주에는 '옮긴이' 표시를 했습니다. 따로 표시가 없는 각주는 모두 원저자의 것입니다.

CHAPTER 01

주식 전문가들은 왜 항상 실패하는가?

현명한 사람은 남의 실수를 통해
자신의 결점을 고쳐 나간다.
– 푸블릴리우스 시루스(1세기 로마작가) –

피터 린치, 벤저민 그레이엄, 데이비드 드레먼 등 주식의 대가들은 주식시장에서 일반투자자가 어떻게 돈을 벌 수 있는지 알려주는 로드맵을 남겨놓았다. 이들이 사용한 공식은 무척 간단해서, 우주공학자나 이해할 법한 복잡한 수학공식 같은 것은 들어 있지 않다.

게다가 요즘에는 인터넷에서도 주식 관련 정보를 쉽게 찾을 수 있어서, 이러한 공식을 실제 적용하는 데 어려움이 있다거나 별도의 연구가 필요하지도 않다. 누워서 떡 먹기다. 그렇지 않은가?

하지만 반드시 그렇지만은 않다. 린치, 그레이엄, 드레먼 등은 우리가 따라할 수 있는 투자법칙을 잘 마련해놓았지만, 주식시장은 가장 신중하게 만들어진 길조차 부를 일구는 데 숱한 변동성과 문제가 발생하는 곳이다. 우리가 가장 먼저 다룰 주제는 그리 멋진 것은 아니다. 많은 투자자가 왜 실패했으며, 여러분이 이런 함정에 빠질 경우 어떻게 빠져나오면 되는지 먼저 알아본다.

주식시장의 실패자들

시장을 따라잡는 데 실패한 사람들의 묘지는 늘 북적인다. 우선 '뮤추얼펀드 매니저'라는 전문투자자들이 있다. 과거 몇십 년간 뮤추얼펀드는 개인투자자가 개별종목을 매수하는 데 들어가는 거래비용을 줄여주고 여러 주식을 일괄적으로 사는 효과가 있어 보편적으로 사용된 주식투자 수단이었다. 문제는 뮤추얼펀드 매니저들이 S&P지수에 연동된 주가지수 펀드를 샀을 때의 수익조차도 올리지 못했다는 점이다.[1)]

2004년 미 상원의 은행·통화위원회에서 세계적인 대형 투자운용회사인 뱅가드그룹의 창업자 존 보글이 발표한 대로, 1950~1970년까지 주식형펀드의 연평균수익률은 10.5%인 데 비해 같은 기간 S&P500지수는 12.1%의 수익률을 기록했다. 뮤추얼펀드가 인기를 끈 1983~2003년 사이의 격차는 더 커서, 주식형펀드의 연평균수익률은 10.3%인 반면 S&P500지수는 13%를 기록했다.

S&P500과 뮤추얼펀드 매니저의 투자실적은 2.7%밖에 차이나지 않

---

1) 여기서 'S&P지수'가 의미하는 것은 바로 '시장'이다.

는데, 이 차이는 그리 대단한 것 같지 않아도 주식시장에서 거두어들이는 복리수익을 감안하면 대단한 차이다. 예를 들어 1만달러를 매년 복리 13%로 불리면 20년 후에는 11만5천달러가 된다. 10.3%로 불리면 4만4천달러나 줄어든 7만1천달러에 불과하다.

펀드매니저의 초라한 성적표를 거론한 사람은 보글뿐만이 아니다. 앞으로 다루게 될 천재투자자 중 한 명인 제임스 오쇼너시는 1981~1991년, 1982~1992년, 1983~1993년 등 10년을 단위로 2003년까지 주식형 펀드가 S&P500지수를 이긴 비율을 알아보았다. 그는 이렇게 말한다. "1984~1994년의 10년간 성적이 가장 좋았는데, 이 기간 동안 성장형 뮤추얼펀드 중 26%만이 S&P500지수를 눌렀다. 이것은 강세장에서조차 펀드매니저 중 1/4만이 고객에게 시장수익률 이상을 안겨주었다는 것을 의미한다!" S&P500을 앞선 펀드조차 엄밀하게 말하면 제대로 시장을 이긴 것은 아니다. 1994~2004년 10년간 S&P500 수익률을 능가한 펀드 중 수익률이 복리로 연 2%를 넘은 펀드는 절반도 되지 않았다. 더구나 오쇼너시가 밝힌 내용 중 가장 중요한 점은, 이 통계가 10년도 버티지 못한 펀드를 전부 다 포함하지는 않았다는 사실이다. 즉 그의 연구결과는 주식형펀드 전체 성적을 실제보다 과장한 측면이 있다는 말이다.

증권회사 뉴스레터 발행인

펀드매니저와 더불어 주식시장에 발이 빠져 시장평균에 훨씬 못 미치는 성과를 낸 사람들로 증권회사에서 발간하는 뉴스레터의 발행인들이 있다. 이들은 월간이나 계간으로 추천종목뿐 아니라 경제에 대한 의

견을 제시하면서 공식적이고 권위 있게 행동한다. 간혹 대규모 연구진을 갖추고 있기도 하다. 이들은 수많은 독자를 몰고 다니지만, 이들의 조언은 여러모로 부족하다. 마크 헐버트는 2004년 〈달라스 모닝 뉴스〉에서, 증권회사에서 발간하는 뉴스레터 가운데 80% 이상이 S&P500지수의 수익률을 따라가지 못한다고 밝힌 바 있다.

증권회사 뉴스레터 발행인들이 고른 종목의 수익률이 시장평균 이하인 경우가 많다는 것에서, 우리는 그들도 시장의 방향을 예측하는 데 어려움이 많다는 사실을 알 수 있다. 전미 경제 연구소(National Bureau of Economic Research, NBER)가 1990년대에 발행된 증권회사의 뉴스레터 237종을 조사한 결과 "증권회사의 뉴스레터들이 미래예측에 성공하는 확률은 평균보다 높지 않다."고 〈인터내셔널 헤럴드 트리뷴〉이 보도했다.

증권회사에서 발행하는 주식시장 뉴스레터의 광고나 홍보 문구는 귀가 솔깃하게 만들지만, 뉴스레터 발행인이나 자금관리자들이 시장을 이긴 성적이 나쁘다는 것은 자료를 보면 알 수 있다. 하지만 그래도 이들의 성적은 개인투자자보다는 훨씬 좋다.

보글은 개별투자자의 수익에 대해서도 언급했는데, 역시 침울한 그림자를 드리우고 있다. 2004년 미 하원 위원회에서 보글은 1984~2004년까지 20년간 주식형펀드 투자자의 연평균수익률은 3%에 지나지 않았지만 S&P500은 13%였다고 말했다.

부질없는 예측

전문투자자든 개인투자자든 투자자의 성과가 시장을 훨씬 밑도는 것을 확인했으니 이제 문제가 분명해졌다. 도대체 왜 이런 결과가 나오는가? 전문투자자는 관련 지식이 풍부하다. 대부분 대졸 이상이며 명문 학교를 나온 사람도 있고, 고객의 돈을 운용하려면 반드시 통과해야 하는 시험은 물론 투자 관련 자격증도 취득했다. 마찬가지로 개인투자자 중에도 똑똑한 사람이 많다. 필자는 하버드와 MIT에서 학위를 받았으며 사업도 성공적으로 해왔지만, 시장을 이겨보려고 오랜 기간 고심했다. 이렇게 똑똑한 사람들의 수익률이 왜 저조한 것일까?

인간의 본능이 투자에는 방해가 된다

우선 가장 중요한 이유는 바로 우리가 인간이라는 점이다. 특히 사유하고 인지하고 감정을 가졌다는 것이 최근의 투자세계에서 가장 중요한 주제다. 우리가 돈을 다루는 방법에 심리학이나 생리학이 어떤 영향을 미치는지 탐구하는 행태재무학(behavioral finance)[2], 신경경제학 등이 새로운 과학 분야로 등장했다. 그리고 학자들은 대체로 우리 인간이 주식시장에서 자신에게 불리한 쪽으로 투자한다는 것을 발견했다.

이 주제에 대해서는 〈머니〉 지의 제이슨 츠바이크 선임기자가 탁월

2) 심리학과 경제학을 통합해 금융시장을 연구하는 새로운 학문. 이는 기존 패러다임과 모순되는 예외를 설명하는 새로운 패러다임으로서, 효율적 시장가설을 대체하려는 이론이다. –옮긴이

한 연구를 토대로 쓴 《머니 앤드 브레인》이라는 신경경제학 책이 있다. 츠바이크가 강조하는 것 중 하나는, 단순한 여러 가지 패턴을 감지해 해석하는 인간의 탁월한 능력은 위험한 원시 세계에서 포식자들을 피하고 식량과 안식처를 찾아내며 적절한 때에 곡식의 씨를 심어 생존하는 데 큰 도움이 되었다. 츠바이크는 한발 더 나가 오늘날 이러한 성향 덕분에 우리는 시간에 맞춰 어떤 기차를 타고, 아이가 우는 것은 배가 고프기 때문이라는 것을 알 수 있다고 설명한다.

그런데 투자에서는 이런 능력이 단점이 된다. 츠바이크는 말한다. "이처럼 패턴을 알아내려는 탐색 본능 때문에 존재하지도 않는 질서를 찾아낸 것으로 착각해서 투자시 화를 입게 된다."

주식시장이 어디로 흘러갈지 안다고 생각하는 것은 월가의 바루스(Barus)[3]만이 아니다. 다우지수(Dow Jones Industrial Average)[4]가 오를지 내릴지, 어떤 주식이 계속 오를지 등에 대해 견해가 없는 사람은 없다. 모두 스스로 금융의 미래를 예언할 수 있을 것이라고 믿고 싶어한다. 하지만 츠바이크는 말한다. "투자자가 예측할 수 있다고 생각하는 일일 등락은 물론 바로 앞의 일도 인간은 예측할 수 없다는 것이 진실이다."

츠바이크의 말이 맞는지 확인하러 멀리 갈 필요도 없다. 매일 월가에서 어떤 사람은 주식시장에 돈을 투자해야겠다고 생각하고 또 어떤

3) 고대 메소포타미아에서 신과 동일시된 점성술 사제. 별들의 신호와 예언을 통해 신의 말을 전했다. –옮긴이

4) 다우존스 공업평균지수. 100여년 전 미국의 초대형 우량주 30개로 구성한 지수. 가장 흔히 사용되지만 가장 포괄적인 지수는 아니다. –옮긴이

사람은 시장에서 돈을 빼야겠다고 마음먹는 일이 계속해서 일어난다. 실적 발표, 애널리스트 발표 순위 변동, 지난달 소매판매 지표 등 이 모든 것이 시장에 갑작스러운 상승 또는 끝없는 하락을 불러올 수 있다. 왜냐하면 인간은 이러한 요소들이 앞으로 경제나 주식시장에서 일어날 일의 조짐으로 받아들이기 때문이다.

주식시장은 너무 복잡해서 이성으로 따질 수 없다

표면적으로는 시장의 움직임을 따져보는 것이 합리적일지도 모른다. 그러나 조금 더 깊숙이 들여다보면 이러한 생각에는 몇 가지 간과할 수 없는 문제가 도사리고 있다. 먼저, 믿을 수 없을 정도로 복잡한 주식시장을 우리는 너무 과소평가한다. 시장의 일일 등락에는 수많은 요소가 얽혀 있다. 실적 발표, 애널리스트의 순위 발표, 소매판매 지표 등은 빙산의 일각에 지나지 않는다. 인플레이션 예측, 소비자지출 리포트, 경제성장 수치, 기름값, 유명한 권위자의 추천, 기업의 신상품 뉴스, 내부 목표를 달성해서 환매에 필요한 현금을 조달하려고 매도를 결정한 기관투자가의 동향 등 이 모든 것들이 매일, 매시간, 매분 단위로 주가에 영향을 미친다. 같은 업종에 있는 종목이 분기 실적을 발표했기 때문에 주가가 움직이는 경우도 있다. 월마트나 IBM 같은 유망 대기업은 해당업종의 선두주자이며 이들의 실적에 따라 같은 업종에 있는 다른 기업의 실적도 영향을 받는다.

게다가 월간, 분기, 연간 경제보고, 실적보고에 관해서 시장은 보고서에 나와 있는 자료대로 움직이지 않는다. 애널리스트가 추정한 것과 어떻게 비교하는지에 따라 다르게 움직인다. A라는 기업이 분기 실적을 매우 좋게 발표한다면 이 결과는 애널리스트의 예상을 뛰어넘는 것이기에 주가가 오를 것이다. 또는 반대로, 이익이 200% 뛰었다고 발표해도 애널리스트의 예상이 225%였다면 그에 미치지 못하므로 주가는 떨어진다.

마지막으로, 경제에 좋은 소식이라고 해서 늘 주가가 올라가는 것도 아니고 나쁜 소식이라고 해서 늘 주가가 내려가는 것도 아니다. 월가의 저널에 따르면 1980, 1981~1982, 1990~1991, 2001년 등의 불황기가 그 불황이 오기 6개월 전보다 훨씬 좋았음을 알 수 있다. 특히 1980, 1981~1982, 1990~1991년에는 불황기임에도 주가가 올랐다.

전문가, 사이비 전문가들의 예측

살펴본 바와 같이 온갖 복잡한 요소가 주식시장에 영향을 미치기 때문에 단기적으로 주가가 어떻게 움직일지 예측하기는 불가능하다. 그러나 잠깐, 언론이 '전문가'라고 이름 붙인 사람들이 있다. TV, 인터넷, 신문을 통해 확신에 차서 떠드는 사람들을 접하게 되는데. 그들은 최근의 실적 발표와 경제지표가 주가에 어떤 영향을 미칠지 설명해준다. 결국 그들은 전문가니까 경제와 주식시장의 흐름을 상당히 잘 예측할 수 있지 않을까?

불행하게도 연구결과는 그렇지 않은 것으로 나온다. 필자는 언론에 나오는 '전문가'들이 실제로 종목을 얼마나 잘 선택하는지 조사해보았다. 결과는 이 권위자들이 거두는 성과에 일관성이나 예측 가능성이 없다는 것이었다. 한 주, 한 달, 분기, 반기, 1년 등 각각의 기간별로 최고의 성과를 낸 사람도 다음 기간으로 넘어가면 전 기간의 성과가 계속 이어지지 않았다. 기본적으로 단기간에 최고 성과를 낸 전문가가 골라주는 종목으로는 돈을 벌 수 없었다.

전문가도 주가변동성의 20% 이상은 설명하지 못한다

2006년 지오프리 콜빈은 〈포춘〉에 기고한 글에서 UC 버클리의 필립 테트락 교수가 쓴 《Expert political judgment(정치적 판단의 전문가)》라는 책을 통해 이 점을 짚어보았다. 이 책에는 7년에 걸쳐 소위 전문가와 비전문가를 대상으로 정치적, 경제적 이슈 몇 가지를 제시하면서 예측을 의뢰한 내용과 그 결과가 자세히 실려 있다. 82,000명을 대상으로 했으며 전문가의 예측에 관한 연구로는 가장 규모가 크다. 이 연구를 통해 콜빈은 가장 예측을 잘한 사람, 심지어 전문가조차도 결과적으로 전체 주가변동성(volatility)[5]의 20% 이상은 설명하지 못한다는 사실을 알아냈다. 이에 반해 거친 알고리즘은 25~30%를 설명할 수 있었으며 좀 더 정교한 알고리즘은 47%까지 설명할 수 있었다.

콜빈은 말한다. "이것이 무슨 의미일까? 여러분이 관심 있는 모든 종류의 질문, 이를테면 '2년 후 다우지수는 어떻게 될까?' '베이비붐 세대

---

5) 주식이나 포트폴리오가 어떤 평균에 비해 오르내리는 양을 나타내는 척도. 보통 표준편차, 분산, 베타 등으로 측정한다. —옮긴이

가 은퇴하면 연방 재정적자도 늘어날까?' 등의 질문에 대한 여러분의 대답과 전문가의 대답이 크게 다르지 않다는 뜻이다. 전문가가 더 나을 것도 없고 그렇다고 더 못할 것도 없다는 말이다."

이뿐만이 아니다. 콜빈은 전문가의 굉장함은 학력, 배경, 직장 근무연한, 잘 정돈된 자료를 봤는지 안 봤는지와 무관하다는 것을 알게 되었다. "사실 단 하나 차이나는 요소가 있었는데, 그것은 명성이었다. 전문가의 명성이 높으면 높을수록 실적은 더 나빴다."

만약 사실이 그렇다면 전문가는 왜 그렇게 방송을 많이 타는 것일까? 콜빈은 그 이유로 우리 인간 본성의 또 다른 측면을 언급한다. 콜빈은 "인간은 세상이 주사위게임과 다를 터이므로 모든 사건에는 나름의 이유가 있고 현명한 사람은 그것을 전부 예측할 수 있다고 믿고 싶어 하기 때문"이라고 말한다. 사람들은 모든 것을 속속들이 밝혀줄 믿을 만한 전문가로부터 무엇이든 듣고 싶어 하기 때문에 언론은 이들을 방송에 출연시킨다. 그리고 전문가도 소득이 생기기 때문에 방송에 나오려고 한다. 테트락은 이러한 관계를 '상생적 삼각관계'라고 설명하면서 "그것이 착각에서 나온 것이기 때문에 그냥 관계를 끝내고 싶지 않아서라도 서로를 더 필요로 한다."고 설명한다.

정리하면, 전문가들이 카메라 앞에서 마이크에 대고 확신에 차서 떠드는 것은 주식시장에서 확실한 파워를 가지고 있어서가 아니다. 사실 이들의 말은 다섯 번에 네 번꼴로 틀린다.

매매시점 선택은 위험한 게임이다

인간은 심지어 전문가조차도 경제와 주식시장 예측 능력이 형편없다는 조사결과가 있는데도 사람들은 시장의 단기 움직임을 예측하려는 욕심을 버리지 못한다. 매일 수백만 명의 투자자가 내일, 내주, 내달의 시장 상황을 알고 싶어 안달이다. 시장에 뛰어들 시기를 저울질하지만 늘 매매 시점을 제대로 선택하지 못한다.

'매매시점 선택'(market timing)은 단기적인 주가의 등락을 이용해 시장에 들어가거나 나가는 것을 말한다. 매매시점을 제대로 선택하고 싶은 것은 인간의 바람일 뿐 결코 간단하지 않다. 시장이 상승세로 돌아설 것이라는 친구의 말에 솔깃해서 투자를 시작하거나, 좀 더 거창하게는 다음 달 시장 움직임을 예측하기 위해 여러 가지 경제지표를 이용해 괜찮은 모델을 개발했을 수도 있다. 어쨌든 결과는 그리 좋지 않을 것이다. 왜냐하면 시장의 움직임을 제대로, 믿을 만하게 예측하기에 시장의 단기 움직임은 매우 복잡하고 합리적이지 않기 때문이다.

제대로 된 매매시점을 선택하는 것이 쉽지 않다는 증거는 엄청나게 많다. 예를 들어 달바(Dalbar Inc.)에서 연구한 것을 보자. '2007 투자자 행태의 정량적 분석보고서'에 따르면, 1987~2006년 S&P500지수는 연평균 11.8% 올랐다. 놀랄 만한 성장이다. 하지만 이 기간 동안 투자자들의 평균수익률은 겨우 4.3%였다. 도대체 무슨 이유일까? 투자자는 주식시장이 상승할 때는 뮤추얼펀드에 돈을 쏟아붓지만 하락으로 돌아서면 미친 듯이 팔기 시작한다. 즉 '쌀 때 사서 비쌀 때 팔라'는 주식시장의 오래된 격언과 정반대로 움직인다.

시장의 단기등락을 예측하는 것이 쓸모없다는 것을 보여준 것은 달바 뿐만이 아니다. 세계적 투자분석 기관인 모닝스타는 몇 년 전 뮤추얼펀드의 성적을 기존의 방법 대신 새로운 방법으로 측정해보았다. 일반적으로 뮤추얼펀드 수익률은 해당기간 내내 펀드에 돈을 묻어둔 것으로 가정한다. 어느 펀드의 3년간 수익률을 말할 때는 투자자가 3년 내내 해당펀드에 돈을 묻어둔 것으로 가정하고 수익률 증감을 표시한다.

'모닝스타 투자자 수익률 보고서'에서 모닝스타는 이러한 총수익률은 해당펀드에서 투자자가 얼마나 수익을 거두었는지 정확하게 반영하지 못한다고 말한다. 이유는 총수익률은 특정펀드, 특정기간을 대상으로 측정하지만 투자자는 그 기간 내내 해당펀드에 머물러 있지 않기 때문이다. 투자자는 펀드에 가입했다가 환매하기를 계속 반복한다. 모닝스타는 또한 일반투자자가 특정 펀드에서 실제로 거두어들이는 수익이 펀드의 총수익률보다 못한 이유는 펀드 가입과 환매 시기를 제대로 잡지 못하기 때문이라고 말한다.

투자자에게도 책임이 있지만, 뮤추얼펀드도 도움이 안 되기는 마찬가지다. 모닝스타는 만약 펀드를 판매하는 기업이 단타거래, 테마펀드를 추천한다든지 단기수익률, 고위험 펀드를 선전한다면 이들은 투자자의 장기이익은 안중에도 없음을 보여주는 것이라고 지적한다. 투자자의 실제 수익률은 십중팔구 펀드의 총수익률보다 낮다.

심리가 최고의 적이다

츠바이크, 테트탁, 달바, 모닝스타의 연구는 우리 인간이 주식시장에 뛰어드는 시기를 잘 잡지 못한다는 전제하에 진행되었다. 이것은 우리에게 다음과 같은 중요한 질문을 던진다. 우리는 성공하지도 못하면서 왜 매매시점을 선택하려고 하는 것일까? 주식시장이 단기적으로 예측 불가능하다면, 주식시장에 뛰어드는 시점을 포착하려는 것 역시 헛된 노력으로 끝나고 말 것이다. 그런데도 우리는 배우면 잘할 수 있다고 생각한다. "지난번에는 비록 성공하지 못했지만 이제 중요한 교훈을 깨우쳤어. 다음번에는 매매시점을 잘 잡을 수 있을 거야." 우리가 지난번에 제대로 하지 못한 것이 무엇인지 분명하지도 않고, 미래에 매매시점을 선택하는데 아무것도 확실한 것이 없는데도 스스로 이렇게 이야기한다. 그리고 시간이 흘러 보유종목의 주가가 떨어지기 시작하면 팔아버리고 최근 뜨는 종목을 사는데, 이렇게 사고 나면 팔아버린 종목은 오르고 새로 산 종목은 떨어진다.

이러한 습관이 우리 내부에 자리 잡고 있는 중요한 이유 중 하나가 바로 인간의 심리다. 인간인 우리는 감정적인 존재이고, 이것이 살아가는 데 나쁜 것만은 아니다. 예를 들어 우리는 위험에 처했을 때 공포를 느끼고, 뇌에서는 이를 어서 안전한 곳으로 도망가라는 신호로 받아들인다. 그러나 주식시장에서는 이 투자심리가 우리의 가장 큰 적이다. 우리의 본능은 위험에 처했을 때 도망가라고 말한다. 투자한 종목의 주가가 떨어지는 것을 보는 것도 위험이다. 돈을 잃을 위험, 아이들을 대학에 보내야 하는데 돈이 없을 위험, 은퇴하고 싶을 때 돈이 없어서 은퇴하지 못할 위험 등이다. 다른 위험과 마찬가지로 위험에 처했을 때 제일 먼저 나타나는 반응은 도망가는 것이며, 투자의 경우에는 그것이 바로 주식을 매도하는 것이다.

돈을 잃을 위험에서 도망가려는 인간의 심리는 본능이다

동물이 공격해오거나 강도가 우리를 해치려 할 때 도망가는 것이야말로 바람직한 본능이다. 하지만 주식시장에서 도망가는 것은 사실 큰 손해를 초래한다. 주식시장에서 느끼는 위험은 잘못된 위험이기 때문이다. 초우량주라도 단기적으로는 주가가 끊임없이 오르내린다.[6] 이러한 등락과 주식의 진짜 가치와는 아무 관계가 없다.[7] 그리고 우리가 보듯이 수많은 요소가 매일 변하기 때문에 시장이 어떻게 움직일지 아무도 모르고, 개별종목의 단기등락 역시 예측하기 어렵다.

그런데도 우리가 여전히 시장을 예측하고 싶어 하는 것은 바로 투자심리 때문이다. 이런 현상에 관해 피터 린치는 PBS와 가진 인터뷰에서 이렇게 말했다. "시장이 하락하기 시작하면 여러분은 이렇게 말하지요. '뭐, 괜찮아, 무슨 일 있겠어?' 그런데 하락폭이 커지고 주변에서 직장을 잃는 사람이 나타나고, 여러분 친구도 실업자가 되고, 직원이 1만 명인 기업이 그중에서 200명을 해고하는 일이 생기지요. 남아 있는 9,800명은 걱정하기 시작하고 또 누군가는 집값이 떨어진다고 이야기하지요. 이런 자잘한 생각이 여러분 머릿속에 슬금슬금 들기 시작합니다. 이제 사람은 과거의 금융위기에 대해 생각하기 시작하면서 현재 상황이 그

정도로 나쁘지 않은데도 대공황 같은 파국까지 구체적으로 생각하기 시작합니다."

24시간 방송이 나오고 신문 머리기사는 점점 자극적으로 되어가는 오늘날 세계에서, 이러한 생각이 머릿속을 파고 들어오지 못하게 하는 것은 참 어려운 일이다. 언론이 자극적으로 되면 될수록 잘못된 투자결정을 내릴 가능성이 더 커진다. 달바에서 연구한 투자자들의 투자행태 결과를 보면, 시장의 방향을 올바로 예측한 투자자 비율이 상승장에서보다 하락장에서 더 낮았다. 이미 손해를 많이 본 하락장에서는 더 손해를 볼지도 모른다는 공포가 많은 투자자로 하여금 장을 빠져나가게 하는 원인이 된다. 비록 월가에서는 주기적으로 일어나는 일시적인 주가하락에 불과한데도 말이다.[8] 장이 바닥을 찍고 반등할 무렵에야 다시 뛰어드는데, 이때는 이미 반등장의 이익을 놓친 후다.

공포와 염려가 여러분에게 "이번에는 달라. 이번에는 시장이 다시 회복하지 못할 거야."라고 속삭여도 시장은 다시 반등한다는 것을 잊지 않는 것이 중요하다. 사실 시간이 흐르면 주식시장은 다른 어떤 투자수단보다 훨씬 많이 오른다. 로저 이보슨, 렉스 싱크필드, 이보슨 투자협회가 공동조사한 바에 따르면 1986~2006년까지 20년간 S&P500지수는 연복리수익률 11.8%를 기록했으며, 이는 장기회사채(8.6%), 장기국공채

---

6) 특정주식의 1년간 등락폭은 대개 40~50%이다.

7) 앞에서 예로 든 해당업종의 선두주자를 생각해보라. 같은 업종에서 어느 한 기업의 실적이 나쁘다는 발표가 나오면 다른 기업 역시 부정적인 영향을 받는다.

8) 행태재무학에서는 이것을 '근시안적인 손실회피'(myopic loss aversion)라고 한다.

(8.6%), 단기재정증권(T-bils)[9](4.5%)의 수익률을 앞서는 결과다. 조사 기간을 이전 30년, 40년, 50년간으로 늘려보아도 주식과 다른 투자 사이에 차이가 좁혀지기는커녕 그대로 유지되거나 어떤 때는 더 벌어졌다.

주식시장의 엄청난 역설이다. 단기적으로는 예측 가능하지 않지만, 장기적으로 보면 성과를 예측하기가 훨씬 쉽다.

주식, 언젠가는 올라갈 것이 확실한 헬륨가스 풍선

만약 이것이 논리적이지 않은 것 같다면 잠시 이렇게 생각해보자. 바람 부는 날 야외에서 헬륨가스가 든 풍선을 잡고 있다고 가정해보자. 여기서 풍선은 시장이다. 풍선이 어디로 날아갈지 예측하기는 힘들다. 바람(실적 발표, 경제 자료, 애널리스트의 순위 매김, 전문가의 예측 등)에 따라 이리저리 움직일 것이고 어떤 때는 바닥으로 곤두박질칠 수도 있다. 바람이 어디로 불지 모르기 때문에 풍선이 어디로 날아갈지 정확하게 예측할 수 있다는 데 돈을 건다면 그것처럼 어리석은 일도 없을 것이다. 하지만 장기적으로 볼 때 풍선은 최초 시작한 곳보다 높이 떠올라 있을 것이라는데 돈을 건다면 그것은 확실한 배팅이다.

풍선처럼 시장도 시간이 지나면 반드시 오른다. 하지만 곧장 오르지는 않는다. 멈추었다가 오르고, 다시 떨어지기도 하고, 또 어떤 때는 곧장 오르기만 할 것이다. 월가의 풍향에 따라 단기적으로는 상당히 걱정스러운 순간이 연출될 수도 있다.

그리고 바람이 얼마나 거셀 수 있는지 꼭 알고 있어야 한다. 투자 관련서 저자이며 교수, 논평가로 유명한 제러미 시겔은《장기 투자바이블》에서 제2차 세계대전 이후(1946~2006) 주식시장의 연복리수익률은 11.2%를 기록했다고 한다. 그러나 시겔은 이러한 수익률을 통계적 측정치인 표준편차를 대입해 계산해보았다. 예를 들어 어떤 주식이 표준편차 5%로 특정기간 연평균 10%의 수익률을 기록했다면 이 기간 중 2/3 기간의 수익률은 5%(평균수익률에서 표준편차를 뺀 것)에서 15%(평균수익률에 표준 편차를 합한 것) 사이에 있다.

시겔에 따르면 제2차 세계대전 이후 시장의 연간 표준편차는 17%였으며 지난 60년간 전체 기간 중 2/3의 수익률은 -5.8%에서 28.2%로 해마다 상당한 차이를 보여준다.(나머지 기간에는 평균을 훨씬 벗어났다.)

매년 주식시장의 등락이 이렇게 심하다는 것은 단기적으로는 마음 졸이는 기간이 많다는 이야기이기도 하다. 그러나 이러한 마음 졸임은 주식시장이 여러분에게 가져다줄 탁월한 장기수익에 대한 대가라고 볼 수 있다. 만약 주식이 완만하게 오르면서 매년 10~12%의 수익을 가져다주기만 한다면 다른 투자수단에 투자할 사람이 어디 있겠는가? 이러한 개념이 바로 주식 위험 프리미엄(equity risk premium)[10]이다.

정리하면, 주식시장에 공짜 점심은 없다. 주식시장에서 장기적으로 수익을 거두려면 단기적으로는 걱정스러운 기간을 참는 대가를 지불해야 한다.

---

9) 미국 재무부가 발행하는 만기 1년 이하인 단기재정증권 – 옮긴이

10) 주식에서 얻을 수 있는 기대수익률과 아무 위험이 없는 투자수단 (예를 들어 저축)에서 얻을 수 있는 이자율의 차이를 말한다. – 옮긴이.

최고의 이익을 얻는 최선의 방법은 무엇인가?

투자자는 단기적으로 가슴을 졸여야 한다는 것을 예상하지도 않고 참으려고 하지도 않기에 어떻게 해서든 이러한 일을 겪지 않으려고 수단과 방법을 가리지 않는다. 한편 또 다른 투자자는 단기적인 위험은 아예 거들떠보고도 싶지 않기에 주식은 완전히 잊어버리고 회사채나 국채, 심지어는 CD나 예금 형태로 돈을 묻어둔다. 결국 이런 선택은 주식처럼 급등할 일도 없고 그렇다고 돈을 잃는 일도 없다. 아니, 잃을 수도 있다고?

주식이 회사채나 국채보다 더 위험한 투자이기는 하지만, 데이비드 드레먼(역발상투자자, 5 장 참고)은 이러한 논리에 오류가 있다는 것을 발견했다. 이유는? 인플레이션을 간과했다. 예를 들어 돈을 모두 예금계좌에 넣어놓고 연이자 2%를 받는데 인플레이션이 연간 3%라고하면 돈의 상대적인 가치는 연 2%로 오르는 것이 아니라 실제로는 떨어지는 것이다.

제2차 세계대전 이후 인플레이션은 고정자산투자에 엄청난 위협이 되었다. 드레먼은 인플레이션을 고려하면 1946년부터 1996년까지 연평균수익률은 주식 7.5%, 채권 0.86%, 금 0.13%, 재무부채권 0.42%라고 했다. 인플레이션을 고려하지 않았을 때 재무부채권의 연평균수익률은 4.8%로서 주식 수익률보다 2.5배나 낮다. 재무부채권이 무위험투자라는 것을 고려하면 좋지도 나쁘지도 않다. 그러나 인플레이션을 고려하면 주식의 수익률은 재무부채권 수익률의 18배나 된다. 이에 따라 드레먼은 인플레이션이 단기 주식시장의 변동성보다 장기투자자에게 훨씬 큰 위험이라고 결론을 내렸다.

장기투자만이 해답이다

주식투자에 아예 눈길조차 주지 않으며 잠시 동안이라도 가슴 졸이는 경험을 하지 않겠다는 사람이 있는 반면, 가슴 졸이는 것도 피하고 장기이득도 거두어들여 두 마리 토끼를 잡겠다고 생각하는 사람도 있다. 하지만 결국은 가슴은 가슴대로 졸이고 장기이득도 거두어들이지 못한 채 끝나고 만다.

이유는 앞에서도 언급했지만, 매매시점 선택을 노리는 투자자들이 결국 비싸게 사서 싸게 팔기 때문이다. 하지만 중요한 이유가 또 하나 있다. 주식시장에서 언제 이익을 얻는가 하는 점이다. 〈CNN 머니〉에 기고한 글에서 잔 사하디는 이보슨 투자협회의 자료를 인용하면서 만약 1926년에 100달러를 S&P500지수에 투자했다면 2006년에는 307,700달러로 늘어나 있었을 것이라고 했다. 엄청난 수익이다. 하지만 이 기간, 즉 972개월 중 수익이 가장 좋은 40개월을 빼버리고 계산하면 1,823달러에 지나지 않았을 것이라고 한다. 즉 81년간 얻은 수익의 99%가 전체 기간 중 불과 4%의 기간에서 얻은 수익이다.

기간을 좀 더 짧게 적용했을 때도 역시 마찬가지다. 사하디는 1987년에 100달러를 투자했다면 2006년 말에는 931불이 되었을 것이라고 한다. 하지만 전체 240개월 중 수익이 가장 좋은 17개월을 빼버리면 232달러에 지나지 않았을 것이라고 한다. 거두어들인 수익의 84%가 전체 기간 중 7%에 해당하는 기간에서 나온 것이다.

정리하면, 시장은 시간이 흐름에 따라 오르지만 이러한 상승은 상대적으로 며칠 되지 않는 거래일에 얻어진다. 그리고 이런 시기가 언제가 될지 아무도 모른다. 단기적으로 등락을 거듭하는 가운데 시장에서 들락날락거렸다면 가장 수익이 좋은 시기를 놓치게 될 것이다. 그리고 그렇게 놓쳐 버린 시기는 다시 돌아오지 않는다.

여기서 우리는 하나의 결론에 도달하게 된다. 시장에 뛰어드는 시점을 잘 포착해야겠다는 욕심 때문에 괴롭다면 마지막으로 경고를 하나 해두겠다. 수익의 거의 전부를 불과 며칠간의 거래일에서 얻게 되는 시장에서 매매시기를 제대로 포착해 돈을 벌고 싶다면, 잘못 선택한 시기보다 잘 선택한 시기가 많다고만 해서는 안 된다. 잘못 선택한 시기보다 잘 선택한 시기가 훨씬 길어야 한다. 윌리엄 샤프의 연구결과가 이를 잘 보여준다. 샤프는 위험을 감안한 수익을 측정하는 통계로 널리 쓰이는 샤프지수(Sharpe ratio)[11]를 고안했다. 매매시점 선택을 통해 수수료와 거래비용을 공제하고도 이익을 얻으려면 4번의 움직임 가운데 3번을 맞추어야 한다. 가장 정확한 예언자조차도 해당기간의 20%만 맞춘다는 테트락의 연구결과와 필자가 제시한 바 있는 다른 통계를 조합해 생각해보면, 매매시점 선택에 대한 노력이 거의 성공하지 못한다는 사실을 알 수 있다.

그럼에도 불구하고 최고의 수익률은 오직 주식!

휴, 1장은 쉽지 않을 것이라고 이미 말했다. 주식투자에 관해서라면 우리에게 호의적이지 않은 요소가 엄청 많다는 것을 알았다. 우리의 두뇌, 투자심리, 타이밍 그리고 뮤추얼펀드 업종 등등.

장기간에 걸쳐 상당한 이득을 얻는 데 주식시장이 가장 좋은 투자 수단이라는 사실도 알았다. 막연하게 들릴지도 모르지만 걱정하지 마라. 이제 곧 역사상 가장 위대한 천재투자자들의 조언으로 시장에서 살아남는 법, 그리고 함정을 피해가는 법을 배울 수 있다.

11) 특정펀드가 한 단위의 위험자산에 투자해서 얻은 초과수익의 정도를 나타내는 지표 – 옮긴이

☑ 천재투자자들 1장 요약

- 주식시장을 단기적으로 예측하는 것은 어렵지만 시간이 길어지면 길어질수록 예측이 쉬워진다. 사실 인플레이션까지 고려할 때 주식시장이야말로 가장 좋은 장기투자 수단임이 증명되었다.

- 그럼에도 불구하고 오랜 기간 개인투자자, 뮤추얼펀드 운용자, 증권회사에서 발간하는 뉴스레터 등 대다수는 시장을 이기기는커녕 시장에 훨씬 못 미치는 성적을 거두었다.

- 이처럼 성적이 저조한 이유는 투자자의 마음이 흔들리고, 단기적인 움직임과, 전문가라는 사람들이 언론에서 이러한 움직임을 해석하기 때문이다.

- 주식시장에서 얻는 이익의 대부분은 극히 제한된 기간에서 나온다. 문제는 아무도 그날이 언제인지 모른다는 점이다. 시장을 들락날락거리면 결국 좋은 시기를 놓칠 것이다.

- 매매시점을 잘 택해 돈을 벌려면 매매시점 선택 성공률이 75%는 되어야 한다. 연구결과를 보면 소위 전문가라는 사람들조차 이 정도 비율의 근처에도 가지 못한다는 사실을 알 수 있다.

- 그러므로 주식은 장기간 투자해야 최대한 위험을 낮추고 최고의 수익을 얻을 수 있다.

CHAPTER 02

천재투자자들은 게임의 룰이 다르다

투자자가 주식시장이라는 검투장에 들어설 때
일반투자자와 자신을 확실히 구별해주는 심리적인 무기로 무장하지 않고서는
성공할 것이라는 어떠한 희망도 가질 수 없다.
– 벤저민 그레이엄 《현명한 투자자》 중에서 –

1장에서 살펴본 갖가지 어려움을 고려하면 장기적으로 시장을 이기는 것은 불가능한 것이 아닌가 생각할지도 모르겠다. 사실 주식시장 근처에도 가지 말라는 사람이 있을 정도다. '효율적 시장가설'(Efficient Market Hypothesis, EMH)은 모든 증권은 시장에서 합리적으로 가격이 결정된다는 개념으로, 모든 가격에는 이용 가능한 정보가 전부 반영되어 있다고 가정한다. EMH[1)]을 지지하는 사람들은 주가에는 기존에 알려진 정보가 모두 반영되어 있기 때문에 주식을 싸게 사는 것, 즉 실질적인 가치에 비해 낮은 가격으로 사는 것은 불가능하다고 믿는다.

그러나 필자뿐 아니라 지금부터 등장할 천재투자자들에게 효율적

1) 모든 증권은 시장에서 합리적으로 가격이 결정된다는 개념으로, 모든 가격에는 이용 가능한 정보가 전부 반영되어 있다고 가정한다. EMH 옹호자들에 따르면, 주가에 모든 정보가 반영되어 있으므로 추가위험을 감수하지 않으면 시장을 이기는 것은 불가능하다. – 옮긴이

시장가설에 대해 묻는다면 다들 그것은 그렇지 않다고 말할 것이다. 천재투자자들은 1장에서 살펴본 위험들을 잘 비켜나가고 주식시장의 비효율을 종횡무진 누비면서 아주 오랜 기간에 걸쳐 시장을 압도하는 수익을 거두었다.

이 천재투자자들은 어떤 사람들이며 도대체 어떻게 했기에 이런 성적을 낼 수 있었을까? 이들은 월가가 낳은 걸출한 영웅들로서 천부적으로 타고난 재주에 다년간의 경험이 더해져 적당한 시기에 주식을 사고, 주가가 하락하기 전에 팔고 나온 사람이라고 생각할지도 모르겠다. 일반투자자가 매매시점을 제대로 찾지 못해 주식으로 돈을 벌지 못하는 것과 다르게 투자에 성공하는 사람들은 오직 매매시점을 잘 선택해서 그렇게 된 것인가?

그것이 위대한 이야기, 이렇게 모든 것을 속속들이 알고 절대 실패하지 않는 천재투자자에 대한 환상을 조장할지도 모른다. 문제는 그렇지 않다는 것이다. 물론 아주 짧은 기간에 매매시점을 잘 선택해서 (행운이라는 표현이 더 적합할지도 모르지만) 엄청나게 돈을 번, 아주 운 좋은 사람도 있었다. 그러나 필자는 천재투자자들이 어떻게 돈을 벌었는지 연구하면서, 피터 린치나 워런 버핏 같은 사람은 일반투자자보다 게임을 잘했기 때문이 아니라 게임을 다르게 했기 때문에 장기적인 성공을 거두었음을 알게 되었다.

천재투자자들은 다르게 게임한다

게임을 다르게 한다고? 그게 무슨 말이지? '가치투자의 아버지'로 통하는 벤저민 그레이엄은 그야말로 게임을 다르게 했다. 그레이엄이 활동하던 시기, 즉 그가 투자를 시작한 1914년에도 요즘처럼 수백만 명의 투자자가 주가가 오르는지 내리는지에 초점을 맞추어 주식을 사고팔았다. 즉 매매시점을 노리는 사람이 대부분이었다. 하지만 그레이엄은 매매시점만 노린다거나 주식의 미래가치에 투기한다거나 해서는 결코 장기적인 성공을 기대할 수 없다고 생각했다. 주식시장에서 자신만큼은 매매시점 선택에 실패하지 않을 것이라고 생각하는 것은 위험한 도박일 뿐이다. 그레이엄은 단기적인 주가등락에 연연하기보다 장기적인 가치평가를 통해 투자 방법을 모색할 필요가 있다고 말했다.

적정 주가를 산출하는 법은 앞으로 이 책에 등장할 천재투자자들이 모두 원한 것으로, 그들은 하나같이 숫자에 초점을 맞추었다. 숫자라고 해서 주가를 말하는 것은 아니다.[2] 사업이 어떻게 되고 있는지 나타내주는 것은 주가가 아니라, 정확히 말하면 주식 안에 기본적으로 내재되어 있는 펀더멘털(fundamental, 기본요소)이다. 주가는 회사의 질과 관계없는 여러 가지 요인으로 매일, 매달 오르내린다. 하지만 이익, 매출, 부채, 현금흐름, 기타 등등의 펀더멘털은 그 기업의 사업이 얼마나 건전한지를

---

2) 물론 주식을 사야 할지 팔아야 할지 결정할 때 주가가 중요한 사항임에는 틀림없다.

나타내주는 참된 지표다.

펀더멘털이 강한 회사는 성공적으로 사업을 계속해나가고, 오래도록 성공적으로 사업을 해나가면 주가도 장기간에 걸쳐 상승한다. 단기적으로 기업의 펀더멘털과 주가가 항상 일치하는 것은 아니며, 특히 투자세계에서는 우량기업의 가치를 가끔 낮게 평가할 수도 있음을 천재투자자들은 알고 있다. 천재투자자들은 이런 기업의 주식에 쏜살같이 달려드는데, 시간이 가면 다른 투자자들도 이 종목의 가치를 알게 되고, 그렇게 되면 주가는 올라갈 수밖에 없다고 확신하기 때문이다.

재미있는 것은, 천재투자자들이 시장의 비효율을 상당히 폭넓게 활용했다는 점이다. 그레이엄이나 그의 제자 워런 버핏은 매우 보수적이고 철저한 가치투자자들이다. 위험을 최대한 줄이면서 오랜 기간 안정적인 이익과 낮은 부채비율(debt-equity ratio)[3]을 유지해온 회사에 초점을 맞추었다. 반면 마틴 즈웨이그는 주로 성장에 초점을 맞추어, 점점 이익이 늘어나는 종목을 찾았다. 또 다른 천재투자자는 성장과 가치를 혼합한 투자법을 사용하는데, 가장 두드러진 예가 제임스 오쇼너시로서 그는 가치투자와 성장투자, 2가지 전략을 혼합해 구사했다.

성장투자와 가치투자, 이 2가지를 혼합한 투자법 등 여러 가지 전략별로 천재투자자들이 각각 적용한 지표 간에는 상당한 차이가 있다. 필자는 많은 방법이 있음을 알게 되었다.

천재투자자들은 이처럼 다양한 방법으로 탁월한 성공을 거두었지

3) 순자산에 대한 부채의 비율 – 옮긴이

만 일반투자자들은 대부분 그러한 사실조차 모른다. 필자가 가진 컴퓨터 관련 지식을 이용해 이러한 전략을 토대로 목적에 맞고 사용하기 쉬운 모델을 만든다면 투자자들이 성공투자로 가는 데 활용할 수 있겠다는 생각이 들었다. 역사상 위대한 천재투자자 10명이 깔아놓은 길을 통해 주식시장에서 어떻게 하면 자기 나름의 방법을 찾을 수 있을까? 이 책이 이 물음에 대한 답을 제시하고자 한다.

천재투자자 10명을 고른 이유

필자가 이 책에서 제시하는 10가지 전략 말고도 시장을 이기는 방법은 실제로 많다. 빌 밀러나 조지 소로스 같은 투자자는 자기 나름의 투자법으로 오랜 기간 주식을 통해 엄청난 돈을 벌었다. 그러면 왜 필자는 이 10명의 천재투자자를 골랐을까? 이유는 무척 간단하다.

전략이 공개되어 있기 때문에

첫째로, 천재투자자의 전략은 공개된 것이어야 한다. 앞으로 차례로 나오겠지만 천재투자자들은 스스로 자신의 투자법을 공개했다. 8명은 책으로 밝혔으며 조셉 피오트로스키는 저명한 학술논문으로 발표했다. 자신이 직접 책을 쓰지 않은 사람은 버핏이 유일하다. 역사상 최고의 투자자로 꼽히는 버핏은 자신의 전략을 일반 대중에게 밝히지 않았다. 워런 버핏의 며느리였으며 버핏과 같이 일한 메리 버핏이 《워런 버핏, 주식투자 이렇게 하라》를 통해 버핏의 전략을 소개했다. 버핏의 전략을 다룬 책으로는 가장 유명한 책이며, 그래서 이 책을 버핏 모델의 기반으로 삼았다.

실적을 증명할 수 있기 때문에

천재투자자 모델을 개발하면서 필자가 중시한 또 한 가지는 오랜 기간 시장을 이긴 탁월한 투자실적뿐 아니라 그 실적이 증명 가능한 것이라야 한다는 점이다. 즉 특별한 전략을 사용해 주식시장에서 돈을 많이 벌어 이를테면 100억 달러가 되었다는 것만으로는 안 된다. 그의 전략이 긴 세월을 통해 어떻게 성과를 거두었는지 매년 결과가 나와야 한다.

이 책에 나오는 천재투자자들의 투자실적은 2가지 방법을 통해 증명할 수 있다. 먼저 피터 린치, 데이비드 드레먼, 존 네프 등은 오랜 기간 뮤추얼펀드와 투자기업을 아주 성공적으로 운영하면서 부와 명성을 쌓았다. 운용기간 동안 펀드나 그룹의 투자실적 관련 자료를 쉽게 입수할 수 있다. 또 어떤 천재투자자의 투자실적은 백테스트 결과를 통해 증명할 수 있다. 예를 들어 오쇼너시와 피오트로스키는 과거 자료를 토대로 주식시장의 수익률을 폭넓게 연구해서 정량적인 공식을 개발해냈다. 만약 이 공식을 연구 대상 기간 동안 실제 투자에 적용했다면 아주 탁월한 수익률을 냈을 것이다.

판단기준을 정량화할수 있기 때문에

이 책에 실은 10명의 천재투자자들은 이미 투자성적이 입증되었을 뿐더러 스스로 책을 통해 그러한 성적을 어떻게 달성했는지 소개했다. 하지만 사실 이들 이외에도 유명한 투자자가 많다. 필자가 그들의 투자법을 프로그램화하지 않은 이유는, 그들이 종목을 선정할 때 사용한 판단기준은 대부분 정량화할 수 없는 것이었기 때문이다. 성공한 투자자가 단지 자신의 감으로 어떤 기업이 '강력한 경영능력'이 있다고만 말할 뿐 무엇이 '강력한 경영능력'인지 구체적이고 명료한 규칙을 제시하지 못한다면 그것은 아무 쓸모가 없다.

마찬가지로 단지 주가수익률(PER)[4] 이 낮은 종목을 골라야 한다고 말하는 것 역시 아무 의미가 없다. '낮다'는 용어만으로는 너무 막연하다. 보는 시각에 따라 '5 또는 그 이하', '15 또는 그 이하', 'S&P500의 평균PER 이하', '시장의 하위 20%', '시장PER의 40~60% 사이', '어떤 기업의 연간 주당순이익(EPS)[5] 성장률보다 낮을 것' 등이 모두 저PER를 의미할 수 있다.

이 책에 나오는 천재투자자들은 모두 저PER에 대해 정확하게 정의했다. 이처럼 명확히 하지 않으면 천재투자자의 스타일을 믿고 따라하지 못할 것이다. 그래서 천재투자자의 판단기준은 재무제표 자료 제공 서비스를 통해서 입수할 수 있는 여러 가지 변수와 관련이 깊다. 또 이들의 판단기준은 정의가 명확해야 하는데, 그래야만 필자의 모델을 사용해서 어떤 종목이 어떤 판단기준을 충족하는지 혹은 충족하지 못하는지를

---

4) Price Earnings Ratio. 주가÷주당순이익. 흔히 '퍼'라고 읽는다. – 옮긴이

5) Earnings Per Share. 당기순이익÷총발행주식수 – 옮긴이

결정할 자료로 쓸 수 있기 때문이다.

이제부터 알아볼 천재투자자들 중 일부는 정량적 투자법과 더불어 비정량적 측정치도 고려하고 있다. 예를 들어 버핏은 경쟁회사에 비해 '지속 가능한 경쟁적 우위'를 점하고 있는 기업을 발굴한 것으로 유명하다. 그가 지분을 많이 소유한 코카콜라의 경우 지명도가 있고 생산품목이 일상생활과 밀접한 관련이 있어서 경쟁업체에 비해서 크고 단단한 강점이 있다. 지명도는 확실히 쓸모가 있다. 그러나 얼마나 쓸모 있는지 명확하지 않아서 이 판단기준을 필자의 '버핏 모델'에 포함시킬 수 없었다. 하지만 천재투자자의 투자법 중 정량적인 부분은 여전히 놀라울 정도로 잘 들어맞는데, 이것은 필자 모델의 실적을 보면 금방 드러난다.

뮤추얼펀드의 스타 존 네프가 중시한 부분은 회사의 '총수익률 (주당순이익 성장률+배당수익률) ÷ PER'다. 네프는 이 지표가 해당종목이 속한 업종에 따라 크게 다를 수 있기 때문에 '총수익률 ÷ PER'가 시장평균 또는 업종평균보다 큰 종목을 골랐다. 네프 모델은 어떤 종목의 '총수익률 ÷ PER'를 구하는 데 필요한 계산을 할 수 있을 뿐 아니라 숫자를 시장평균, 업종평균과 비교해 판단기준을 충족하는지 여부를 알 수 있다.

필자의 인공지능 관련 지식과 경험은 여러 측면에서 계산이 가능한 투자 모델을 개발하는 데 도움이 되었고, 천재투자자의 투자법을 가능하면 실생활과 가깝게 평가할 수 있도록 컴퓨터 프로그램화하는 데 많은 도움이 되었다. 어떤 기업의 주당순이익 성장률을 간단히 예로 들어보자. 대부분의 사이트에서는 특정기간의 주당순이익 성장률이 나온다. 어떤 곳은 작년의 주당순이익 성장률만 나오고, 또 어떤 곳은 과거 5년간의 주당순이익 성장률만 나온다.[6] 필자는 이러한 숫자가 상당한 오해를 불러일으킬 수 있음을 알게 되었다.

주당순이익 성장률을 보여주는 사이트들의 공통적인 문제는, 일회성 사건 때문에 특정 연도의 성장률이 비정상적으로 높거나 낮은 종목이 많다는 점이다. 기업의 기본 사업이 실제보다 더 빨리, 혹은 더 느리게 성장하기 때문이다. 필자가 운영하는 프로그램은, 어떤 기업의 주당순이익을 몇 개의 기간으로 나누어 측정하고, 사람이 보는 것처럼 여러 각도에서 들여다보는 것이다. 기업이 어떻게 실적을 키워왔는가 하는 전체적인 모습을 제공할 뿐 아니라 연평균도 산출할 수 있을 정도로 똑똑하다. 즉 필자의 모델은 성장률을 산출하는 현명한 단계(수많은 연 단위 조합을 통해)를 거치기 때문에 회사의 성장 모습을 정확히 반영한다.

주식시장의 천재투자자들을 만나보자!

놀라운 성적을 거둔 투자자가 사용한 공개적이며 정량적인 투자법, 시장을 이긴 전략을 찾다 보면 결국 이 책에 나오는 10명의 천재투자자들과 만나게 된다. 이 천재투자자들의 업적과 전략을 다음 장에서부터

6) 어떤 곳은 작년의 주당순이익 성장률만 나오고, 또 어떤 곳은 과거 5년간의 주당순이익 성장률만 나온다.

자세히 들여다본다. 우선 본론으로 들어가기 전에 10명의 천재투자자들을 간단히 만나보자.

1 벤저민 그레이엄

'가치투자의 아버지'로 유명한 그레이엄은 1945~1956년까지 연평균 수익률이 17.4%에 달했다. 주로 미래의 이익 잠재력을 기준으로 내재가치에 비해 지나치게 저평가된 주식을 골랐다. 그레이엄의 방어적인 투자 전략은 극단적인 가치투자 전략으로 받아들여졌으며, 이제까지 그 어느 전략보다도 오랜 세월의 시험을 잘 거쳤다.

2 존 네프

네프는 1964~1995년까지 31년간 아주 성공적으로 '윈저 펀드'를 운용했으며, 이 기간 동안 S&P500지수보다 3%나 높은 13.7%의 연평균수익률을 기록했다. 그의 투자법은 저PER와 강력한 펀더멘털을 갖춘 종목에 초점을 맞추는 것이었다.

3 데이비드 드레먼

드레먼은 시장과 반대로 가는 역발상투자자다. 문제가 있는 업종에 속한 종목, 투자자의 무관심으로 외면받는 비인기 종목에 초점을 두었다. 그 중에서도 재무상태가 건전한 종목을 주로 골랐다. 그가 《역발상투자》라는 책을 출간한 무렵 그의 '캠퍼-드레먼 하이리턴 펀드'는 수익률이 가장 높은 뮤추얼펀드 가운데 하나였으며, 대표적인 펀드 평가회사인 리퍼 애널리티컬 서비스(Lipper Analytical Service)의 자료에 들어 있는 3,175개 펀드 중 가장 오랜 기간 동안 1위를 차지했다.

4 워런 버핏

역사상 가장 유명하고 아마도 가장 위대한 투자자인 버핏의 버크셔 해더웨이는 32년간 24%의 연평균수익률을 기록했다. 끈기 있고 아주 신중히 종목을 고르는 장기투자 스타일로 유명하다.

5 피터 린치

1977년 피델리티 자산운용의 '마젤란 펀드'를 맡아서 1990년 은퇴할 때까지 S&P500지수의 평균수익률 15.8%의 2배에 가까운 29.2%라는 믿기 어려운 수익률을 기록했다. 〈배런스〉[7]에 따르면 마지막 5년간은 모든 펀드 중 상위 0.5% 이내에 들었다고 한다. 린치는 이익성장률(PEGR)[8]을 개발해서 주식의 미래이익을 예측하는 방법을 제시했다.

6 케네스 피셔

피셔는 '성장투자의 아버지'라고 불리는 필립 피셔의 아들이다. 주가매출액비율(PSR)[9]을 고안했다. 1995~2007년까지 피셔의 '글로벌 토털

7) 미국의 투자 전문지 – 옮긴이
8) Price Earnings to Growth Ratio. 주가수익률÷주당순이익 연평균증가율 – 옮긴이
9) Price Sales Ratio. 주가 ÷ 1주당매출액 – 옮긴이

리턴 펀드'는 MSCI 세계업종지수(9.1%), S&P500지수(11.3%)에 앞서는 연간 순 수익률 13.0%를 기록했다.

7 마틴 즈웨이그

15년간 즈웨이그 뉴스레터의 연평균수익률은 15.9%였으며 뉴스레터의 실적을 발표하는 〈헐버트 파이낸셜 다이제스트〉의 위험조정후수익률로 따져 1위를 기록했다. 즈웨이그는 성장주[10]를 골랐으며 그의 투자법은 종목선택에 무척 신중하다.

8 제임스 오쇼너시

오쇼너시는 44년간의 주식시장 자료를 분석한 결과 종목을 고르는데 주가수익률이 최선의 판단기준이 아니라는 것 등 몇 가지 놀라운 사실을 알아냈다. 그리고 가치주[11]에 집중하는 방식, 성장주에 집중하는 방식 등 여러 가지 모델을 개발했으며, 그의 백테스트는 44년간 연평균수익률 22%를 기록했다.

9 조엘 그린블라트

고담 캐피털의 설립자이자 파트너인 그린블라트는 이 책에 나오는 천재투자자들 중 가장 간단한 전략을 구사했다. 그의 마법공식에는 자본수익률과 이익수익률, 단 2가지 변수만 있다. 이러한 전략으로 1988~2004년간 30.8%의 연평균수익률을 기록했으며, 이는 S&P500지수의 12.4%에 비해 2배 이상이다.

10 조셉 피오트로스키

무명의 대학교수가 2002년 시카고대학에서 학생들을 가르치면서 '장부가액 대비 시가총액' (market capitalization)[12]이 낮은 주식에 관한 연구 보고서를 냈다. 이 논문은 성공적인 성과를 낼 장부가액 대비 시가총액이 작은 주식과 비인기 주식을 구별하는 매우 탁월한 전략을 소개했다. 그의 전략은 1976~1996년에 23%의 연평균수익률을 기록했다.

천재투자자와 일반투자자의 결정적 차이

위에 나온 10명의 천재투자자들은 모두 조금씩 다른 방법을 사용해 탁월한 수익을 거두었다. 그러나 전략의 차이와 함께 이들의 사고방식에 비슷한 점이 있음을 간파하는 것이 중요하다. 그리고 이들의 사고방식이 일반투자자와 근본적으로 어떻게 다른지 파악하는 것이 중요하다.

1장에서 우리는 인간이 얼마나 감정적이며, 이렇게 감정적인 것이 살

10) 미래 성장 전망이 평균 이상이라는 것이 가격에 반영된 주식. 일반적으로 주가수익률이 높은 주식이다. – 옮긴이

11) 저PER주, 저PBR주 등 가격에 비해 가치가 높다고 생각되는 주식 – 옮긴이

12) 기업이 발행한 보통주의 가치총액. 주가에 발행주식수를 곱한 금액이다. 시장가치(market value) 라고도 부른다. – 옮긴이

아가는 데는 도움이 되지만 투자에는 걸림돌이 된다는 사실을 살펴보았다. 단기 움직임에는 장기적인 의미가 없음에도 불구하고 우리는 시장이나 개별종목이 하락하면 매도하고 싶어지고 올라가면 매수하고 싶어진다. 그리고 이러한 단기 가격변동을 예측하려고 하는 시도는 종종 실패하고 결국 비쌀 때 사서 쌀 때 파는 결과가 된다.

그렇지만 천재투자자들은 시장이 단기적으로 오르내리는 것은 단지 삶의 일부분일 뿐이며 감정이 엉뚱한 곳으로 뻗어나가지 않도록 했다. 장기적인 안목을 가지고 시장하락이나 개별종목의 단기적인 주가하락에도 투자법에 망설임이 없었다. 긴 안목으로 어떤 주식이 매수할 가치가 있다고 판단하면 철저히 매달렸다. 버핏을 예로 들면, 주식의 가치를 매기는 데 나름대로 확고한 방법이 있었기에 "내가 아는 한 주식시장은 존재하지 않아요. 누군가 바보 같은 제안을 하고 있는지 참고삼아 살펴보는 장소에 불과할 뿐입니다."라고 이야기하기도 했다.

다른 천재투자자들처럼 버핏도 매분기 또는 매년 시장을 이길 수 있는 전략은 없다는 것을 알았다. 사실 이제까지 우리가 살펴본 천재투자자들은 모두 시장보다 뒤처지는 시기를 거치기도 했으며, 잠시 생각해보면 이것은 피할 수 없는 일이다. 매분기, 매년 시장을 앞서나갈 전략이 있다면 다들 앞다투어 그리로 뛰어갔을 것이다. 그러면 그 전략으로 택한 종목의 주가는 하늘 높은 줄 모르고 치솟아 더 이상 시세차익을 거두기 어렵게 되고 결국 전략은 실패로 끝날 것이다.

현실에서는 모든 전략(앞으로 소개할 모든 전략)은 1년 또는 그 이상의 침체기가 있다. 이런 침체기에 투자자는 대부분 자기 포트폴리오의 가치가 떨어지는 것을 보면서 투자원칙을 포기하고 곧 감정에 휩싸인다. 나머지 투자자는 침체기에는 전략을 따라하려는 생각조차 하지 않는다. 이런 투자자는 분기 또는 1년간의 침체를 가져온 검증된 전략 대신 뜨는 전략을 선호하는데, 이 전략은 실제보다 거품이 낀 것이다.

이런 전략이 실패로 돌아가면 투자자는 또다시 뜨는 전략을 쫓고, 그러기를 반복한다. 한편 단기적인 가슴 졸임을 참고 검증된 장기전략을 고수한 신념에 찬 투자자는 결국 장기적으로 시세차익을 거두게 된다.

중요한 것은 머리가 아니라 배짱!

여기에 천재투자자의 위대함이 있다. 보통 사람에게 난해하고 복잡해 보이는 이론을 개발했다거나 시장이 어디로 향할지 예측하는 능력을 지니고 있어서가 아니다. 매일매일 우리 감정을 파고드는 공격을 참아낼 수 있는 훈련이 되어 있고, 장기적으로는 자신이 가는 길이 최선의 길이라는 것을 알고 거기에 집중했기 때문이다. PBS와 한 인터뷰에서 피터 린치는 이렇게 말했다. "배짱이 중요합니다. 머리가 아니고요."

만약 여러분이 시장의 등락을 감당할 배짱을 지녔다면 이제부터 나올 내용은 여러분에게 매우 소중한 것이다. 천재투자자를 한명한명 살펴보면서 그들의 업적, 투자성적 그리고 가장 중요한 점으로, 이들이 부와 명성을 쌓도록 해준 전략을 살펴볼 것이다. 그들의 투자법을 하나하나 따라가다 보면 독자 스스로 이 방법을 어떻게 실행에 옮길 수 있을지 깨닫게 될 것이다. 그리고 천재투자자가 여러분에게 제시하는, 주식시장에서 성공하는 데 필요한 마음가짐에 대한 소중한 충고도 나온다.

한발 더 나아가 이처럼 개별적인 천재투자자 전략을 한 단계 더 발전시켜 각각의 투자법을 한데 모아 수익을 높이고 위험을 줄일 수 있는 방법을 자세하게 다루겠다.

시장의 장기적인 대가를 받기 위해 단기적인 가슴 졸임을 견딜 배짱이 없다면, 우리 솔직해지자. 앞으로 나올 내용은 여러분에게 전혀 도움이 되지 않는다. 그리고 솔직히 말해 주식시장은 여러분에게 어울리지 않는다.

하지만 아무리 험난하더라도, 그레이엄이 말했듯이 기꺼이 여러분 자신을 다른 투자자와 질적으로 구분할 생각이 있다면, 여러분에게 가치 있는 사고방식을 갖게 해줄 툴을 받을 준비가 이제쯤 되어 있을 것이다.

자, 이제 허리띠를 단단히 조여매자. 덜컹거리긴 하겠지만 아주 값진 여행이 될 것이다.

☑ 천재투자자들 2장 요약

- 주식시장은 전혀 효율적이지 않다. 즉 어떤 시기에 어떤 주식은 지나치게 고평가되어 있고 다른 주식은 저평가되어 있다.

- 강력한 펀더멘털(현재의 사업능력을 측정해주는 이익, 매출, 부채 그리고 현금흐름 등)을 가지고 있는 주식은 장기적으로 최고의 성과를 낸다.

- 숫자(펀더멘털)에 의지해서 역사적으로 위대한 투자자는 저평가된 주식을 발굴해내는 체계적인 방법을 고안해낼 수 있었다. 그리고 몇몇 위대한 투자자는 친절하게도 이 방법을 일반인과 함께 공유했다.

- 모든 전략, 심지어 역사상 가장 성공적인 전략도 세월이 흐르면 힘을 잃는다. 약세장에서 이미 증명된 전략을 포기해버리면 결국 싸게 매도하게 된다. 다시 반등해 주가가 오르면 기회를 놓쳐버린다.

- 시장을 이기기 위해 우주공학자가 될 필요는 없다. 여러분에게 지금 필요한 것은 약세장에서도 감정에 흔들리지 않을 신념이고 이미 증명된 전략을 기꺼이 고수할 의지다.

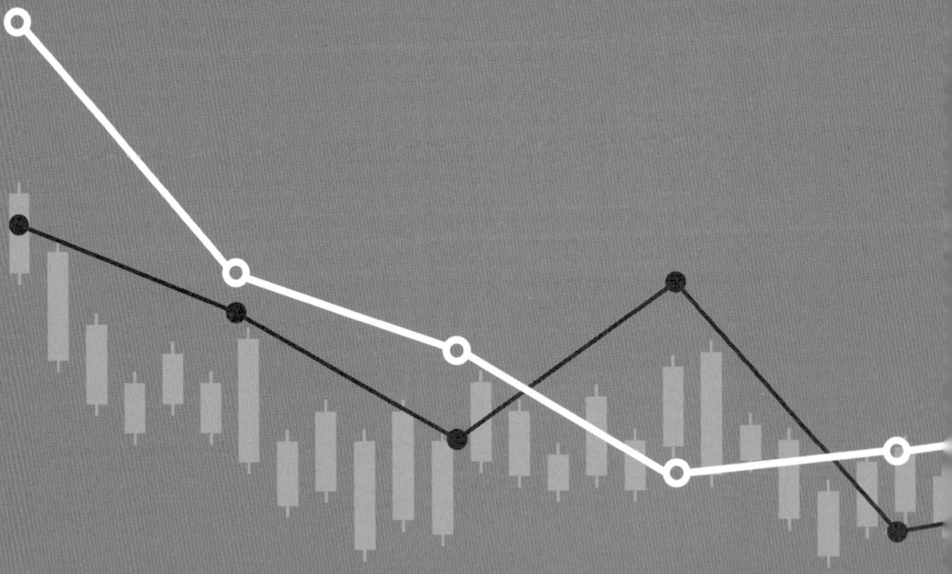

PART 2

가치투자의 전설적인 인물들

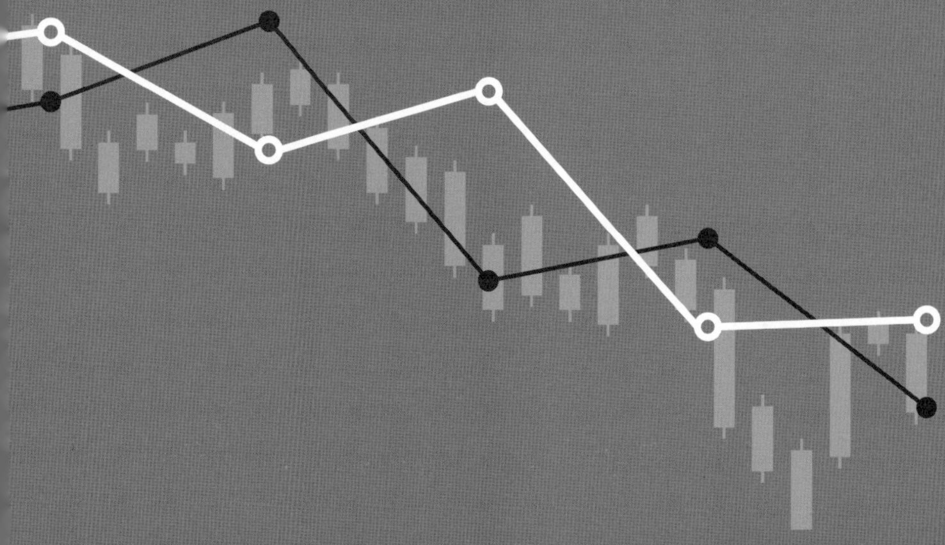

워런 버핏은 가치를 이렇게 정의했다. "가격은 여러분이 지불하는 것이고 가치는 여러분이 갖는 것이다." 2부에서 다루는 천재투자자 4명이 투자를 통해 얻은 가치는 수백만 달러에 달하고, 벌어들인 금액은 계산하기조차 어려울 정도다. '가치투자 분야에 토대를 놓은 사람'으로 평가받는 벤저민 그레이엄을 비롯해 유명한 '역발상투자자' 데이비드 드레먼, '시장의 돌아온 전설' 존 네프, '오늘날 최고의 가치투자자' 워런 버핏에 이르기까지 4명의 전설적인 인물은 기업에 내재한 가치에 비해 상대적으로 값이 싼 주식에 투자해서 부를 거머쥐었다.

이들 4명의 방법은 저마다 달랐지만 밑바탕에 있는 철학은 같았다. 탄탄한 기업의 주식을 사라. 그것도 싼값에 사라. '뜨는 종목','이달의 유망종목' 따위의 단어는 그들의 관심 밖이었다. 만약 독자 여러분도 바겐세일에 가본 적이 있다면 신발, 채소, 물론 주식에도 그들의 투자법을 잘 적용할 수 있을 것이다.

CHAPTER 03

천재투자자들의 스승 벤저민 그레이엄 Benjamin Graham

위대함은 오래가지 못하면 위대함이 아니다.
– 나폴레옹 보나파르트 –

:: 벤저민 그레이엄의 투자전략 ::

투자실적	그레이엄이 제롬 뉴먼과 함께 운영한 '그레이엄-뉴먼 코퍼레이션'은 1936~1956년 연평균 20%의 수익률을 기록했다. 같은 시기 시장의 수익률은 12.2%였다.
위험	그레이엄의 투자법은 저위험투자를 원하는 투자자에게 적합하다. 그레 이엄은 저평가된 종목을 골랐는데 이런 종목이야말로 이미 내재가치에 비해 낮은 가격으로 거래되고 있기에 투자자가 손해 보는 것을 막아준다. 이런 주식들은 더 떨어질 가능성이 많지 않다. (그렇다고 떨어지지 않는다는 말은 아니다.) 그래서 그레이엄의 투자법은 절약하고 할인을 중시하는 투자자에게 적합하다.
투자기간	장기투자. 그레이엄의 유명한 제자 워런 버핏처럼 그레이엄도 참된 투자자라면 인기주가 아니라 좋은 기업에 투자해야 한다고 믿었다. 그래서 기업이 현재 진행하고 있는 사업이 건실하다는 전제하에 단기적인 가격등락에 연연하지 않고 투자를 결정했다.
노력	낮다. 처음에 종목선택과 관련된 노력을 하지만 그 이후에는 거의 하지 않는다.

벤저민 그레이엄은 누구인가?

워런 버핏의 위대한 스승

벤저민 그레이엄은 워런 버핏 이전의 워런 버핏이다. 요즘 세대에게 버핏이 가장 위대한 투자자로 통하는 것처럼, 거의 1세기 전에 태어난 그레이엄도 당대에는 가장 위대한 투자자로 통했다. 그의 의견은 자주 인용되었으며, 자신에게 돈을 맡긴 수백만 명을 위한 투자결정과 더불어 그의 명성과 부는 보수적이고 장기적인 철학 위에 쌓여진 것이다. 버핏이 비슷한 투자법으로 명성을 얻기 몇십 년 전의 일이다. 버핏처럼 그레이엄도 재치 있는 언변, 솔직한 스타일, 그리고 전문가와 일반투자자가 모두 이해할 수 있고 도움을 받을 수 있는 상식에 근거한 투자법을 구사했다.

그레이엄과 버핏의 유사성은 결코 우연한 일이 아니다. 수백만 명까지는 아니더라도 수천 명에 달하는 투자자가 투자조언이나 지혜를 알려달라고 버핏을 쳐다보고 있듯이, 젊은 시절의 버핏 역시 그레이엄을 쳐다보고 있었다. 사실 버핏이 컬럼비아대학을 다닌 것도 따지고 보면 그레이엄이 그 대학에서 강의를 하고 있었기 때문이다. 후에 버핏은 그레이엄에게 자신을 직원으로 채용해달라고 하기도 했다. 이 두 사람은 아주 친했고 평생 유대를 쌓았으며, 그레이엄은 직업적으로나 개인적으로 버핏에게 큰 영향을 주었다. 버핏은 "저에게 그레이엄은 단순히 책의 저자나 스승이 아닙니다. 그 이상입니다. 부친을 제외하고 제 인생에 가장 큰 영향을 끼친 분입니다."라고 했다. 버핏은 그레이엄의 고전적인 저서

《현명한 투자자》야말로 이제껏 투자에 관한 책으로는 단연 최고의 책이라고 말했다.

증권분석의 토대를 쌓은 가치투자의 아버지

그러나 그레이엄의 천재투자자 지위는 단순히 버핏의 스승이거나 멘토였다는 데서 그치지 않는다. 어릴 적 미국으로 이민 온 본토 영국인인 그레이엄은 어려운 집안 살림 때문에 고생을 많이 했으나, 대공황을 거치면서 나름대로 탁월한 투자실적을 거둔다. 1936~1956년 그레이엄 -뉴먼 코퍼레이션은 연평균수익률 20%를 기록했으며, 같은 기간 S&P500지수의 연평균수익률은 12.2%였다. 역사상 20년간 이런 실적을 거둔 투자자는 없었다.

이러한 투자실적을 거두기 위해 그레이엄은 보수적인 위험회피(risk aversion)[1] 전략을 택했다. 시류를 쫓거나 당시 뜨던 주식은 그의 관심을 끌지 못했다. 그는 오직 회사의 대차대조표와 펀더멘털에만 관심을 두었다. '부채는 얼마인가? 순이익 대비 주가는 얼마인가? 매출액은 괜찮은가?' 오늘날 많은 투자자가 쓰는 가치 중심 투자법을 처음으로 유행시킨 사람이 그레이엄이며, 결국 그레이엄은 '가치투자의 아버지'라는 호칭을 얻게 된다.

그레이엄은 또 증권분석 분야의 토대를 쌓은 사람이기도 하다. 1934

1) 이득보다 손실에 더 민감하게 반응하는 현상. 더 높은 수익을 원한다면 더 높은 위험을 감수해야만 한다. 그러므로 손실을 두려워하는 투자자는 위험을 회피하는 보수적인 태도를 취하게 된다. – 옮긴이

년에 데이비드 도드와 공동저술한 《증권분석》은 증권분석 분야의 바이블로 통한다. 그레이엄의 믿기 어려울 정도로 꼼꼼한 분석이 자세하게 나와 있어서 종목선택에 도움을 주는 책이다.

존 템플턴, 워런 버핏 등 천재투자자들의 스승

그레이엄 자신의 업적과 투자실적이 탁월하기는 했지만, 여러분은 아마 그레이엄 제자들의 투자실적을 알기 전까지는 그의 탁월함과 그가 투자세계에 끼친 영향을 충분히 느끼지 못할지도 모르겠다. 마리오 가벨리, 존 템플턴, 월터 슐로스, 존 네프, 워런 버핏은 그레이엄과 함께 일하거나 그레이엄에게서 가르침을 받은 후 나름대로 주식시장에서 큰 성공을 거둔 인물들 가운데 몇 명일 뿐이다.

1984년 컬럼비아대학에서 '그레이엄과 도드 마을의 위대한 투자자'라는 제목으로 연설하면서 버핏은 다음과 같은 이야기를 했다. 1954~1956년까지 그레이엄과 2명의 동업자가 함께 운영한 그레이엄-뉴먼 코퍼레이션에는 4명의 '농부 수준' 직원이 있었다. 그중 3명은 월터 슐로스, 톰 냅, 그리고 버핏이었는데, 그들은 회사를 떠난 이후에도 쉽게 추적할 수 있을 정도로 월등한 투자실적을 거두었다. 정말 놀라울 정도였다.

시장이 너무 효율적이라서 운 좋은 사람만 시장을 이길 수 있다고 믿었던 투자자들을 조롱이라도 하듯 그레이엄의 제자들이 거둔 성적은 그레이엄, 도드, 뉴먼이 구사한 투자전략이 얼마나 성공적이고 생명력이 긴지 입증하는 것이라고 버핏은 말한다. "이렇게 천재투자자들만 한곳에 모인 것을 단지 운이라고 설명할 수 없을 정도로 무척 지적인 마을이었죠." 이 장의 끝에 그레이엄 모델이 거둔 수익률을 제시할 텐데, 그레이엄의 전략이 얼마나 성공적이고 오랜 시간이 지나도 유효한 것인지 증거가 되기에 충분할 것이다.

:: **벤저민 그레이엄 제자들의 투자실적** ::

제자 이름	회사 / 펀드	연복리수익률
월터 슐로스	WJS Ltd. Partners	28년 3개월간 16.1%
	WJS Partnership	28년 3개월간 21.3%
	S&P500 (w/dividends)	28년 3개월간 8.4%
톰 냅 & 에드 앤더슨	Tweedy, Browne Inc.	15년 9개월간 20%
	Tweedy, Browne Inc. Ltd. Partners	15년 9개월간 16%
	S&P500 (w/dividends)	15년 9개월간 7.0%
워런 버핏 (버크셔 해더웨이 이전)	Buffett Partnership, Ltd. (Overall Partnership)	13년간 29.5%
	Buffett Partnership, Ltd. (Limited Partners)	13년간 23.8%
	Dow Jones Industrial Average	13년간 7.4%
빌 루안	Sequoia Fund, Inc.	13년 9개월간 17.2%
	S&P500 (w/dividends)	13년 9개월간 10.0%
찰스 멍거	Overall Partnership	14년간 19.8%
	Limited Partners	14년간 13.7%
	Dow Jones Industrial Average	14년간 5.0%
릭 게린	Pacific Partners, Ltd. (Overall Partnership)	19년간 32.9%
	Pacific Partners, Ltd. (Limited Partnership)	19년간 23.6%
	S&P500	19년간 7.8%

* 출처 : 벤저민 그레이엄, 제이슨 츠바이크, 워런 버핏《현명한 투자자》 2006년 개정판 부록

벤저민 그레이엄의 투자철학

그레이엄은 학문에도 잘 맞는 명석한 두뇌에 무척 성취 지향적인 학자였지만, 그의 투자법은 개인적인 경험에서 나왔다. 그레이엄의 투자철학이 어떻게 형성되었는지 제대로 이해하려면 먼저 그의 삶을 살펴보는 것이 도움이 될 것이다.

가난의 경험으로 원금보전 중시

벤저민 그로스바움(벤저민 그레이엄의 원래 성은 그로스바움이다.)은 도자기 제품 중개업자의 아들로 1894년 영국에서 태어났다. 한 살 때 가족이 뉴욕으로 이사 와서 한동안은 풍족한 생활을 했다. 그런데 아홉 살 나던 해 어머니 도라에게 벤저민과 두 형제를 맡겨놓은 채 아버지가 죽고 말았다. 도라는 몇몇 사업에 손을 댔지만 모두 실패했는데, 이것을 보면 그녀는 위험선호형이었던 것 같다. 도라는 1907년 주가대폭락 바로 직전 주식시장에 투자했다가 투자금을 몽땅 날리기도 했다. 이러한 경험이 어린 벤저민에게 큰 영향을 끼쳐, 나중에 그레이엄의 투자스타일은 큰 시세차익보다 원금보전을 더 우선시하는 스타일로 자리를 잡았다.

가족의 경제적 궁핍은 그레이엄에게 또 다른 영향을 미쳤다. 고등학교와 대학 재학시에도 돈을 벌기 위해 일해야만 했는데, 나중에 고객의 돈을 관리하면서 그레이엄이 보여준 집중력과 헌신은 이때 체득한 직업윤리가 한몫을 했다.

재능을 타고난 학생이었던 그레이엄은 장학금을 받고 컬럼비아대학에 진학했다. 졸업할 무렵 그에게 수학, 영어, 철학 세 학과에서 교수 자리를 제의했지만 그레이엄은 보수가 높은 월가로 진출했다.

1914년 그레이엄은 '뉴버거, 헨더슨 앤 로엡' 이라는 증권 중개회사의 채권 팀에서 일을 시작했다. 제1차 세계대전이 발발하고 얼마 후 그에게 커다란 변화가 찾아왔다. 먼저 독일인 냄새가 나는 이름 때문에 불필요한 의심을 사게 되자 그로스바움 대신에 그레이엄으로 성을 바꾸었다. 또 하나는 금융시장이 패닉 상태에 빠지고 뉴욕 증권거래소가 몇 달간 문을 닫은 사건이었다. 몇몇 주식에 대해 가격과 거래에 제한이 가해졌고, 그 이듬해도 마찬가지였다. 거래가 재개되자 회사 일손이 부족해지면서 그레이엄에게는 회사 내 여러 부서에서 일하면서 배울 수 있는 좋은 기회가 찾아왔다. 이때 배운 것 가운데 하나가 투자자의 투자지식은 실제로 매우 제한적인 수준이라는 사실이었다.

대공황 이후 보수적인 안전지향투자법 구사

그레이엄은 몇 년 후인 1926년 회계사인 제롬 뉴먼과 함께 회사를 세웠다. 하지만 그가 회사에 취직한 1914년에 주식시장이 패닉 상태에 빠지는 등 타이밍이 나빴던 것처럼, 직접 사업을 시작했을 때도 상황이 좋지 않기는 마찬가지였다. 그레이엄과 뉴먼이 회사를 차린 지 3년 후인 1929년 대공황으로 주식시장은 장기침체에 빠졌다. 그레이엄의 실력과 헌신에도 불구하고 그레이엄의 고객들은 대공황 때 다른 투자자들과 마찬가지로 손해를 보았다.

다우존스 산업평균지수가 대공황 전 수준으로 회복되는 데는 25년이 걸렸지만 그레이엄의 고객들은 오래 기다릴 필요가 없었다. 대공황 직후 그레이엄과 동업자 뉴먼은 고객이 맡긴 돈을 완전히 원상회복시킬 때까지 5년간 수수료를 받지 않았다. 《Value investing made easy(쉽게 따라하는 가치투자)》에서 자넷 로우는 이렇게 썼다. "비록 그때의 경험이 끔찍하긴 했지만 자금관리자로서 그레이엄의 성실성을 널리 알리는 기회가 되었다. 그레이엄-뉴먼 코퍼레이션이 1929~1930년 포트폴리오를 다시 회복하고 난 이후에는 다시 그레이엄이 고객의 돈을 잃은 적이 없다." 그레이엄은 고객의 원금을 보전할 수 있도록 보수적이고 위험이 낮은 매매를 위주로 투자전략을 구사했는데, 가족의 경제적 궁핍과 주식시장 폭락을 겪어 본 그레이엄의 경험으로 비추어보았을 때 결코 놀라운 일이 아니다.

그레이엄의 위업은 고객을 위한 놀라운 수익률이나 증권분석 연구 분야를 개척한 것에 그치지 않았다. 그레이엄은 30여 년간 컬럼비아대학에서 투자론을 강의했고, 그 후에는 10년간 UCLA에서 재무론 겸임교수로 강의했다. 인간적으로 그레이엄은 아주 명민한 것과 더불어 무척 인자했다. 1976년 그레이엄이 죽자 버핏은 〈파이낸셜 애널리스츠 저널〉에 기고한 글에 이렇게 썼다. "나에게 벤은 스승이자 고용주이자 친구였다. 각각의 관계에서(그의 모든 제자, 고용인, 친구들과 마찬가지로) 막힘이 없었고, 끝없는 아이디어, 시간, 마음에 대한 관대함이 있었다. 명확한 사고가 필요할 때 벤만큼 좋은 상대가 없었다. 격려나 자문이 필요하면 거기에 벤이 있었다."

그레이엄 투자법의 답은 현명한 투자자

그러면 그레이엄은 1929년 대공황 때 손해를 본 고객의 돈을 어떻게 돌려줄 수 있었을까? 믿기 어려울 정도로 성공적이고 또 오랜 시간이 흘러도 여전히 유효한 그의 투자법에 숨어 있는 비결은 무엇일까? 이 질문에 대한 답은 그의 투자방법론에도 일부 들어 있겠지만, 대부분은 그레이엄이 투자와 주식시장을 보는 폭넓은 관점에서 찾을 수 있을 것이다. 그의 저서 《현명한 투자자》 제목의 두 단어에 비결이 숨어 있다.

그레이엄이 투자를 시작할 무렵만 해도, 그리고 요즘도 마찬가지지만, 투자자는 빨리 주가가 올랐으면 좋겠다는 생각으로 주식을 매매한다. 앞에서도 언급했지만 투자자는 몇 년, 혹은 어떤 경우에는 몇 달이나 몇 주 만에 부자가 되겠다는 목적으로 투자를 한다. 그레이엄에게 '투자자' 는 주식시장이나 개별종목의 주가가 오를 것이라 기대하고 단순히 주식을 거래하는 사람이 아니다. 그런 사람은 투기자이며, 그레이엄이 볼 때 투기자들의 요행수는 곧 파멸을 의미했다. 그레이엄은 투기에 대해 언급하면서 "투기를 하는 사람은 ① 현명하지 않거나 ② 게임하는 재미로 돈을 잃거나 ③ 비상식적이고 소통이 되지 않는 재능을 타고난 사람이다. 어쨌든 투자자는 아니다."라고 말했다.

그레이엄은 투자라는 것은 빠르고 쉽게 이익을 가져다줄 수 없다고 보았다. 왜냐하면 쉽고 빠르게 이익을 가져다주는 것에는 상당한 위험이 따르게 마련이기 때문이다. 투자는 많은 연구와 공부가 필요하며, 이익을 내는 것 못지않게 원금을 보전하는 것이 중요하다고 생각했다. 올바른 투자는 "예언을 통한 이익의 원천이라기보다 잘 막아야 할 위험"으로, 미래를 잘 보아야 한다고 했다. 엄청난 투기 열풍이 1929년의 파멸적인 공황을 일으키는 데 일조한 것만 봐도 잘 알 수 있다.

책 제목에 나와 있는 '현명한'이라는 단어도 그레이엄의 투자법에 힌트를 제공한다. 주식시장에서 성공하기 위해서는 재무적인 명민함과 엄청난 수학적 능력이 있어야 한다고 생각하는 사람들이 많다. 하지만 그레이엄이 '현명한'이라는 단어를 쓴 것은 지성이나, 범상치 않은 선견지명이나, 통찰력을 타고난 사람이나, 영리한 사람을 뜻하는 것이 아니었다. "성공한 투자는 독특하고 소통이 어려운 정신력의 산물이라기보다 본질적으로 배울 수 있는 테크닉과 판단기준의 문제다. 여기서 말하는 현명함은 지능보다는 성격과 관련된 특성에 더 가깝다고 보아야 한다. 즉 시장에서 성공하기 위해 우주공학자의 지력을 타고날 필요는 없다. 필요한 것은 장기적인 시각으로 생각하는 능력, 감정을 다스리는 것, 분별 있고 신념에 찬 계획을 고수하는 것 등이며 이것은 누구나 배울 수 있다."

좋은 회사 주식을 싼 가격에 사는 가치투자

그레이엄은 투자자가 성공하기 위해서는 기꺼이 대중과 다르게 행동할 수 있어야 한다고 말했다. 이것은 단기적인 주가등락에 일희일비하는 일반거래자와 높은 지위로 달라야 한다는 의미가 아니라 질적으로 달라야 한다는 것을 뜻한다. 시장을 이기려면 단지 대중보다 게임을 더 잘하기만 해서는 안 된다. 다른 사람보다 더 훌륭한 투기자가 된다고 해서 기본적으로 투기자라는 사실이 바뀌지는 않는다. 투기자가 되는 것 대신 그레이엄은 게임을 '다르게' 할 필요가 있다고 믿었다.

여기서 '다르게'의 의미는 무엇일까? 대부분의 투자자와 달리 그레이엄은 주식을 가격이 오르면 이익을 내고 팔 수 있는 종이로 대하지 않았다. 대신 기업을 통째로 산다는 느낌, 즉 회사의 이익 전부, 부채 전부, 자산 전부 그리고 수입 전부를 매입한다는 느낌으로 주식을 대했다. 기술적 분석가[2]와 차트 신봉자들이 과거의 주가 패턴을 분석하고 미래의 움직임을 예측하기 위해 여러 가지 다양하고 복잡한 방법을 사용하는 데 비해 그레이엄과 그의 제자들은 단 2가지 요소만 중요시했다. 즉 회사의 내재가치, 그리고 해당종목의 내재가치가 주가와 어떤 관련이 있는가였다.

그레이엄의 이론적 근거는 무척 간단하다. 단기적으로 주가를 예측하는 것은 불가능하지만 장기적으로 주가는 원래의 실질가치를 반영해서 움직이는 경향이 있으며, 이것은 주가수익률(PER), 주가순자산비율(PBR)[3], 매출액, 부채비율 등 펀더멘털에 나타난다. 좋은 회사, 즉 재무적으로 튼튼하고 계속해서 이익이 날 회사 주식을 싼값에 사면 살수록 좋다. 어떤 기업이 진짜 우량하다면 월가 사람들도 결국은 이를 포착하고 몰려들기 시작할 것이고 그러면 주가는 실질가치만큼, 혹은 그 이상으로 오르게 마련이다. 그래서 주식을 싸게 사면 살수록 결국 이익은 더 커질 수밖에 없다.

---

2) 과거의 주가패턴을 연구해서 미래의 주가 움직임을 예측하려는 시도를 믿고 실행하는 사람 – 옮긴이

3) Price Book-value Ratio. 주가÷1주당순자산 – 옮긴이

그레이엄과 그의 제자들에게 지금 오르는 주식의 시세를 따라잡으려고 매수 타이밍을 잡으려는 생각은 어울리지 않는다. "어떤 사업의 가격이 2주 전 혹은 지난주에 비해 올랐다고 해서 그 사업 전체를 사는 것을 상상할 수 있습니까?" 1984년 컬럼비아대학에서 한 연설에서 버핏은 이렇게 물었다. 그런 것은 기술적 분석가나 하는 방법이다.

바로 이 점에서 그레이엄과 다른 증권분석가가 확실하게 구별된다. 그레이엄은 거래량이나 시장의 방향에 대해서는 신경 쓰지 않았다. 그레이엄이 아직 생존해 있다고 해도 요즘 투자자들이 하듯이 '야후 파이낸스' 나 'MSN 머니'에서 20분마다 자기가 보유한 종목의 가격을 확인한다거나 하지는 않았을 것이다.

그렇다고 그레이엄이 주식을 둘러싼 시장의 전반적인 상황, 기업이 속한 업종에 대해 잘 몰랐다는 것은 아니다. 장기적으로 투자자에게 이익을 안겨주는 것은 내재가치가 시세보다 싼, 탄탄하고 전망 있는 우량회사의 주식이다. 《현명한 투자자》 서문에서 그레이엄은 이렇게 썼다.

순자산의 몇 배나 높은 가격으로 거래되는 성장종목이 많지만 그런 종목에 투자한 투자자는 주식시장의 예측 불가능성이나 주가등락에 너무 얽매이게 된다. 이런 회사에 비해 가스회사, 전력회사 등 유틸리티 기업, 즉 순자산가치와 비슷한 가격으로 거래되는 기업에 투자한 투자자는 설사 주식시장이 원치 않는 방향으로 움직여도 개의치 않고 자신을 탄탄하고 팽창하는 기업, 합리적인 대가를 기대할 수 있는 기업의 소유자라고 생각한다. 성장이 기대되고 매력적이지만 위험한 분야에서 짜릿한 모험을 하는 것보다 이러한 보수적 투자관의 최종수익률이 훨씬 높다.

안전제일, 방어적인 투자

그레이엄은 투자자를 '방어적인 투자자'와 '공격적인 투자자' 두 부류로 나누었다. 그레이엄의 투자법은 매우 보수적이다. 무엇보다 방어적인 투자자는 치명적인 실수나 손실을 피하는 것, 그리 큰 노력이나 성가심에서 놓여나는 것, 그리고 의사결정을 많이 하지 않아도 되는 것 등에 큰 목적을 둔다. 한편 공격적인 투자자는 평균 이상의 종목을 고르기 위해 기꺼이 시간을 투자하는 사람이다.

그레이엄은 공격적인 투자자는 방어적인 투자자에 비해 기술과 노력을 더 많이 들이는 만큼 그에 상응하는 대가를 바란다고 한다. 그레이엄은 자신의 엄격하고 보수적인 판단기준을 완화해서 공격적인 투자자에게는 중소기업이나 고PER 기업에 투자하는 것을 허용했다. 그러나 그레이엄의 전략은 대부분 방어적인 투자자를 대상으로 한다. 결국 그는 투자자가 시장을 이기려고 시시각각 변화하는 기업을 연구하고 분석하는 데 시간을 많이 쏟는 것에 회의적이었다. 이 때문에 우리는 그레이엄에 관해 분석할 때는 주로 방어적인 투자법에 초점을 맞춘다.[4]

그레이엄의 방어적인 투자법에서 가장 중요한 부분은 그레이엄 자신

4) 좀 더 적극적이고 위험을 감수하는 투자법을 원한다면 9장과 10장에 나와 있는 성장투자 전략을 보라.

이 안전마진(margin of safety) 이라고 이름 붙인 것으로, 이는 주가와 기업의 내재가치 간의 차이를 말한다. 단기적으로 주가의 등락에는 많은 요소가 관련되지만 장기적으로는 회사의 실질가치, 자산, 이익, 부채 등으로 주가가 수렴하게 마련이다. 그레이엄은 안전마진이 높은 회사의 주식을 사라고 추천하면서, 안전마진이 높다는 것은 해당기업이 하는 사업의 내재가치에 비해 주가가 낮은 것을 의미한다고 했다. 앞에서도 보았지만 이러한 종목은 장기적으로 기업의 내재가치를 반영해 언젠가는 오른다. 하지만 더 중요한 것은, 이런 저평가된 주식은 가격이 더 떨어지지 않는다는 점이다. 내재가치에 비해 주가가 낮기 때문에, 즉 안전마진이 높기 때문에 기업이 문제에 처하거나 이익이 떨어져도 원래 저평가되어 있던 터라 다시 주가가 올라갈 여지가 있다. 그리고 만약 주가가 하락하더라도 이미 낮은 가격에 팔리고 있기 때문에 주가가 더 떨어질 가능성이 낮다. 이런 주식은 인기 있는 성장주가 높은 기대치로 고공행진을 하는 것과는 다르다.

시세차익보다 손실을 줄이는 것에 초점

그레이엄은 주식시장에서 시세차익을 얻는 것보다 손실을 줄이는 것이 훨씬 더 중요하다고 생각했다. 꼭 기억해야 한다. 그레이엄은 사업에 실패한 집안에서 자랐고, 1929년 대공황 때는 그의 고객을 포함해 수백만 명의 투자원금이 하루아침에 사라지는 것을 똑똑히 목격한 사람이다. 안전마진이 크면 클수록 그는 마음이 더 편안해졌다. 손해 볼 가능성이 줄어들기 때문이다. "특가주(bargain issues)를 사는 사람은 원하지 않는 상황전개를 참아낼 수 있는 능력에 더 주안점을 둔다. 만약 저평가된 주식을 싼 값에 사들이게 되면, 심지어 수익을 낼 수 있는 능력이 조금 줄더라도 만족스러운 수익을 가져오기 때문에 투자 자체를 막을 필요는 없다. 안전마진은 그래서 적합한 목적을 달성한다. 이러한 투자법은 깔끔한 종목을 발굴하는 데 들어맞지는 않지만 어쨌든 맞기는 맞다."

이렇게 생각해보자. 20달러짜리 현역 야구선수의 야구카드를 누군가 10달러에 판다고 가정해보자. 이 경우 안전마진은 50%다. 만약 이 선수의 플레이가 부진해 이 카드의 장부가격이 17달러로 떨어진다고 하자. 이 선수가 부상을 당하거나 기량이 떨어진다거나 아니면 개인적인 문제가 있어 올해 성적이 아주 나빠도 처음에 워낙 싼 가격으로 카드를 손에 넣었기 때문에 여전히 이 카드를 팔면 약간의 이득을 얻을 수 있다. 이것이 안전마진이다.

좋은 종목 고르는 방법은?

그렇다면 그레이엄은 어떻게 안전마진이 큰 주식을 고를 수 있었을까? 한 가지 방법은 주가를 이익이나 장부가격 등 구체적인 재무제표와 비교한 펀더멘털을 이용하는 것이다. 예를 들어 그레이엄은 주가수익률과 주가순자산비율이 상대적으로 낮은 종목을 좋아했다. 주가수익률이 15 이상이면 안 되고 주가수익률과 주가순자산비율을 곱해서 22를 넘으면 안 된다. 이것은 회사의 이익과 사업의 순자산가치를 비교해보았을 때 가격이 싼 편이라는 의미다.

그레이엄이 안전하다고 한 종목은 자금을 보수적으로 운용하는 회사다. 기업의 유동부채에 대한 유동자산의 크기, 즉 유동비율이 200% 이상이면 괜찮지만 장기부채가 자산가치 이상인 종목은 곤란하다. 부채가 많은 기업은 이익이 급감하거나 예상만큼 늘어나지 않으면 문제가 될 수 있다. 그레이엄은 이러한 판단기준에 맞는 기업 중 지나치게 확장하거나 재무적인 어려움에 처할 위험이 없는 회사에 투자했다.

안전마진 개념을 고안하고 또 이를 통해 유명해졌지만 그렇다고 그레이엄은 안전마진이 어느 정도면 적정하다고 명시하지는 않았다. 그는 주가가 실질가치에 비해 30~50% 저렴한 종목을 골랐지만 그렇다고 엄격한 원칙을 두지는 않았다. 한 가지 확실한 것은, 그레이엄의 특별한 가이드라인을 잘 따른다면 안전마진이 있는 것으로 볼 수 있다는 것이다.

그레이엄은 안전마진이 위험을 줄이는 개념, 즉 포트폴리오 다양화와 밀접한 관련이 있다고 믿었다. "투자자가 선호하는 마진이더라도 개별종목의 성과는 나쁠 수 있다. 왜냐하면 여기서 말하는 마진이란 투자자가 손해보다는 이익을 볼 가능성이 크다는 뜻이지 손해를 전혀 보지 않는다는 의미는 아니기 때문이다." 하지만 이러한 매매건수가 많아지면 이익 총계가 손해 총계를 넘게 된다. "가장 튼튼한 바구니에 좋은 달걀만 골라 넣더라도 바구니가 찢어질 가능성은 늘 있다. 몇 가지 다른 바구니를 사놓는 것이 안전하다. 그리고 달걀을 바구니에 분산해서 넣어야 한다." 그레이엄은 최소 10개 종목, 그리고 많아도 30개 종목을 넘지 않도록 보유하라고 추천한다.

벤저민 그레이엄의 투자노트

이제까지 살펴보았듯이 그레이엄은 살면서 겪은 여러 가지 사건으로 나름의 투자관을 세웠으며 그 투자관 덕분에 유명해졌다. 유복한 생활을 하다가 하루아침에 망하는 바람에 궁핍한 생활을 할 수밖에 없었던 것이나, 1929년 대공황 때 자신의 기업이 철저히 망가지는 것을 보면서 그레이엄은 위험을 줄이는 것에 집착할 수밖에 없었다. 그레이엄의

:: **벤저민 그레이엄의 종목선정 체크리스트** ::

	통과		탈락	
①섹터	기술 관련 기업을 제외한 모든 종목 (유틸리티 회사 포함)		기술주	
②매출	3억4천만달러 이상		3억4천만달러 미만	
③유동비율	200% 이상	200% 미만이고 유틸리티 또는 통신사	200% 미만이고 유틸리티 또는 통신사 이외	
④순유동자산과 관련한 장기부채	장기부채 ≤ 순유동자산		장기부채 > 순유동자산	
⑤장기 EPS 성장 (과거 10년간)	30% 이상이고 지난 5년간 평균 EPS가 마이너스가 아닐 것		30% 미만	30% 이상이고 지난 5년간 어느 한해라도 평균 EPS가 마이너스
⑥PER	15 이하		15 초과	
⑦PBR	PBR x PER ≤ 22		PBR x PER 〉 22	
⑧총부채비율	제조업 총부채 비율 ≤ 100%	유틸리티, 전화회사,철도회사 장기 부채비율 ≤ 230%	생산기업 총 부채비율 > 100%	유틸리티, 전화회사, 철도회사 장기부채 비율 > 230%

투자법은 바로 이러한 위험회피 성향을 토대로 하고 있다. 이제 섹터와 매출 등을 통해 그레이엄의 투자방법론을 분석해보자.[5)]

① 섹터

그레이엄이 살던 시대는 오늘날보다 기술이 훨씬 덜 발달해 있었고 투자는 훨씬 더 위험했다. 그레이엄은 위험을 피하고 원금을 보전하는 데 역점을 두었기 때문에 기술주는 피했지만 그 이외의 섹터에서는 위험이 그리 크지 않으면 투자했다. 오늘날 기술은 우리 사회에서 중요한 부분을 차지하게 되었고, 탄탄한 장기투자 실적을 올리는 데 무시할 수 없는 비중을 차지한다. 기술 섹터는 요즘은 그렇게 위험성이 높지 않지만 아직도 위험한 부분이 있어서 그레이엄 모델에서 기술주는 제외한다.

② 매출

그레이엄이 위험을 줄인 또 다른 방법은 대형기업이면서 유명기업에 치중하는 것이었다. 이런 회사는 규모가 작은 회사에 비해 주가의 등락이 크지 않고, 자산이 많고 부정적인 사건 사고가 거의 없으며, 투자실적이 양호하다. 대형주[6)]는 재무분석이 용이하다. 그레이엄은 '대형', '유명'이라는 용어의 정의가 쉽지 않다는 것을 인정하면서도 자산 5천만 달러 또는 매출 5천만 달러를 기준으로 사용했다.[7)]

③ 유동비율(current ratio)[8)]

그레이엄은 주식을 살 때 개인기업 지분을 살 때처럼 진정한 가치에 초점을 맞추어야 한다고 믿었다. 그리고 개인기업 지분을 살 때 투자가치를 매기는 방법 중 하나가 유동비율, 즉 유동부채에 대한 유동자산[9] 비율을 따져보는 것이었다. 당연히 부채보다 자산이 많은 기업을 선호했으며, 기업의 유동비율이 최소한 200%는 되어야 했다. 유동자산에 대한 유동부채를 비교함으로써(만기가 가까운 것과 가장 먼저 갚아야 할 것) 어떤 기업의 유동성(liquidity)[10]을 파악할 수 있다. 유동비율이 높으면 높을수록 좋은데, 유동성이 높다는 것은 그 기업이 재무곤란을 겪을 위험이 낮다는 것을 의미한다.

그러나 명심해야 할 것은, 어떤 환경에서는 유동비율이 특히 높을 수 있다는 것이다. 채권 (매출채권, 미수금 등)은 유동자산이며 이례적으로 채권 잔액이 큰 회사는 수금에 어려움을 겪을 수 있기 때문이다. 기업이 제품을 팔 수 없어서 유동자산의 또 다른 형태인 재고자산이 높을

5) 2003년 《현명한 투자자》 개정판에 쓴 글에서 제이슨 츠바이크는 그레이엄 – 뉴먼 코퍼레이션이 올린 수익률 20%는 그레이엄 자신이 책에서 언급한 것과 같이 수수료를 고려하지 않은 것 같다고 말했다. 하지만 그레이엄–뉴먼 코퍼레이션은 수수료를 고려하고도 여전히 14.7%의 수익률을 기록했다.

6) 시가총액이 큰 대형기업의 주식. 요즘은 일반적으로 시장가치가 50억달러 이상인 기업을 대형주로 간주한다. – 옮긴이

7) 그레이엄의 시대에 비하면 가격 역시 상당히 바뀌어서, 그레이엄이 제안한 12개월 매출액을 요즘 시세로는 3억 4천만 달러로 계산했다.

8) 유동부채에 대한 유동자산의 비율. 이 비율은 기업의 1년 이내 단기부채 상환 능력을 보여준다. 업종마다 다르지만 금융기업이 아닌 경우 유동비율이 2 대 1 이상이면 건전한 것으로 간주된다. – 옮긴이

9) 현금 및 현금성 자산, 매출채권 등 – 옮긴이

10) 시장가격에 영향을 주지 않으면서 주식을 대량으로 쉽게 사고팔 수 있는 정도. 매수·매도 호가 차이가 크고 거래량이 적은 주식은 유동성이 떨어진다고 말한다. – 옮긴이

수도 있다. 한편 유동비율이 낮다는 것은 그 기업이 상대적으로 현금이 부족하다는 의미이며, 유동부채를 갚는 데 어려움을 겪을 수 있다는 의미다. 이러한 판단기준은 공기업이나 대형통신사에는 해당되지 않는데, 그레이엄에 따르면 이러한 기업은 일반적으로 채권과 주식의 매각을 통해서 기업성장에·필요한 자금을 조달하는 방식으로 운전자본을 관리하기 때문이다.

④ 순유동자산과 관련한 장기부채

개인기업의 일부를 매수할 때 꼼꼼하게 살펴야 하는 것이 부채다. 그레이엄은 장기부채가 지나치게 많은 기업은 원하지 않았다. 어떤 기업의 장기부채가 순유동자산[11] 또는 운전자본을 초과해서는 안 된다. 핵심은 '이 기업이 오늘 자산을 정리한다면 단기부채와 장기부채를 전부 다 갚을 수 있는가?'이다. 만약 이 질문에 '그렇다'고 대답할 수 있으면 이 회사의 재무 상태는 건전하다.

⑤ 장기 주당순이익(EPS) 성장

그레이엄은 '가치투자의 아버지'라고 알려져 있지만 종목을 선택할 때 성장 측면도 보았다. 하지만 다른 천재투자자들과는 달리 그레이엄은 미래에 성장이 괜찮을 것인지 예상하기 위해 과거의 이익성장 자료를 사용하지 않았다. 그 대신 그레이엄은 기업의 재무건전성 지표를 활용했다. 어떤 기업의 이익이 과거 10년간 적어도 30% 이상 성장해왔을 것, 지난 5년간 주당순이익(EPS)이 마이너스인 적이 없을 것 등을 요구한

것이다.[12]

성장률을 계산하기 위해서 그레이엄은 10년의 기간 중 첫해와 마지막 해의 이익만 비교하지 않았다. 대신 그는 10년 동안 첫 3개년의 이익을 평균해서 마지막 3개년의 이익 평균과 비교했다.

그리고 다음 사항을 잊지 말아야 한다. 최근 5년간 이익이 마이너스인 적이 없어야 한다. 5년 중 어느 한 해라도 이익이 마이너스인 적이 있다면 통과할 수 없는데, 이는 그레이엄이 위험을 줄이기 위해 얼마나 신중했는지 증명해주는 또 하나의 신호다.

⑥ 주가수익률(PER)

그레이엄은 그냥 기업의 참된 가치만 알려고 하지 않았다. 월가가 매긴 가치(즉 주가)와 비교한 그 기업의 가치를 알고 싶어했다. 그레이엄은 시장가치 이상의 종목을 고르고자 했는데, 월가도 결국 이런 종목이 저평가되었음을 알고 매수할 것이라고 생각했다. 안전마진 개념을 설명할 때 이미 언급했지만, 기업이 기대보다 성과가 나쁘더라도 투자자가 이전의 저평가에 조정을 가함으로써 주가는 하락을 멈추게 될 것이다.

월가가 매긴 가격과 기업의 실질가치를 어떻게 비교할 것인지 알아보기 위해 그레이엄은 주가수익률을 분석했다. 그레이엄은 투기를 극도

11) 유동자산에서 유동부채를 뺀 것. 운전자본(working capital)이라고도 한다. – 옮긴이

12) 다시 말하지만, 이 지표는 기업의 이익이 미래에 극적으로 솟아오를지를 보여주는 것이 아니라 이 기업이 과거에 꾸준하고 견고한 성과를 보여왔는지를 나타내는 신호다. 이런 투자 형태야말로 저위험투자를 선호한 그레이엄다운 투자다.

로 싫어했다. 주가수익률이 높을수록 투기적인 요소도 크다고 보았는데, 이는 주가를 떠받칠 이익이 적기 때문이다. 그래서 그레이엄은 해당 종목의 주가수익률이 적당하기를 원했는데, 15를 넘지 않아야 했다.

주가수익률을 계산할 때 대부분 이익, 과거 12개월의 이익을 사용하는 데 비해 그레이엄은 지난 3년간 이익의 평균을 사용했다는 점을 주목할 필요가 있다. 이렇게 기간을 늘리는 것은 위험을 싫어하는 그레이엄의 보수적인 생각을 나타내준다.

⑦ 주가순자산비율(PBR)

월가에서 매긴 주가와 기업의 올바른 가치를 비교하는 방법 중 또 하나로 그레이엄은 주가순자산비율을 보았다. 주가순자산비율은 주가를 장부가치로 나눈 것으로, 총자산에서 무형자산과 부채를 뺀 것이다. 즉 유형 자산에서 기업이 보유한 자금을 뺀 금액이다. 그레이엄은 유형 자산처럼 실질을 따졌지 영업권처럼 무형인 것은 좋아하지 않았다.

그레이엄은 주가순자산비율이 적당하기를 바랐다. 적당하다는 것을 어떻게 정해야 하는지 조금 당황스럽지만, 그레이엄을 이런 식을 사용했다. 어떤 종목의 주가순자산비율과 주가수익률을 곱해서 22가 넘으면 안 된다. 예를 들어 어떤 종목의 주가가 30달러이고 주당 장부가치는 20달러, 주당순이익은 3달러라고 가정해보자. 주가순자산비율은 30을 20으로 나눈 1.5이고, 주가수익률은 30을 3으로 나눈 10이다. 주가순자산비율 1.5를 주가수익률 10에 곱하면 15가 되는데, 이는 22를 넘지 않는 숫자이니 상당히 양호하다.

⑧ 총부채비율

생산기업은 총부채가 총자본을 초과해서는 안 된다. 즉 기업의 총부채 비율은 100%를 넘어설 수 없다. 유틸리티(규제를 받는 전화회사와 철도기업을 포함해서) 회사는 자본에 비해 장기부채가 훨씬 커도 안전하다고 할 수 있다. 장기부채비율이 230% 정도까지도 괜찮다.

⑨ 계속되는 배당금 지급

그레이엄에게는 배당금도 중요했다. 지난 20년간 빠지지 않고 배당을 지불해온 기업을 좋아했다. 지난 20년간 매년 배당금을 빠지지 않고 지불해왔다면 연도에 따라 배당금이 많아졌다 작아졌다 하는 것은 크게 중요하지 않았다.

그레이엄 시대에 대부분 종목의 전체 수익에서 배당금 지급은 중요한 요소였지만 오늘날에는 상황이 바뀌었다. 요즘에는 많은 기업(심지어는 튼튼하고 재무적으로 보수적인 회사조차도) 이 배당금을 지급하지 않는데, 이는 이익을 재투자하거나 자사주재매입에 써서 주식의 가치를 올리는 정책을 쓰고 있기 때문이다. 필자는 프로그램(Validea.com)을 개발할 무렵 '20년간 배당금 지급 기준'을 적용해보았더니 그레이엄 모델을 통과한 종목이 거의 없었다. 그래서 우리 모델에 이 판단기준을 포함시키지 않기로 했다. 다음에 나와 있는 이 모델의 5년간 성과를 본다면 배당금 판단기준을 적용하지 않고도 이 전략이 아주 잘 들어맞음을 알 수 있을 것이다.

벤저민 그레이엄의 투자수익률

아래 표는 1945년부터 1956년까지 벤저민 그레이엄이 실제 투자한 수익률이다.

:: 벤저민 그레이엄의 실제 투자수익률 ::

연도	벤저민 그레이엄	S&P500	연도	벤저민 그레이엄	S&P500
1945	26.9%	42.8%	1951	16.5%	18.0%
1946	–8.2%	–11.9%	1952	15.6%	15.1%
1947	12.3%	0.8%	1953	1.2%	14.4%
1948	14.6%	9.9%	1954	13.7%	46.4%
1949	20.1%	19.5%	1955	20.2%	24.1%
1950	20.9%	35.7%	1956	26.5%	12.3%

그레이엄이 현재까지 투자한다면?

《현명한 투자자》가 발간된 지 54년 후인 2003년 7월에 필자는 그레이엄 투자법으로 선정한 종목의 포트폴리오 성적을 알아보았다. 반세기 전에 나온 책임에도 불구하고 그 책에 나와 있는 전략은 여전히 잘 작동했다.

설정 이후 5년간 10개 종목의 포트폴리오가 140.4%의 수익률을 기록해 같은 기간 S&P500의 21.4% 수익률을 6배 차이로 앞섰다. 2003년에는 45.1%로 S&P500의 11.1%와 비교된다. 그다음으로 수익률이 좋은 해는 2006년으로 26%를 기록했으며 S&P500은 13.6%였다. 이 포트폴리오가 마이너스를 기록한 해는 모멘텀 투자[13]가 시장을 이끈 2007년으로, -8.1%를 기록해 S&P500의 3.5%보다 뒤졌다.

20개 종목 포트폴리오는 성적이 더 좋아서 2003년 7월 15일 설정 이후 146.3%의 수익률을 기록해서 S&P500의 21.4%를 가볍게 따돌렸다. 최고로 성적이 좋은 해는 2004년으로 34.6%를 기록했고 S&P500은 9.0%를 기록했다. 성적이 가장 나쁜 해는 2007년이었지만 그 해 10개 종목 포트폴리오 수익률만큼 처참하지는 않았다. S&P500의 3.5% 수익률에 비해 -1.4%를 기록했다. 10개 종목 포트폴리오, 20개 종목 포트폴리오 모두 S&P500보다 변동성이 더 컸지만 그렇다고 롤러코스터를 타지는 않았다. 10개 종목 포트폴리오, 20개 종목 포트폴리오의 베타(Beta)[14]는 모두 1.23이었다.[15]

그레이엄의 포트폴리오는 분산이 아주 잘 되어 있지만, 이 모델이 관여하지 않은 분야도 있었다. 앞에서도 언급했지만 기술주는 제외되었다. 그레이엄은 당시만 해도 기술주의 위험이 너무 크다고 간주했다. 그레이엄의 포트폴리오에서 찾아볼 수 없는 또 하나의 업종은 금융주다.

---

13) 어떤 주식의 이익성장률이 시장보다 높을 경우 그 추세가 계속된다고 기대해 매수하고, 시장보다 뒤처질 경우에는 매도하는 투자 – 옮긴이

14) 학계에서 체계적 위험, 즉 시장위험을 측정하는 표준척도. 시장이 오르내릴 때 해당주식이나 포트폴리오가 얼마나 오르내리는지 보여준다. 시장보다 더 크게 오르내리는 주식이나 포트폴리오는 더 위험하다고 간주되며 베타가 높다. 시장보다 오르내림이 적은 경우는 덜 위험하며 베타가 낮다. – 옮긴이

15) 시장의 베타는 1.0이다. 베타가 1.0 이상인 종목은 시장보다 변동성이 더 크다는 의미이며, 베타가 1.0 이하인 종목은 시장보다 변동성이 작다는 의미다. – 옮긴이

:: 벤저민 그레이엄의 투자법으로 투자할 경우 예상수익률 ::

	10개 종목 포트폴리오	20개 종목 포트폴리오	S&P500
설정일	2003.7.15	2003.7.15	2003.7.15
2003	45.1%	30.5%	11.1%
2004	21.5%	34.6%	9.0%
2005	10.4%	8.5%	3.0%
2006	26.0%	26.4%	13.6%
2007	−8.1%	−1.4%	3.5%
2008.07	6.7%	3.7%	−17.3%
총수익률	140.4%	146.3%	21.4%
연수익률	19.2%	19.7%	4.0%
최고의 해	26.0% (2006)	34.6% (2004)	13.6% (2006)
최악의 해	−8.1% (2007)	−1.4% (2007)	3.0% (2005)
베타	1.23	1.23	1.0
정확성	56.8%	55.8%	N/A

기술주와는 달리 필자는 드러내놓고 그레이엄 모델에서 금융주를 배제하지는 않았다. 하지만 그레이엄이 요구한 '낮은 부채' 기준 때문에 금융기관이 높은 점수를 얻는 것이 불가능했다. 업종 특성상 금융기관은 부채가 많을 수밖에 없기 때문이다.

2008년 7월 10개 종목 포트폴리오의 수익률은 천재투자자들의 전략 가운데 2번째를 기록했고, 20개 종목 포트폴리오도 수위를 기록했다.

벤저민 그레이엄의 주요 투자원칙

- 기업이 속한 섹터나 업종을 살펴보고 매출도 보라. 기업이 기술 관련 기업이 아닌지 살펴보고 매출이 충분한지도 살펴보라.
- 유동비율이 최하 200% 이상은 되어야 한다.
- 장기부채가 순유동자산을 초과하지 않아야 한다.
- 지난 10년간 EPS 성장이 꾸준했어야 한다.
- 3년 평균 PER가 15 이상이어야 한다.
- PBR과 PER를 곱해보라.
- 배당금 지급이 지속적인지 보라.

CHAPTER 04

투자자들의 투자자
존 네프 John Neff

흥미 있고 재미있는 투자라면 돈 벌기 힘들다.
훌륭한 투자는 지루하다.
– 조지 소로스 –

:: 존 네프의 투자전략 ::

투자실적	네프의 윈저 펀드(처음에는 웰링턴 자산운용사가, 나중에는 뱅가드그룹이 운용)는 1964~1995년까지 수수료를 제하고 13.7%의 연수익률을 기록했으며 이는 S&P500의 10.6%를 훨씬 뛰어넘는 성적이다. 이러한 수익률은 대형 펀드가 그렇게 오랜 기간에 거둔 것으로는 아주 좋은 성적이었다.
위험	아주 낮다. 네프는 이미 주가가 매우 낮은 종목을 골랐으며 그래서 회사 성적이 더 나빠지더라도 주가가 더 떨어질 것이 없었다. 또 네프는 배당을 많이 주는 종목을 골랐기 때문에 주가가 오르지 않아도 짭짤한 수입을 거둘 수 있었다.
투자기간	다양하다. 네프는 펀더멘털이 유지된다면 3년, 4년, 심지어 5년이라도 주식을 팔지 않고 보유했다. 하지만 만약 그가 보유한 종목의 펀더멘털과 주가가 더 이상 가치가 없다고 판단될 때는 비록 한 달밖에 보유하지 않았더라도 팔았다. 네프는 이런 방법으로 가끔 상당한 수익을 거두었다.
노력	중간. 네프는 왕성한 연구자였고 그의 정량적인 투자법은 무척 엄격한 노력 편이다. 요즘은 일반투자자도 누구나 쉽게 주가검증 기술로 이렇게 할 수 있다.

존 네프는 누구인가?

전문투자자들이 돈을 맡기는 투자자

목돈 투자할 곳을 찾거나 어디 돈 벌 기회가 없을까 싶어 뮤추얼펀드 소개서를 이것저것 뒤적이다가 '상대적으로 무미건조하고, 지루하고, 보수적인 펀드'라고 적혀 있는 펀드 소개서를 발견했다. 그 소개서를 계속 읽을까, 아니면 다른 펀드 소개서로 넘어갈까?

투자자라면 아마 진부해 보이는 이 펀드를 그냥 지나칠 것이다. 결국 사람들은 제2의 애플,구글, 스타벅스 등 대박을 낼 종목을 남보다 빨리 발굴하겠다는 꿈을 안고 주식시장에 발을 들여놓는다. 일반인의 흥미를 끄는 신제품이나 신기술을 개발해서 원래의 가치 이상으로 언론의 주목을 받을 회사에 투자할 기회를 노린다.

존 네프가 30여 년간 운용해온 윈저 펀드는 다른 펀드에 비해 상대적으로 무미건조하고 지루하고 보수적인 펀드다. 윈저 펀드는 투자자들이 외면하고 주목하지 않는 소외주를 보유했음에도 투자자가 줄을 이었다. 윈저 펀드를 운용한 존 네프는 펀드매니저들이 자신의 자산을 관리해줄 펀드매니저를 꼽을 때면 첫 손가락에 꼽힌다.

왜 수많은 전문투자자가 자기 돈을 네프에게, 네프가 운용하는 펀드에 맡기겠다는 것일까? 대답은 간단하다. 윈저 펀드의 수익은 무미건조하거나 지루하지 않았기 때문이다. 네프가 윈저 펀드를 운용한 1964~1995년의 연평균수익률은 13.7%로, 같은 기간 S&P500의 10.6%를 가볍게 따돌렸다. 이처럼 매년 약 3.1%의 차이를 30여 년간 냈다는 것은 대단한 일이다. 배당금을 재투자하는 조건으로 윈저 펀드 운용 첫 해에 1만달러를 투자했다면 네프가 은퇴한 해에는 564,000달러가 되었을 것이다. 같은 기간 S&P500에 투자해서 얻었을 수익 233,000달러의 거의 2배나 되는 액수다.

2007년 1월 22일 〈배런스〉의 '배런스 라운드테이블'에 따르면 네프가 30여 년간 운용한 윈저 펀드는 역대 미국 뮤추얼펀드 중 상위 5%에 들었다. 이러한 투자실적에도 불구하고 네프는 월가 외에는 그리 잘 알려진 인물이 아니다. 먼저 존 네프가 어떤 사람인지 알아보고, 많은 사람이 쳐다보지도 않던 소외주에 네프가 어떤 계기로 관심을 두게 되었는지 알아보자.

슈퍼마켓 운영한 삼촌 통해 돈을 알다

1931년에 태어난 네프는 성공은 저절로 굴러들어오는 것이 아니라는 사실을 어렸을 때 일찌감치 깨달았다. 네 살 때 부모가 이혼했고 네프를 키운 사람은 외할아버지였다. 외할아버지는 보험모집인으로 일하며 식구의 생계를 책임졌고, 투철한 직업의식으로 대공황의 격변 속에서도 가족을 지켜냈다.

네프는 열심히 일하는 것이 중요하다는 사실과 더불어 사업하는 데 필요한 교훈을 몇 가지 배웠다. 1930년대에 삼촌과 숙모는 슈퍼마켓 체인을 운영하는 사업가였으며, 네프는 이들의 모습을 어깨너머로 보면서 물건 흥정하는 법과 현명하게 돈을 관리하는 법을 배웠다. 삼촌이 할머니에게 돈을 빌려서 시작한 슈퍼마켓 사업이 실패하자 네프는 돈과 관련해서라면 감정적 애착을 경계해야 한다는 사실을 배우게 되었다. 삼촌의 사업 실패에서 네프는 '사업이 실패하면 그것은 현명한 투자였다고 할 수 없다'는 교훈을 얻었다.

네프는 부모님 이혼 후 14년간 아버지를 만나지 못했다. 아버지가 다시 그를 찾았을 때 아버지는 자신의 무심함을 사과하면서 존에게 자동차용 윤활장치와 공기압축 장치를 취급하는 자신의 회사에 들어오지 않겠느냐고 제안했다. 그리 매력적인 사업은 아니었지만 그럭저럭 잘되는 편이었고, 이 회사에서 일하면서 네프는 또 다른 교훈을 배웠다. "돈 버는 데 우아할 필요는 없다. 사실 따분한 사업으로 돈을 벌 수 있다면 경쟁은 덜할 것이다." 아버지는 협력업체들과 협의해 일부 품목을 저렴한 가격에 공급받았으며, 그만큼 고객에게 판매할 때는 유리한 위치에 설 수 있었다. 이 경험은 흥정의 중요성을 실감하게 해주었다.

인내와 직업윤리로 승리주를 골라내다

이렇게 배운 경험을 훗날 네프는 주식거래에서도 그대로 써먹었다. 예를 들어 물건 값을 깎아달라는 사람이나 어려움에 처한 사람에 대한 동정심 등은 그가 투자하면서 한물가고 소외된 주식에 초점을 맞춘 성향에서 잘 드러난다. 인내와 강한 직업윤리는 소외된 그룹에서 승리주를 골라내는데 사용한 까다로운 연구와 분석의 일부분이기도 하다. 네프에게는 다른 사람들이 피하는 주식에 집착하는 신념의 힘이 있었다.

깐깐하게 종목을 선택한 네프는 늘 신문에서 저PER 종목(즉 시장에서 별로 인기 없는 종목) 을 찾아다녔다. 또한 신저가를 갱신하는 주식이나 언론에서 두들겨 맞는 종목에는 별도로 표시를 해두었다. 이렇게 남들이 피하는 기업을 대상으로 네프는 몇 가지 정량적인 잣대를 사용해서 나중에 반등할 가능성이 높은 종목을 골랐다. 1990년대 초반 윈저 펀드는 시티은행에 투자해 엄청난 이익을 거두었는데, 금융위기가 발생해 이 은행에 투자한 투자자는 모두 매도하기 바빴지만, 네프는 시티은행의 당시 주식이 지나치게 저평가되었다고 믿었다.

"인내, 슬픔에 가득 찬 사람에 대한 동정, 검약, 고집, 성실, 관습을 대수롭지 않게 여기는 성향, 그리고 엄격한 분석 습관 등이 성공적인 투자전략의 밑거름이 되었다." 네프는 자신이 터득한 교훈을 이렇게 요약했다.

네프가 이러한 성향을 타고난 것은 사실이지만, 그러한 투자법 뒤에는 논리적이고 합리적인 재무감각도 있었음을 놓치지 않는 것이 중요하다. "한물간 분야가 늘 나를 유혹했는데, 나도 모르게 따라할 수밖에 없는 이유 하나가 있었다. 순간의 입맛이나 유행에 휩쓸리면 좋은 기업을 과소평가하게 마련이다. 무관심에서 벗어나 좀 더 나은 대접을 받아야 하는 종목이 많다. 탄탄한 수익이 있음에도 이런 종목이 투자자의 외면을 받는 것은 군중심리 탓이다." 어디서 많이 들어본 이야기 아닌가? 이 말은 3장에서 다룬 벤저민 그레이엄의 가치투자법의 핵심이다. 톨레도 대학 시절 네프가 자신의 멘토라고 부른 재무론 교수 시드니 로빈스가 그레이엄의 제자라는 사실은 놀라운 일이 아니다.

존 네프의 투자철학

시장의 찌꺼기인 저PER종목에 주목

네프의 투자법에서 첫 부분인 '한물간 것'을 골라내는 일은 무척 쉽다. 신문의 경제면에서 신저가를 기록하거나 안 좋은 뉴스로 머리기사를 장식하는 종목이 바로 그것이다.

문제는 두 번째 부분이다. 저PER 종목에 투자하려 한다면 저가로 거래되는 종목 중에서 실제로 성장 가능성이 낮은 종목과 단순히 저평가된 종목을 구분할 수 있어야 한다. 그러나 이 차이를 구분하기란 말처럼 그리 쉽지 않다. 네프는 주가수익률(PER)이라는 잣대를 들이댔다. 사실 사람들은 그를 '가치투자자' 또는 '역발상투자자' 라고 규정했지만 그는 다른 별명을 더 좋아했다. "저PER 투자자. 이 말이야말로 내가 윈저 펀드를 운용할 때의 투자스타일을 간단하고 정확하게 나타내주는 말이다."

주가를 기업이 내는 순이익으로 나눈 주가수익률은 역사상 가장 유명하고 폭넓게 사용되어온 주가지표다. 네프는 주가수익률을 매우 중시했는데, 이제 잠시 주가수익률이 무엇인지 알아보자. 주가수익률에 대한 일반적인 설명 중 하나는 '회사의 이익에 대해 투자자가 얼마나 지불할 용의가 있는지 보여주는 것'이다. 맞는 말이지만, 네프는 '주가수익률은 미래에 회사에 대해 투자자가 기대하는 성장의 종류가 무엇인지 재는 척도'라고 주장한다.

주가수익률 50인 종목 A와 10인 종목 B를 예로 들어보자. 실적은 주가를 올리는 역할을 한다. 투자자가 A 회사에 B 회사보다 5배나 더 주고 투자하는 것은 A회사의 실적이 B회사보다 더 빨리 늘어날 것으로 기대하기 때문이다.

'기대'라는 단어는 네프를 이해하는 열쇠다. 다음 장에서 다룰 역발상 투자의 대가 데이비드 드레먼처럼 네프도 고PER면서 주가가 고공비행을 하는 성장주는 너무 기대가 커서 아주 작은 실망의 조짐에도 종종 주가가 떨어진다고 보았다. 그러나 저PER 종목에 큰 기대를 거는 사람은 많지 않다. 저PER 종목은 수익성이 조금만 개선되어도 금방 시장의 관심을 끌 수 있고, 수익성이 별로 좋지 않아도 이미 낮게 형성된 월가의 기대를 감안하면 주가가 내려갈 가능성도 그리 크지 않다. "저PER 회사의 재무성과는 좀처럼 벌칙이 되어 돌아오지 않는다. 전망이 좋아질 것이라는 징후가 새로운 관심을 촉발시킨다. 인기 없고 소외된 종목을 매수한다면, 그리고 다른 투자자가 이 종목의 장점을 깨닫고 매수할 때 매도한다면 상당한 이익을 얻을 수 있을 것이다." 그런 이유로 윈저펀드에서 매수한 종목은 시장의 관심 밖에 있었다. 이들 종목의 주가수익률은 시장평균보다 40~60% 정도 낮았다.

주가수익률을 중시한 네프와 관련해 한 가지 흥미로운 점은, 기술주 버블이 최고에 달한 1990년대 말에 그의 책 《가치투자, 주식황제 존 네프처럼 하라》가 나왔다는 사실이다. 이때 투자자는 이익은 거들떠보지도 않고 제2의 마이크로소프트나 델 같은 회사에 투기해서 뜻밖의 횡재를 얻기만 바랐다. 네프는 그렇지 않았다. 네프는 자신의 책에서 당시 가장 성공적인 기술주라고 하더라도 극적인 성장을 계속 이어나가지는 못할 것이라고 예측했다. 기술 관련 기업을 대상으로 빠르고 쉽게 돈을 벌려는 데이트레이더들에 대해 네프는 이렇게 말했다. "1929년의 투자자를 연상하게 한다. 현혹되고 혼란에 빠진 대중은 투자란 쉬운 것이고 주가는 오르기만 하는 것이라고 설득당했다." 네프의 책이 나오고 얼마 지나지 않아 기술주 거품이 꺼지고 약세장이 찾아오는 바람에 네프의 충고를 귀담아듣지 않은 투자자는 큰 손해를 보아야 했다.

꾸준하고 지속적이고 매출이 늘어나는 성장

주가수익률은 어느 회사의 가치를 표시하는 좋은 지표이기는 하지만, 주가수익률이 낮다고 해서 반드시 우량주는 아니다. 다 쓰러져가거나 경영이 부실해서 주가수익률이 낮은 회사와, 제대로 가치를 인정받지 못해서 주가수익률이 낮은 회사를 구별하려면 이익 성장을 보면 된다. "윈저 펀드는 매년 7% 이상의 성장을 기록하면서 주가수익률이 낮은 기업을 저평가의 기준으로 보았고, 여기에 대중의 관심을 끌 만한 배당수익이 있으면 가장 좋다고 보았다."

시세차익이 계속될 것이라는 희망에 성장이 더 크면 더 좋다고 생각하는 투자자들이 많지만, 네프는 성장이 크다고 반드시 좋은 것은 아니라고 보았다. 성장률이 지나치게 높으면 위험할 수 있는데, 이는 투자자가 이런 기업이 영원히 계속 성장할 수 있다고 기대하지 못하는데도 주가는 높기 때문이다. 그래서 네프는 오히려 탄탄하고 적당한 성장을 선호했다. 성장률이 20% 이상이면 대개 위험이 크다고 보았다. 직전 4분기 이익이 직전년도 4분기 동안 각 분기의 이익보다 큰 주식을 골랐다.

애널리스트가 추정치로 발표하는 미래이익 예상치도(쉽게 바뀌기는 하지만) 네프에게는 중요했다. "진지한 시장에서 투자자의 관심을 끄는 합리적이고 지속 가능한 성장률의 증거를 찾아다녔다." 성장률이 6% 미만이거나 20%를 넘는 기업도 투자대상에서 제외했다. 성장률이 지나치게 높은 기업은 그만큼 위험이 크기 때문이다. 네프는 탄탄하고 안정적인 기업을 원했지 주가가 급등할 종목을 원하지 않았다. 성장률을 계산하는 데 쓴 기간도 과거 5년에 초점을 맞추었다고 말한다. "우리는 짧은 기간 일어나는 사건에 늘 대응할 준비가 되어 있었지만, 궁극적으로 장기적인 재무성과가 윈저의 장기적인 투자성과를 이끌어냈다."

윈저 펀드에서 네프의 이익 성장 사고방식을 나타내주는 또 다른 중요한 점이 있다. 이윤 폭이 많이 늘어날 수 있다는 점이다. 궁극적으로 이익이 계속 늘어나려면 매출이 늘어야만 한다. 그래서 필자의 네프 모델에서는 매출 성장이 연간 7% 이상이거나 주당순이익(eps) 성장이 적어도 70%는 되어야 기준을 통과했다.

배당금을 잊지 마라

수익을 언급할 때 투자자나 연구논문은 주식을 일정가격에 사서 가격이 오르면 얻게 되는 시세차익에만 치중한다. 네프는 투자자가 돈을 벌 수 있는 또 다른 중요한 사항을 간과한다고 보았다. 바로 배당금이다.

주가는 시장의 변덕에 휘둘리기 쉽지만 좋은 기업이 배당을 하지 않는 경우는 거의 없다. 그리고 주식은 늘 예상이익성장률에 근거해 팔리기 때문에 주주는 본질적으로 이러한 정기적 배당수익을 공짜로 누리게 된다. 네프의 투자법 중 중요한 것은 높은 배당을 지급하는 종목을 고르는 것이다. 윈저 펀드의 배당수익률은 거의 2%에 가까웠는데, 전체 수익률에서 배당수익률을 제외할 경우 윈저 펀드와 S&P500의 수익률 차이는 1.15%로 줄어든다.

네프는 배당이 없더라도 가격이 싸거나 수익이 충실히 늘어나는 주식이라면 그리 반대하지는 않았다. 그러나 모든 이익 가능성을 고려해 총수익률(주당순이익 성장률 + 배당수익률)에 중점을 두었다. 총수익을 주가수익률과 비교했을 때 충분히 본전을 뽑고도 남을 정도의 종목을 노렸다. 윈저 펀드는 해당기업의 '총수익률÷주가수익률' 비율이 시장평균이나 업종평균과 비교해 2배 이상인 기업을 투자대상으로 선정했다.

네프가 중시한 부분이 또 있다. 잉여현금흐름이다. 회계 처리방법에 따라 기업 이익이 급변하는 시대에 기업은 양호한 현금흐름을 확보해서 자사주재매입, 배당금 지급, 기업 인수를 할 수 있어야 한다.[1]

신념과 헌신으로 철저히 전략을 고수

네프는 자신의 포트폴리오가 가격이 내린 때보다 오른 때가 많아서 역사상 가장 성공적인 투자자, 세계에서 가장 큰 부자 중 한 명이 될 수

---

1) 일반적인 시각에서 보았을 때, 네프의 스타일에서 중요한 것은 그의 포트폴리오가 몇 개의 업종으로만 구성되었다는 점이다. 2000년에 나온 《Money masters of our time(우리 시대 돈의 지배자)》이라는 책에서 저자인 존 트레인은 1988년 윈저 펀드의 보유주식 가운데 22%가 자동차회사였으며 금융회사는 이보다 더 큰 37%를 구성했다고 말했다. 트레인에 따르면 1988년 10개 대형 포지션이 윈저 펀드의 절반 이상을 차지했다고 한다. "이처럼 특정한 곳으로 몰리는 것은 네프가 도박을 하려는 것이 아니라 가장 가격이 싼 물건을 사려는 것뿐이고, 만약 뭔가 잘못된다고 해도 그리 많이 떨어지지는 않을 것이라고 보았기 때문이다."

있었다. 하지만 우연히 거리에서 만난다고 해도 알아보지 못할 것이다. 존 트레인은 《Money masters of our time》에서 네프를 수수하고, 백발에, 평범한 사람이라고 묘사했다. "그는 월가의 유명인사처럼 보이지 않았고 또 그렇게 행동하지도 않았다. 중서부 출신의 회사 중역처럼 보였다. 도심에서 약간 떨어진 곳에서 30년을 함께 살아온 아내, 소박하면서도 패션과는 거리가 먼 약간 지저분한 옷, 화려하게 장식하지 않은 사무실, 대학의 학과장 같은 모습, 책이 어지럽게 수북이 쌓여 있는 방 등 ……."

사생활에서도 네프는 주식을 매수할 때 적용하는 철학대로 살았다. 토요일에 격렬하게 운동하는 테니스코트를 제외하고 집에 딸린 시설이라고는 없었다. 옷을 싸게 사거나 바자회에서 좋은 가격에 신발을 샀다고 자랑하곤 했다.

성공은 네프의 소박한 개인적인 스타일도 바꾸지 못했으며, 성공을 가능하게 한 강렬하고 열심히 일하는 삶의 태도, 그리고 그의 투자법도 바꾸지 못했다. 《가치투자, 주식황제 존 네프처럼 하라》의 서문에서 찰스 엘리스는 이렇게 썼다.

또한 독창적이고 독립적이며 지극히 합리적인 평가를 내릴 수 있었던 비결도 남보다 많은 시간과 노력을 들여 정보를 얻었기 때문이다. 매주 토요일 오후 1시, 그는 일을 정리하고 집에서(또는 다른 곳을 방문하더라도) 조용한 공간을 마련한 후 〈월스트리트 저널〉을 한 단어도 빠뜨리지 않고 정독하며 다음 한 주의 비즈니스를 준비한다. 그러나 이 방법은 존 네프라는 뛰어난 투자자가 엄격한 자기신념을 통해 투자운용이라는 전문직에서 경쟁력을 쌓아온 여러 가지 수단 중 하나에 지나지 않았다.

네프는 주말 15시간을 포함해 주 60~70시간 일을 했다. 한 가지 짚어둘 것은, 네프는 단지 그의 빡빡한 업무와 연구 일정에서만 신념을 보여준 것은 아니라는 점이다. 그는 시장이 안 좋을 때, 또는 반짝했다가 사라진 전략이 단기 시세차익을 낼 때 오히려 그의 전략을 철저히 고수하는 신념을 보여주었다. 네프에게 투자란 느리지만 꾸준히 가면서 이기는 경기지, 크게 한탕하거나 쉽게 대가를 바라는 그런 것이 아니었다.

간혹 운이 좋거나 종목선택을 잘해서 뜻밖의 횡재를 하는 경우도 있었다. 하지만 대부분의 경우 네프에게 투자는 '4야드 전진하기 위해 흙먼지를 뒤집어쓰는 것', 즉 미식축구에서 공격 팀이 한 번 반짝해서 위험한 30야드 또는 40야드 패스로 멀리 나가는 것이 아니라, 단순하면서도 위험이 적은 플레이로 몇 야드씩 조금씩 나아가는 것과 같았다. "나의 투자스타일은 투자자에게 장기간에 걸쳐 괜찮은 이익을 줄 수도 있지만, 역경 따위에 유연하게 대처하지 못한다든지 지나치게 서두른다면 차라리 돈을 이불 밑에 보관하는 것이 나을 것이다." 투자전략으로 이보다 더 지혜로운 말도 없을 것이다.

가장 어려운 일 – 매도시점 선택

"투자자에게 가장 어려운 것은 매수종목 선택이 아니라 매도시점 선택이다. 윈저 펀드의 성과는 탄탄한 저PER주 선택과 더불어 확고한 매도 전략에 있었다. 종목의 잠재가치가 좋아도 너무 오래 보유하고 있으면 결국 아무것도 손에 쥐지 못하고 끝날 수 있다."

맞는 말이다. 어떻게 매수할 것인지에 대해서는 여러 천재투자자가 자세한 조언을 했지만, 언제 매도할 것인지에 대해서 조언한 천재투자자는 거의 없다. 사실 이것이 중요한 것인데 말이다.[2)]

네프는 언제 매도해야 할지 말해주었고, 그의 매도전략에도 신념이 중요한 역할을 했다. 투자자의 공통적인 문제 가운데 하나는 인기종목만 좋아하는 것과 종목을 너무 오래 보유하는 것이다. 특히 역발상투자자 입장에서 벗어났을 때 그렇다. 투자자가 두려워하는 것은 인기주를 너무 성급하게 매도해 큰 이익을 거둘 기회를 놓치지 않을까 하는 점이다. 네프도 윈저 펀드에서 이것을 극복하지는 못했다. "마지막 1달러에 집착하기보다는 적당한 때 테이블 위에 기쁜 마음으로 패를 던져버리고 자리를 뜨는 것이 좋다. 시장의 고점까지 가는 것이 우리 게임의 목적은 아니다. 이것은 아마도 이어지는 하락에 발목이 잡힌다는 이야기인데, 그리 좋은 모습은 아니다."

윈저 펀드는 2가지 이유가 있을 때만 보유주식을 매도한다. 주식의 펀더멘털(이익추정치, 5년 성장률)이 악화될 때, 주가가 기업의 기대치에 도달했을 때다. 윈저 펀드는 이익추정치와 주가수익률의 추정 성장을 토대로 펀드가 보유한 모든 종목의 가격기대치를 개발했다. 시장상황에 따라 이러한 목표를 조정해나갔다. "절대수치가 우리를 속이거나 현기증 나지 않도록 했다."

14장에 나오지만 몇 가지 점에서 필자의 매도전략은 네프의 매도전략과 다르다. 그러나 투자자가 할 수 있는 일 중 가장 중요한 것 가운데 하나는, 그 전략이 무엇이 되었든지 간에 계속 그 전략을 고수하는 것이다.

존 네프의 투자노트

:: 존 네프의 종목선정 체크리스트 ::

	통과		탈락	
① PER	시장평균의 40% 이상 , 60% 이하		시장평균의 60% 초과	시장평균의 40% 미만
② EPS 성장률	7% 이상, 20% 이하		7% 미만	20% 초과
③ 미래 EPS 성장률	당기 6% 초과하고 장기 6% 초과		당기 6% 이하, 그리고(또는) 장기 6% 이하	
④ 매출성장률	EPS 성장률의 70% 이상	EPS 성장률의 70% 미만이지만 7% 초과	EPS 성장률의 70% 미만이고 7% 이하	
⑤ 총수익률÷PER[3]	(시장 총수익률÷PER) × 2이상	(업종 총수익률÷PER) × 2이상	(시장총수익률÷PER) × 2, (업종총수익률÷PER) × 2 미만	
⑥ 잉여현금흐름	0 초과		0 이하	
⑦ EPS 영속성	Q1 > Q5, Q2> 06, Q3> Q7, Q4 > Q8		Q1 ≤ Q5 또는 Q2 ≤ Q6 또는 Q3 ≤ Q7 또는 Q4 ≤ Q8	

2) 매도시점에 대해서는 14장 전부를 할애해 설명했다.

3) 참고로 이 책을 쓰는 현재 시장(S&P500에 속한 모든 주식의 평균)의 총수익률은 0.76, 시장평균 PER는 17.290이다.

네프가 고른 종목은 칵테일파티나 커피자판기 주변에 모여 화제에 올릴 만한 종목이 아니다. 네프는 투자자가 관심조차 두지 않는 종목이나, 업종상황이 좋지 않거나, 경제지에 부정적인 머리기사로 등장하는 종목을 골랐다. 또 한물간 기업의 주식을 골랐다. 그런 측면에서 네프는 확실히 역발상투자자라고 할 만하다. 하지만 저평가된 종목을 구별해내는 데 주가수익률을 사용한 것은 그에게 '저PER투자자'라는 별명을 안겨주었다. 그래서 네프 모델은 주가수익률을 설명하는 것으로 시작해야 마땅하다.

① 주가수익률(PER)

네프는 처음부터, 그리고 무엇보다 우선해서 주가수익률이 평균 이하인 종목을 골랐다. 그의 이론적 설명은 다음과 같다. 고PER주는 기업의 미래이익을 보고 현재의 높은 주가를 지불할 용의가 있다는 의미다. 이처럼 높은 기대치를 맞추지 못한다면 실적이 좋아도 주가는 떨어진다. 하지만 저PER 종목에 대해서는 기대치가 훨씬 낮다. 기업의 실적이 조금이라도 개선되면 주가는 오른다. 실적이 안 좋아도 주가에는 큰 영향이 없다. 이미 기대치가 한참 낮게 형성되어 있기 때문이다.

윈저 펀드가 사들인 종목은 대개 시장 평균PER보다 40~60% 정도 낮은 종목이었고, 필자는 네프 모델에 이 비율을 그대로 사용했다. 월가에서는 비인기주다. 다음에 나와 있는 판단기준들은 저PER종목이 결코 비인기주가 아니라는 것을 확인해주기 위해 네프가 사용한 펀더멘털들이다.

② 주당순이익(EPS) 성장률

네프는 저PER 기업 중 주당순이익을 통해서 유망한 업종과 그렇지 않은 업종을 구별했다. 성장률이 너무 높아도 위험한데, 이유는 그런 종목은 투자자가 이들 종목이 계속해서 성장하리라고 기대할 수 없는데도 가격표가 너무 높게 붙어 있기 때문이다. 네프는 꾸준하고 합리적인 성장을 선호했다. 7% 이상으로 빠르게 성장하는 저PER 기업이야말로 그가 찾는 종목이다. 네프는 성장률이 20% 이상이면 너무 위험하다고 했다.

③ 미래 EPS 성장률

미래의 이익이 어떻게 될지 정확하게 예측하기가 불가능하다는 것은 네프도 인정했다. 하지만 윈저 펀드는 합리적이고 지속 가능한 성장률을 보이는 종목을 골랐으며 언젠가는 투자자의 눈길을 잡을 수 있을 것이라고 보았다.

네프의 전략에서 미래성장률이 6% 이하인 기업은 목표를 거의 달성하지 못했다. 애널리스트가 일치해서 추정하는 미래성장률은 당해 회계연도를 포함해 장기적으로 6% 이상이어야 한다.

④ 매출성장률

네프는 이익률은 오랫동안 커질 수 있다고 믿었다. "결국 매력적인 기업은 매출의 성장을 보여야 한다." 네프는 바람직하다고 생각하는 매출성장률을 명시하지 않았기 때문에, 필자는 성장에 대한 네프의 생각을 고려해서 기업의 매출성장률이 주당순이익 성장률의 70%는 되어야 한다는 전제하에 네프 모델을 만들었다.

하지만 거기에는 단서가 붙는다. 어떤 기업의 매출성장이 합리적으로 늘어난다면 주당순이익에 매출 지향적이 아니라고 해서 벌을 주어서는 안 된다는 것이다. 어떤 기업의 매출성장률이 주당순이익 성장률의 70% 이하이지만 매출성장률이 7% 이상이라면 이 기준을 통과할 수 있다.

⑤ 총수익률÷주가수익률

총수익률을 구하기 위해 네프는 주식의 주당순이익 성장률을 배당수익률과 합쳤다. 그는 어떤 종목의 '총수익률÷주가수익률'이 시장평균의 2배 또는 업종평균의 2배는 되어야 한다고 했다. 총수익률과 주가수익률의 비율을 구하는 이 판단기준은 어떤 기업의 주가가 해당업종이나 시장에 비해 싸다는 사실을 확인시켜주는 것으로, 네프가 중시한 기준이다. 배당수익률을 중요하게 생각한 네프에게 힘을 실어주는 것이기도 한데, 투자자는 대부분 이것을 대수롭지 않게 여긴다.[4]

---

4) 한 가지 주의할 것은, 그렇다고 네프가 자신이 보유한 종목은 모두 배당이 있어야 한다고 말한 것은 아니라는 점이다. 그가 보유한 주식의 1/3은 배당이 없었다.

5) ⑥, ⑦ 항목은 비중이 작아서 앞에 나온 판단기준들보다 배점이 작다. 네프가 별로 강조하지 않은 부분이기 때문이다. 물론 이 판단기준을 통과하지 못한다고 해서 관심을 끊지 못한다는 이야기는 아니고, 네프도 관심 있게 보았다.

⑥ 잉여현금흐름

네프는 기업이 양호한 현금흐름을 보이는 것이 중요하다고 보았는데, 회계처리 방법에 따라 기업 이익이 급변하는 시대이기 때문이다. 잉여현금흐름이 있어야 자사주재매입을 하고, 배당을 주고, 기업인수를 하는 데 도움을 받을 수 있다.[5)]

⑦ 주당순이익(EPS) 영속성

지난 4분기 동안 각 분기별 주당순이익이 전년도 4분기 동안의 이익보다 커야 한다. 이것은 일관된 성장을 보여준다.

존 네프의 투자수익률

아래 표는 1964년부터 1995년까지 존 네프가 실제 투자한 수익률이다.

:: 존 네프의 실제 투자수익률 ::

연도	존네프	S&P500	연도	존네프	S&P500
1964	4.3%	16.5%	1970	6.4%	3.9%
1965	29.1%	12.5%	1971	7.5%	14.6%
1966	−3.3%	−10.1%	1972	10.2%	18.9%
1967	31.5%	24.0%	1973	−25.0%	−14.7%
1968	21.4%	11.0%	1974	−16.8%	−26.4%
1969	−3.8%	−8.4%	1975	54.5%	37.2%

1976	46.4%	23.6%	1986	20.3%	18.6%
1977	1.0%	-7.4%	1987	1.2%	5.1%
1978	8.8%	6.4%	1988	28.7%	16.6%
1979	22.6%	18.2%	1989	15.0%	31.7%
1980	22.6%	32.3%	1990	15.5%	-3.1%
1981	16.8%	-5.0%	1991	28.6%	30.5%
1982	21.7%	21.4%	1992	16.5%	7.6%
1983	30.1%	22.4%	1993	19.4%	10.1%
1984	19.5%	6.1%	1994	-0.1%	1.3%
1985	28.0%	31.6%	1995	25.2%	37.6%

존 네프의 기준으로 현재까지 투자한다면?

네프의 10개 종목 포트폴리오는 설정 후 30.6% 올랐으며 같은 기간 S&P500은 21.4% 올랐다. 20개 종목으로 구성된 포트폴리오는 이만큼은 아니지만 15.4%의 수익률을 기록했다. 10개 종목, 20개 종목 포트폴리오는 상대적으로 변동성도 낮아서 베타가 각각 1.14와 1.16이었다.

10개 종목으로 구성된 포트폴리오의 성과가 가장 좋은 해는 2006년으로서 수익률이 22.3% 였고 S&P500은 13.6%였다. S&P500과 성과를 비교했을 때 2004년과 2005년이 무척 좋았다. 2004년에는 S&P500의 2배가 넘는 21.2%, 2005년에는 5배인 15.1%의 수익률을 기록했다. 2007년은 모멘텀시장이라서 최악의 성적을 기록했는데, S&P500이 3.5%를 기록한 반면 존 네프의 가치투자 포트폴리오는 -1.9%의 수익률을 기록했다. 20개 종목으로 구성된 포트폴리오도 2007년 -10.6%로 떨어졌지만 2004, 2005, 2006 3년 동안은 시장을 가볍게 눌렀다.

네프 모델은 저PER주에 중점을 두기 때문에 투자자 대다수가 뛰어들려 하지 않는 분야에 뛰어들기도 하는데 가끔 이 분야에서 수익을 많이 낸다. 2008년 1월 서브프라임 모기지와 신용위기로 금융불안이 발생했을 때 10개 종목 네프 포트폴리오는 금융주를 5개 종목이나 편입했다. 그리고 윈저 펀드가 늘 그런 것처럼 비인기종목을 싼 가격으로 매수했는데, 다시 반등하기까지 그리 오랜 시간이 걸리지 않았다.

:: 존 네프의 투자법으로 투자할 경우 예상수익률 ::

	10개 종목 포트폴리오	20개 종목 포트폴리오	S&P500
설정일	2004.1.2	2004.1.2	2003.7.15
2004	21.2%	11.4%	9.0%
2005	15.1%	15.6%	3.0%
2006	22.3%	21.6%	13.6%
2007	−1.9%	−10.6%	3.5%
2008.07	−22.0%	−17.7%	−17.3%
총수익률	30.6%	15.4%	21.4%
연수익률	6.1%	3.2%	4.0%
최고의 해	22.3% (2006)	21.6% (2006)	13.6% (2006)
최악의 해	−1.9% (2007)	−10.6% (2007)	3% (2005)
베타	1.14	1.16	1.0
정확성	53.0%	51.8%	N/A

존 네프의 주요 투자원칙

- PER가 시장평균의 40~60% 사이에 있는, 소위 비인기종목을 고른다. 사람들은 이런 종목에 큰 기대를 갖지 않는데, 실적이 개선되면 주가가 크게 오르고 실적이 나쁘더라도 주가가 더 떨어지지는 않는다.

- 안정적이고 일관성이 있으며 매출지향 성장을 추구한다.

- '총수익률÷PER'를 사용해서 투자에 대해 얼마나 수익을 얻을 수 있을지 살펴보고 가치가 높은 종목을 찾는다.

- 배당이 많은 종목을 고른다. 주가는 시세차익도 있지만 배당금을 공짜로 받을 수 있다.

- 현금흐름이 좋은 종목을 골라라.

- 일징 정도 분산투자가 좋다. 그러나 해당업종이나 섹터의 유명세에 상관없이 좋은 기회가 있는 곳이 있다면 과감하게 투자한다.

- 신념을 가져라. 긴 기간에 걸쳐 여유 있고 안정적으로 이익을 실현해서 시장을 이겨야지 특정종목을 가지고 대박을 노려서는 안 된다.

CHAPTER 05

데이비드 드레먼

David Dreman

군중은 늘 감정적으로 생각하지
이성적으로 생각하지 않는다.
– 윌리엄 알저(목사, 신학자이자 작가) –

:: 데이비드 드레먼의 투자전략 ::

투자실적	리퍼 분석회사(Lipper analytical service)에 따르면 드레먼의 '켐퍼-드레먼 고수익펀드'는 1988~1998 10년간 동일유형의 펀드 225개 가운데 최고 펀드로 평가받았다. 1998년 《역발상투자》가 발간될 무렵 리퍼 분석회사의 자료 목록에 들어 있는 3,175개 펀드 가운데 가장 오랜 기간 1위를 차지한 펀드로도 평가되었다.
위험	매우 낮다. 드레먼은 기업의 성과가 좋지 않아서 주가가 더 떨어지지 않을 정도로 이미 바닥을 친 종목을 골랐다. 게다가 주가가 올라가지 않아도 소득을 얻을 수 있는 배당이 큰 기업을 골랐다.
투자기간	드레먼의 투자기간은 2~8년이다. 기업이 2년 이내에 국면을 바꿔놓지 못하면 대개 매도했다.
노력	중간보다 상대적으로 낮다.

데이비드 드레먼은 누구인가?

극단적인 역발상 투자자

지금쯤은 이미, 전설적인 천재투자자들의 특성 중 일치하는 부분을 눈치챘을 것이다. 그들은 하나같이 틀에 박힌 사고방식에 반기를 든 역발상 투자자였다. 투자자들이 주식을 서로 사려고 달려들 때 천재투자자는 주식을 매도한다. 또 투자자들이 주식을 못 팔아서 안달할 때 그레이엄이나 네프 같은 천재투자자는 이런 주식을 자세히 살펴본다. 시간이 가고, 내키지 않는 것을 기꺼이 감수한 대가로 수백만 달러를 손에 쥔다. 〈키플링어스〉 잡지가 일전에 기사로 다룬 적도 있지만, 권위 있는 가치투자 지향의 누군가가 '극단적인 역발상투자자'로 통한다면 그는 틀림없이 흐름을 거슬러올라가는, 그것도 아주 잘 거슬러올라가는 능력을 가졌을 것이다.

극단적인 역발상투자자 데이비드 드레먼은 주식시장이라는 강물에서 누구 못지않게 헤엄을 잘 쳤다. 저술가이고 오랜 기간 〈포브스〉의 칼럼리스트로 활동했으며 '드레먼 투자운용사'의 회장 겸 자산운용가로 활동해 온 데이비드 드레먼은 산더미같이 쌓인 쓰레기에서 보석을 골라내는 믿기 힘든 성공 경력을 보여준다. 대표적인 펀드 평가회사인 리퍼 분석회사는 드레먼이 운용한 '캠퍼—드레먼 고수익펀드'가 1988~1998 10년간 동일유형의 펀드 225개 가운데 최고 펀드로 평가받았다고 했다. 1998년에는 리퍼 분석회사의 자료에 있는 3,175개 펀드 가운데 가장 오랜 기간 1위를 차지한 펀드로도 평가받았다.

소외주에 투자해 탁월한 실적을 거두다

캐나다 위니펙에 있는 대형 상품거래소의 수석 트레이더를 아버지로 둔 드레먼은 비교적 어린 나이에 투자업계에 발을 들여놓았다. 1936년생인 그는 주식시장의 묘미에 빠져서 어릴 때부터 아버지를 따라 거래소를 들락거렸다. '드레먼 밸류 매니지먼트' 홈페이지를 보면 드레먼은 거래소에 갈 때마다 시시각각 돌아가는 시장의 역동성과 거기에 대응하는 트레이더들의 상호작용을 제대로 느낄 수 있었다고 한다.

드레먼은 매니토바대학을 졸업하고 얼마 후 아버지가 일하던 회사의 증권분석가로 첫 직장생활을 시작한다. 나중에 뉴욕에 있는 '로셔 피어스 레프네스 증권회사'에서 리서치 팀장으로 일하고 'J&W 셀리그먼'에서 투자 담당 임원으로 일한다.

1977년에 드레먼은 자신의 회사를 설립한다. 곧이어 이제껏 시장에서 소외받던 이른바 소외주와 위기에 처한 종목을 골라 투자해 탁월한 실적을 거두면서 주목받게 된다. 그는 이러한 종목을 사들였다가 적정가격에 도달했을 때 팔았다.

2000년 투자자들이 대형 소송에 휘말린 담배회사 알트리아(필립모리스 전신)를 투매할 때 드레먼은 이 주식을 매수했다. 몇 년 후 타이코가 CEO 교체 파동으로 고전할 때 역시 이 회사 주식을 매수하기도 했다. 이처럼 곤란을 겪고 있지만 실질가치가 높은 회사에 투자하는 그의 투자법은 인기는 없었지만 막대한 시세차익을 거둘 수 있었다. 체육시간에 아무도 데려가려고 하지 않는 풋내기로 구성된 팀이 쟁쟁한 팀을 하나둘 물리치는 격이었다.

데이비드 드레먼의 철학

심리학과 투자가 만난 역발상투자 전략

200억 달러 자산을 운용하는 드레먼은 '역발상투자자'라는 명성을 얻었다. 역발상이라는 단어를 자신의 투자서 《역발상투자》에도 썼으며 요트 이름도 '역발상호'로 붙였다. 천성적으로 반항적인 기질이 약간 있었지만 드레먼이 이처럼 흐름에 역행하는 투자법을 택한 데는 나름대로 구체적인 이유가 있었다.

드레먼과 다른 천재투자자들의 가장 큰 차이점은 드레먼이 투자심리를 공부했다는 점이다. 드레먼은 1977년 《Psychology and the stock market(심리와 주식시장)》이라는 책을 냈다. 투자에 관한 실행 가능하고 검증된 전략이 나와 있고 투자자가 실패하는 심리적인 이유를 설명했기 때문에 특히 더 읽어볼 만한 가치가 있다. 드레먼은 시장을 이기는 데 투자자가 사용할 수 있는 간단하고 검증된 전략이 있지만 투자자 대다수는 이러한 전략을 제대로 따라하거나 지키지 못한다고 한다. 그 이유는 무엇일까?

드레먼은 시장을 이길 수 있는 간단한 전략조차 대다수 투자자가 그대로 따라하지 못하는 가장 큰 이유는 '과민반응' 때문이라고 말한다. 예를 들어 신문에서 읽었거나 TV, 혹은 친구, 직장동료로부터 소위 인기주 관련 내용을 듣게 되면 투자자는 하나같이 그 주식에 지나치게 비싼 값을 매긴다. 또 주가가 하락하고 기업을 둘러싼 부정적인 내용이 신문기사를 장식하고 업종의 장래가 암울하다는 이야기가 들리면 그 종목은 소외주라고 해서 주가가 더 떨어진다. 그리고 한번 이렇게 인기주라고 소문이 나면 지나치게 과대평가되고, 한번 소외주라는 이야기가 나오면 주가가 더 떨어지는 경향이 나타나 극단으로 치우치게 된다.

드레먼은 투자자들의 이러한 행태를 보면서 시장이 '뉴스'에 반응한다는 것을 알았다. 이렇게 쏟아져나오는 뉴스에는 기대치를 넘거나 기대에 못 미치는 실적 발표가 있고 정부의 정책, 신제품 관련 소식 등이 있다. 이러한 뉴스는 제대로 실적을 예측하지 못하는 월가 애널리스트들에 의해 기름에 불을 붓는 격이 된다.

애널리스트들이 합의한 예측치가 4분기 연속 5% 범위 안에 들어갈 확률은 겨우 130분의 1 이다. 5년 뒤 이익을 정확하게 예측할 확률보다는 뉴욕 주 로또에 1등으로 당첨될 확률이 10배나 더 높다.[1)]

과민하게 반응하는 투자자의 성향과 시장에 쏟아져나오는 뉴스를 합쳐보면 드레먼이 왜 역발상투자법을 그처럼 확신했는지 이해할 수 있다. 인기주는 뉴스에도 자주 나오고 가끔 지나치게 과대평가되기 때문에 긍정적인 뉴스가 나와도 주가를 많이 끌어올리지 못한다. 그러나 부정적인 뉴스가 나오면 주가에 큰 영향을 미칠 수 있다. 한편 이미 지나치게 과소평가된 소외주는 부정적인 뉴스가 나와도 더 떨어지지 않는다. 그러나 긍정적인 뉴스가 나오면 주가가 뛸 여지가 많다. 이와 더불어

1) 이후 별도의 표시가 없으면 드레먼 발언의 출처는 모두 《역발상투자》이다.

드레먼은 뉴스의 효과가 한동안 계속된다는 것을 발견했다.

드레먼의 결론 : 인기 없는 주식을 사라

긍정적이든 부정적이든 뉴스는 늘 있게 마련이다. 인기주를 가지고 있으면 부정적인 뉴스에는 사정없이 뭇매를 맞고 긍정적인 뉴스가 나와도 주가가 별로 오르지 않는다. 반면에 소외주를 가지고 있으면 부정적인 뉴스가 나와도 주가가 더 떨어지지 않는 반면, 긍정적인 뉴스가 나오면 상당히 좋은 성과를 거두게 된다.

언뜻 듣기에 논리적인 것 같다. 그러나 이런 개념을 알고 있어도 사람들은 이대로 하지 않는다. 지나치게 낙관적인 경향이 있기 때문이다. 사람들은 미래에 대해 비현실적일 정도로 낙관적이며, 사건이 막상 일어난다고 해도 생각보다 훨씬 좋은 쪽일 것이라고 낙관한다. 즉 사람은 비현실적인 정도로 자신을 긍정적으로 보며, 상황을 통제하는 능력에도 비현실적일 정도로 신뢰를 가지고 있다. 예를 들어 정보를 많이 가지고 있으면 시장의 놀라운 소식을 피할 수 있을 것이라고 생각한다. 공부할 만한 가치가 있는 것은 무엇이든 공부했고 알아야 할 것은 모두 알고 있기 때문이다.

드레먼은 지나친 낙관론이 어떤 역할을 하는지 애널리스트들을 예로 들었다. 고공행진을 거듭하는 주식의 실적 발표가 증권가의 기대에 미치지 못하면 주가는 펠리컨이 물고기를 향해 내리꽂힐 때보다 더 빠른 속도로 떨어진다. 문제는 애널리스트들은 여전히 고공행진을 하는 주식을 추천한다는 것이다. 자신이 추천하는 종목에 대해 너무 잘 알고 있기 때문에 부정적인 사건이 일어날 가능성이 없다고 확신하기 때문이다. 그런 일은 다른 애널리스트에게나 일어나지 자기에게는 일어나지 않을 것이라고 믿는다. 하지만 시장의 예측 불가능성과 시장을 둘러싼 각종 사건을 감안하면 그에게 일어날 가능성도 높다.

드레먼의 요점은, 악재가 자주 일어나고 과대평가된 주식이 휘청거릴 수 있으므로 투자자는 발생할 수 있는 악재의 가능성을 결코 낮게 잡아서는 안 된다는 것이다.

역발상 지표 4개를 이용해 인기 없는 종목을 골라라

부정적인 내용 때문에 의기소침해지더라도 걱정 마라. 좋은 소식이 있다. 드레먼은 주식시장에서 투자자의 감정적, 심리적 반응이 똑같기 때문에 현명한 투자자라면 펀더멘털에 비해 주가가 낮은 종목을 골라서 시장을 이길 수 있으며, 역사가 이를 뒷받침한다고 말했다.

주가수익률(PER), 현금흐름, 장부가치, 배당률에 대한 주가로 측정했을 때 미래가 밝아 보인 종목의 수익은 최악을 기록한 반면, 미래가 암울해 보인 종목은 가장 좋은 결과를 낳았다.

드레먼은 방금 말한 4가지 기준으로 소외주를 골라냈다. 그리고 재무상태가 튼튼한 종목을 골랐다. 기업이 안고 있는 문제 때문이 아니라 과민반응이나 두려움 때문에 주가가 낮은 회사에 관심을 가졌다. 나머지 펀더멘털, 즉 자기자본이익률(ROE)[2], 이익률(profit margin)[3], 부채비율, 배당수익률 등은 그 기업의 재무상태가 튼튼한지 나타내주는 지표다.

드레먼은 자신의 역발상투자 전략을 폭넓게 적용할 수 있을 것이라고 생각했다. 드레먼은 〈포춘〉과 한 인터뷰에서 개별적으로 역발상 기업뿐 아니라, 비슷한 상황에 처해 있는 업종에도 역발상투자 전략을 적용할 수 있을 것이라고 말했다. "(드레먼의) 고수익펀드와 다른 펀드의 차이점은 특정 섹터에 큰 분량을 할애한다는 점이고, 또 앞으로도 그럴 것이라는 점입니다. 저는 한 종목만 대량매수하지 않아요. 업종 전체가 위기에 처해 있고 아주 터무니없이 싼 가격으로 거래되는 것 같으면 동일 업종에 있는 여러 종목을 매수합니다."

예를 들어 1990년에 은행주는 말 그대로 폭락주나 마찬가지였는데, 드레먼은 이런 은행주를 사서 톡톡히 재미를 보았다. 이런 방법이야말로 개별투자자가 노려볼 만한 전략이다. 비인기 업종을 골라 그 업종에 속한 종목을 몇 개 사라. 드레먼의 역발상투자 전략에 따른 지표, 즉 저PER, 저PCR[4], 저PDR[5], 이 4가지 역발상 지표를 통해 가장 인기 없는 종목을 고르면 된다.

또 한 가지 중요한 점은, 그가 2년이나 3년 등 상대적으로 장기간에 걸쳐 이익이 날 종목을 매수했으며, 심지어 8년 동안 보유해서 이익을 낸 경우도 있다는 것이다. 그래서 이러한 전략을 따른다면 다시 반등할 때까지 몇 년 보유한다는 생각으로 비인기주를 매수해 기다릴 필요가 있다.

약세장에서 더 좋은 성과

드레먼 전략의 좋은 점 가운데 하나는 그가 제시한 4가지 역발상 지표 (저PER, 저PBR, 저PCR, 저PDR)를 충족하는 종목은 특히 약세장에서 시장평균이나 인기주보다 더 좋은 성적을 낸다는 점이다. 드레먼은 1970~1996년 중 약세장일 때 전 분기를 대상으로 저PER, 저PBR, 저PCR, 저PDR 등 4가지 역발상 지표 각각에 대해 분기당 평균수익률을 제시함으로써 자신의 주장을 뒷받침했다.

그리고 약세장에서 4가지 역발상 지표 각각에 해당한 종목은 평균적으로 시장을 이겼다. 더구나 고PER, 고PBR, 고PCR, 고PDR 종목을 훨씬 큰 차이로 눌렀다. 역발상투자법이 어떻게 좋은 성과를 냈는지는 아래 표에 나와 있다.

:: 1970~1996년 중 약세장에서 분기별 평균수익률 ::

저PDR 종목	–3.8%	고PDR 종목	–12.2%
저PER 종목	–5.7%	고PER 종목	–9.5%(대략)
저PCR 종목	–5.8%	고PCR 종목	–9.5%(대략)
저PBR 종목	–6.2%	고PBR 종목	–9.5%(대략)
시장평균	–7.5%	시장평균	–7.5%

2) Return On Equity. 기업의 자기자본에 대한 기간이익의 비율. 당기순이익 ÷ 자기자본 x 100 – 옮긴이

3) 이익을 매출로 나눈 비율 – 옮긴이

4) Price Cashflow Ratio. 주가현금흐름비율 : 현재 주가를 최근 회계연도의 현금흐름으로 나눈 비율 – 옮긴이

5) Price Dividend Ratio. 주가배당비율 : 현재 주가를 최근 연간 배당으로 나눈 비율. 배당수익률의 역수다. – 옮긴이

시장위기에 어떻게 대응할까?

드레먼이 공부한 투자심리의 마지막 부분은 '위기시 투자법'이다. 경제위기, 정치위기, 정부 차원의 위기 등 위기 신호가 오면 투자자들은 서둘러 시장을 빠져나가지만 드레먼은 오히려 반대였다. "시장위기는 이익을 낼 수 있는 절호의 기회다. 시장위기로 과민반응이 폭발할 정도로 치솟으니까. 주가가 얼마인지 사람들은 더 이상 따지지 않는다. 대신 점점 떨어지는 가격에만 집착한다. 더구나 위기를 촉발시킨 사건을 이제까지 전혀 일어난 적이 없는 새로운 사건으로 받아들인다. 시장위기 때는 매수하는 것이다. 매도하는 것이 아니라."

드레먼은 '제2차 세계대전 후 11번의 위기'를 제시한다. 베를린 봉쇄, 한국전쟁, 케네디 암살, 통킹만 사건, 1979~1980년 오일쇼크, 1990년 걸프 전쟁 등이다. 베를린 봉쇄를 제외하고는 사건이 일어난 지 1년 후 시장이 22.9%에서 43.6%까지 올랐으며, 예외적으로 통킹만 사건 때만 7.2% 오르는데 그쳤다. 평균적으로 25.8% 올랐다. 위기 이후 2년이 지났을 때는 평균적으로 37.5% 올랐다. 9·11 테러 때는 S&P500이 9·11 이전 수준을 회복하는 데 1달밖에 걸리지 않았다. 그러나 9·11 1년 후에는 지수가 9·11 이전 수준보다 훨씬 하락했는데, 이는 닷컴 버블 붕괴가 주요 원인이었다.

드레먼의 분석은 어느 한 가지 위기를 염두에 둔 것은 아니지만 제2차 세계대전이 끝나고 주요한 사건을 분석한 것이기에 그의 주장에 주목하지 않을 수 없다. 악재는 시장에 공포감을 주는데, 처음에는 악재가 두렵지만 그리 치명적인 것이 아니라고 판명되면 다시 회복하고, 현명한 투자자는 이러한 사실을 활용할 수 있다.

위험을 다시 정의하기

드레먼의 투자철학 가운데 흥미로운 부분은 위기에 대한 그의 생각이다. 전통적으로 투자자는 '위기'를 '변동성'과 동의어로 보았다. 즉 고수익을 얻으려면 단기적으로 주가가 큰 폭으로 출렁이는 것을 참아야 한다.

그러나 역발상투자자 드레먼은 여기에 동의하지 않았다. "학계 주장과 달리 위기와 수익 사이에는 아무 상관관계가 없다. 이런 사실을 전부터 알고 있었다. 변동성이 높다고 수익이 좋은 것도 아니고 변동성이 낮다고 수익이 나쁜 것도 아니다." 장기적으로 위험과 수익 간에는 아무 관계가 없고, 수익 실현과 위험 감수 사이에도 아무 관계가 없다는 연구결과가 있다고 드레먼은 말한다. "변동성은 위험이 아니다. 변동성과 관련된 투자 조언을 피하라."

그럼 변동성이 위험이 아니라면 도대체 무엇이 위험인가? 드레먼에게 위험은 장기투자 목적을 달성하지 못할 가능성이다. 이러한 목적달성에 가장 큰 적은 인플레이션이다.

제2차 세계대전 후 사상 처음으로 투자환경에 영원한 위험 하나가 출현했다. 치명적인 새로운 위험은 인플레이션이라 불린다. 이 바이러스에서 안전한 것은 아무것도 없으며 타격이 큰 것은 예금, 단기재정증권, 회사채, 기타 고정수입 투자 등이다.

드레멘이 강조하고자 하는 점은 이렇다. 투자자는 대개 단기재정증권을 무위험으로 간주한다. 단기 재정증권은 명목 가치가 하락할 수 없기 때문이다. 하지만 드레멘은 단기재정증권이나 채권은 인플레이션에 민감하기 때문에 사실은 매우 위험한 것이라고 보았다. 예를 들어 10년짜리 단기재정증권을 연 3% 금리로 샀는데 인플레이션이 연 2%가 된다면 만기에 실제 투자가치는 예상한 것보다 훨씬 적어진다. 이는 저금리 단기재정증권의 경우 높은 인플레이션은 실질구매력 차원에서 투자가치가 없을 수도 있음을 의미한다.

수많은 학술논문에서 단기적인 주가변동성이 큰 위험이라고 했지만 펀드 성장을 통한 장기투자 목적에 도달하지 못할 가능성이야말로 더 큰 위험이다. 월별, 분기별로 변동성을 재서 그것을 위험이라고 부르는 것은 5년, 10년, 15년, 심지어 30년을 보고 투자하는 투자자에게는 전혀 어울리지 않는다.

드레멘은 위험을 올바르게 정의하면, 위험은 '인플레이션이나 세금 등을 통한 자본의 잠재적인 손해를 인식하는 것'이라고 말한다. 그러므로 ① 투자기간 동안 투자로 원금을 지킬 가능성, ② 투자기간 동안 투자로 다른 투자보다 성과가 더 좋을 가능성을 생각해야 한다.

단기적으로 주가등락은 예측할 수 없으므로 향후 2년 이내에 집이나 자동차를 사려고 저축한다면 채권과 단기재정증권을 선택하면 된다.

하지만 장기적으로는 채권이나 국채보다 주식이 성과가 훨씬 좋은 훌륭한 투자대안이라고 드레먼은 말한다.

사실 드레먼의 연구결과는 1800년대 이후 인플레이션을 감안한 주식의 수익이 채권이나 국채의 수익을 일관되게 앞질렀음을 보여준다. 1920년대 중반 이후에는 격차가 더 커졌는데, 이는 인플레이션의 영향력이 커지기 시작했기 때문이다.

더구나 1946~1996년의 기간 동안 보유기간을 5년으로 했을 때는 해당기간의 84% 기간 동안 인플레이션을 감안한 주식의 복리수익이 채권수익보다 더 좋았다. 단기재정증권과 비교했을 때는 해당기간의 82% 기간 동안 주식의 수익이 더 좋았다. 보유기간을 10년으로 했을 때는 채권보다 94%의 기간 동안, 단기재정증권보다 86% 기간 동안 주식의 수익이 더 좋았다. 보유기간을 20년으로 했을 때는 주식의 수익이 채권과 단기재정증권의 수익에 비해 전 기간 내내 더 좋았다.

드레먼에게 이 교훈은 명쾌하다. 드레먼이 정의한 위험을 참고하면 장기적으로 주식은 가장 안전한 투자다. 위험을 낮추겠다는 생각으로 채권이나 다른 투자수단에 돈을 묻어둔다면 사실은 자신을 속이고 있는 것이다. "은행에 돈을 묻어두는 것이 가장 안전하다고 어릴 때부터 듣던 얘기 와는 정반대다."

데이비드 드레먼의 투자노트

:: 데이비드 드레먼의 종목선정 체크리스트 ::

<table>
<tr><th></th><th></th><th colspan="2">통과</th><th>탈락</th></tr>
<tr><td rowspan="4">1
역발상
지표</td><td>① PER</td><td colspan="2">시장의 하위 20%</td><td>시장의 하위
20%가 아닌 경우</td></tr>
<tr><td>② PCR</td><td colspan="2">시장의 하위 20%</td><td>시장의 하위
20%가 아닌 경우</td></tr>
<tr><td>③ PBR</td><td colspan="2">시장의 하위 20%</td><td>시장의 하위
20%가 아닌 경우</td></tr>
<tr><td>④ PDR</td><td colspan="2">시장의 하위 20%</td><td>시장의 하위
20%가 아닌 경우</td></tr>
<tr><td rowspan="3">2
규모와
이익</td><td>⑤ 시가총액</td><td colspan="2">1,500대 대형기업</td><td>1,500대
대형기업 이외</td></tr>
<tr><td>⑥ 이익 추이</td><td colspan="2">EPS Q1 > EPS Q2</td><td>EPS Q1 ≤EPS Q2</td></tr>
<tr><td>⑦ 직전과거와
미래 EPS
성장률</td><td colspan="2">Q3~Q1 EPS 성장 >
Q3~Q1 S&P500 성장,
올해의 추정 성장 >
S&P500 성장</td><td>Q3~Q1 EPS 성장 ≤ Q3~Q1 S&P500 성장, 그리고(또는) 올해의 추정 성장≤올해의 S&P500 성장</td></tr>
<tr><td rowspan="6">3
건전한
재무상태와
바람직한
재무비율</td><td>⑧ 유동비율</td><td colspan="2">업종평균 초과하거나 200% 초과</td><td>업종평균 이하이고
200% 이하</td></tr>
<tr><td>⑨ 배당성향</td><td colspan="2">과거 배당성향 평균 미만</td><td>과거 배당성향 평균
이상</td></tr>
<tr><td>⑩ ROE</td><td>1,500개 대형
주 중 ROE가
상위 1/3인
종목</td><td>27% 초과
(가장 좋음)</td><td>그 외의 경우</td></tr>
<tr><td>⑪ 세전이익률</td><td>22% 초과
(가장 좋음)</td><td>8% 이상</td><td>8% 미만</td></tr>
<tr><td>⑫ 배당수익률</td><td colspan="2">'다우수익률 + 1%' 이상</td><td>'다우수익률 + 1%'
미만</td></tr>
<tr><td>⑬ 부채비율</td><td>0
(가장 좋음)</td><td>0 초과하지만
20% 이하</td><td>20% 초과</td></tr>
</table>

이제 드레먼의 투자를 지배한 철학을 대충 이해했으니 이 천재투자자의 전략을 주식투자에 어떻게 적용할지 알아보자. 드레먼의 투자법은 상당히 다양한 변수가 얽혀 있고 각각의 변수에 각기 다른 역할이 있기 때문에 몇 가지 항목으로 나누어 살펴본다. 역발상지표, 규모와 이익, 건전한 재무상태와 바람직한 재무비율 등이다.

1| 역발상지표

드레먼의 방법론 중에서 가장 중요한 부분은 펀더멘털에 비해 과소평가 된 역발상 종목을 고르는 것이다. 드레먼은 기업의 기본적인 사업역량을 측정하는 4가지 지표, 즉 수익, 현금흐름, 장부가치, 배당수익률을 기업의 주가와 비교해서 종목을 선택했다. 체질이 약한 기업을 솎아내기 위해 드레먼이 사용한 역발상 지표 4가지 중 적어도 2개는 통과해야 한다.

① 주가수익률(PER)

주가에 비해서 높은 이익을 내는 종목이라면 가치가 높다는 뜻이다. 드레먼은 1970~1996년까지 자료를 기반으로 연구했는데 주가수익률이 하위 20%에 있는 종목의 연평균수익률은 19%였으며 시장의 연평균수익률은 15.1%였다. 저PER 종목은 고PER 종목에 비해 투자자가 위험에 처할 가능성은 낮은 반면 수익이 많을 가능성이 높다.

② 주가현금흐름비율(PCR)

기업의 현금흐름이 좋다는 것은 나가는 돈보다 들어오는 돈이 많다는 것을 의미하므로 아주 좋은 신호다. 주가가 현금흐름에 비해 낮다면 과소평가되었다는 신호이고, 이는 역발상 기준을 충족한다.

주가수익률과 더불어 드레먼은 주가현금흐름비율(PCR)이 시장 전체에서 하위 20%인 종목을 골랐다. 드레먼은 연구에서 주가현금흐름비율이 하위 20%인 종목의 연평균수익률은 18%인 반면 시장 연평균수익률은 15.1%였으며, 저PCR 종목이 고PCR 종목보다 위험은 낮고 수익은 높다는 사실을 밝혔다.

드레먼은 현금흐름을 세후이익에 감가상각비와 기타 비현금흐름 항목을 가산한 것으로 정의했다. 이것이야말로 재무건전성 지표일 뿐 아니라 기업의 이익창출 능력을 측정하는 올바른 지표다.

드레먼의 전략을 필자의 모델 포트폴리오에 적용함에 있어서 주가현금 흐름의 비율은 불황기에 경기순환주를 찾는 데 특히 좋은 지표다. 불황기에는 기업의 이익이 없어서 주가수익률이 매우 높거나 주가수익률 자체를 계산하기가 어렵기 때문이다.

③ 주가순자산비율 (PBR)

장부가치는 기업의 사업이 진짜 값어치가 있는지 보여준다. 주가와 장부가치를 비교해보면 해당종목이 과소평가되었는지 여부를 알 수 있어서 역발상 선택을 할 수 있다.

드레먼에 따르면 장부가치는 기업의 총부채와 우선주 (preferred stock)[6]를 차감한 보통주의 가치다. 드레먼은 주가순자산비율이 시장 전체에서 하위 20%인 종목을 골랐다. 주가순자산비율이 하위 20%인 종목은 연평균수익률 18.8%를 기록한 반면 시장의 연평균수익률은 15.1%였다. 역시 저PBR 종목이 고PBR 종목에 비해 위험은 낮으면서 수익은 큰 것으로 나타났다.

④ 주가배당비율 (PDR)

드레먼이 주가에 비해 펀더멘털이 강한 종목, 즉 역발상 종목을 고르기 위해 적용한 지표 중 또 하나는 주가배당비율이다. 다른 3개의 역발상 지표처럼 드레먼은 주가배당비율이 시장의 하위 20%인 종목을 골랐다.[7] 주가배당비율이 시장의 하위 20%인 종목의 연평균수익률은 16. 1%였으며 시장의 연평균수익률은 15.1%였다.

드레먼은 이 기준을 근거로 투자하는 데 특히 조심스러웠다. 채권보다는 이 판단기준을 통과한 주식에 투자하기를 즐겨하는, 소득을 추구하는 투자자에게 특히 그렇다. 여러 가지 다양한 목적이 있는 투자자에게는 이 기준이 매우 쓸모 있는데, 그때도 물론 드레먼의 다른 지표와 연계해서 사용해야 한다.

---

6) 보통주와는 달리, 배당은 지급하지만 주주에게 회사에 대한 소유권이나 투표권은 부여하지 않는 주식. 기업이 파산하거나 청산할 경우 우선주 소유자는 보통주 소유자보다 우선해서 배분받을 수 있다. 우선주는 흔히 보통주로 전환할 수 있다. – 옮긴이

7) 달리 표현하면 최근 4개 분기의 배당금을 당기 주가로 나눈 배당수익률이 상위 20%가 되어야 한다.

2| 규모와 이익

드레먼은 어떤 종목이 역발상 지위를 얻었다고 해서 곧바로 투자하지는 않았다. 드레먼은 규모와 이익도 역발상 종목의 수익에 큰 영향을 미친다고 보았다.

⑤ 시가총액

드레먼은 대형기업에 투자하면 분식회계 위험에 덜 노출된다고 믿었다. 대형기업일수록 보는 눈이 많고 지구력이 있다고 믿었다. 그래서 드레먼은 종목을 선택할 때 중형~대형기업(상위 1,500대 기업)을 대상으로 했다. 이 책을 쓰고 있는 현재 1,500대 대형기업에 들어가기 위해서는 시가총액이 18억 7천만 달러가 되어야 하는데, 이 액수는 조금씩 바뀐다.

⑥ 이익 추이

드레먼은 가장 최근 분기 이익이 상승 추이를 보이는 것을 좋아했다. 그의 책을 근거로 작성한 모델에서 필자는 가장 최근 분기(Q1)의 이익이 직전 분기(Q2)보다 크도록 했다.

⑦ 직전과거와 미래 주당순이익 (EPS) 성장률

드레먼은 비경기순환주의 경우, 이익이 직전과거 S&P500의 이익보다 더 늘어나야 하며, 가까운 미래에 기업의 이익이 갑자기 곤두박질쳐서는 안 된다고 했다.

주당순이익 (EPS) 성장에 대해서는 과거 6개월을 들여다보았다. 이 기간(즉 3분기에서 1분기까지) 기업의 성장률과 금년의 추정성장률 모두 S&P500의 추정성장률보다 커야 한다.[8)]

이익이 일시적으로 추락해도 주가가 이성을 잃은 듯 떨어질 수 있음을 기억하라. 드레먼은 이런 기회야말로 우량주를 싸게 살 수 있는 좋은 기회라고 했다. 이익 추락이 일시적인 것인지 아니면 기업의 오랜 부실의 결과인지 알아보기 위해 첫 번째로 사용한 판단기준은, 향후 몇 분기의 추정 주당순이익 성장률이 같은 기간 S&P500의 추정 주당순이익 성장률보다 큰지 살펴보는 것이었다. 다음 연도의 추정 주당순이익 성장률 (올해와 비교해서)이 S&P500의 추정 주당순이익 성장률보다 큰 것이 바람직하다.

이러한 일시적 하락 상황에서 또 다른 판단기준은, 다음 2개 분기 중 어느 한 분기 추정 주당순이익이 일시적 하락이 오기 전 분기보다 커야 한다는 것이다. 즉 드레먼은 이익이 빠르게 반등하는 것을 보고 싶어했는데, 이는 일시적 하락이 오래 지속되지 않는다는 것을 나타내주기 때문이다. 드레먼은 가능하면 보수적으로 낮은 주당순이익 추정치를 사용했다. 그리고 이 익 추정치를 과거 이익과 비교할 때 추정치는 완전 희석된 특별손익 공제 전 이익이다.

만약 다음 분기의 주당순이익, 또는 그다음 분기의 주당순이익이 과거 2개 분기의 실제 주당순이익보다 크다면 가장 보수적인 애널리스트라 할지라도 이 회사의 주당순이익이 개선될 것이라고 예상할 수 있다.

---

8) 경기순환주는 주가현금흐름비율로 더 잘 평가된다고 드레먼은 이야기했다.

즉 주식이 반등해서 일시적 하락을 넘어선다는 말이다. 하지만 만약 다음 2개 분기의 추정 주당순이익이 일시적 하락이 있기 전 분기보다 크지 않다면 일시적 하락이 아니라 회사의 장기적인 문제일 가능성이 크다. 그러면 드레먼의 판단기준을 통과하지 못한다.

3| 건전한 재무상태와 바람직한 재무비율 살펴보기

드레먼 방법론의 마지막 부분은 기업의 재무상태를 확인하기 위해 재무비율이 건전한지 살펴보는 것이다. 이를 통해 장기적인 재무 곤란 때문에 주가가 떨어진 기업이 아니라 비합리적인 공포와 부정적인 과대 선전 때문에 주가가 하락한 회사인지 확인하고자 했다. 아래에 자세하게 서술한 판단기준이 기업이 든든한 재무기반을 가지고 있는지 확인하는 데 도움이 된다.

⑧ 유동비율

드레먼은 전망 있는 기업이라면 유동자산과 유동부채의 비율을 나타내는 유동비율이 튼튼해야 한다고 생각했다. 유동비율은 유동부채 (1년 이하)를 상환할 수 있는 능력을 나타내주는 지표다. 드레먼은 유동비율이 기업이 속한 업종의 평균보다 높거나 200% 이상이기를 바랐다. 이 판단기준은 재무적으로 튼튼한 기업을 고르는 훌륭한 지표다.

⑨ 배당성향

배당성향, 즉 기업이익 대비 배당금지급액이 낮다는 것은 앞으로 기업이 배당금지급액을 늘릴 여지가 있다는 것을 보여주는 좋은 지표다. 최근의 배당성향이 해당종목의 과거 5~10년치 평균 이하라면 기업이 배당을 늘릴 여지가 크다는 것을 알 수 있다. 필자의 드레먼 모델은 이번 배당성향이 과거 배당성향보다 작은 기업을 대상으로 했다.[9]

⑩ 자기자본이익률 (ROE)

자기자본이익률은 사업이 얼마나 이익을 내는지 측정하는 중요한 수단이다. 자기자본이익률이 높아야 기업에 구조적인 결함이 없다는 것을 확신할 수 있다. 드레먼은 1,500개 대형주 중 자기자본이익률이 상위 1/3인 종목이어야 하며, 자기자본이익률이 27% 이상이면 아주 좋은 것으로 간주했다.

⑪ 세전이익률

이익률은 중요한 재무비율로서 이익률이 크면 클수록, 안정적이면 안정적일수록 사업을 더 좋게 볼 수 있다. 그래서 세전이익률은 8% 이상이어야 하며, 22%를 넘으면 매우 좋은 것으로 간주했다.

⑫ 배당수익률[10]

드레먼은 역발상 종목은 인기주보다 높은 배당수익률과 더불어 더

---

9) 만약 배당성향이 '40% 미만이고 80% 이하'이며 전기나 수도, 유틸리티 기업이라면 이 종목은 통과다. 이 정도면 이런 유형의 기업으로서는 낮은 편이다.

10) 일반적으로 매년 지급된 배당을 주가로 나눈다. – 옮긴이

높은 주가상승의 기회를 제공한다고 믿었다. 그래서 드레먼은 배당수익률이 평균 이상일 것, 늘어나는 경향을 보일 것 등을 원칙화했다. 필자가 개발한 모델에서는 다우 수익률보다 최하 1% 이상인 것을 기준으로 삼았다.

⑬ 부채비율

부채비율은 낮아야 대차대조표가 양호하다. 부채비율이 높으면 재무곤란을 초래할 수 있다. 드레먼 모델에서는 부채비율을 20% 이하로 정했다. 이 비율을 금융회사에는 적용하지 않는다는 점을 유의하라. 금융회사는 사업 성격상 원래 부채가 많다.

데이비드 드레먼의 투자수익률

:: 데이비드 드레먼의 실제 투자수익률 ::

연도	데이비드 드레먼	S&P500	연도	데이비드 드레먼	S&P500
1992	16.7%	7.6%	2000	41.3%	-9.1%
1993	6.0%	10.1%	2001	1.2%	-11.8%
1994	-2.5%	1.3%	2002	-18.5%	-22.1%
1995	42.2%	37.6%	2003	31.3%	26.7%
1996	28.8%	23.0%	2004	13.5%	10.9%
1997	31.9%	33.4%	2005	7.7%	4.9%
1998	12.0%	28.6%	2006	17.3%	15.8%
1999	-13.2%	21.0%	2007	-1.4%	5.5%

아래 표는 1992년부터 2007년까지 데이비드 드레먼이 실제 투자한 수익률이다.

데이비드 드레먼의 기준으로 현재까지 투자한다면?

10개 종목으로 구성된 포트폴리오는 처음 5년간 79.2% 수익률을 기록했으며 같은 기간 S&P500 수익률의 4배였다. 2003, 2004, 2006년 이렇게 3번 30% 이상의 수익을 냈으며, 2005년에는 18.4% 수익을 내서 S&P500의 3% 수익과 비교할 때 6배 더 컸다. 가치투자 중심의 포트폴리오는 모멘텀 투자가 시장을 주도한 2007년에는 고전 끝에 -12.0%로 손해를 보았다.

20개 종목의 포트폴리오는 성과가 더 좋아서 2003년 설정 이후 77.5%의 수익을 거두었다. 2004년의 수익이 가장 좋아서 S&P500 이 9.0%였음에 비해 30.5%였다. 시장 전체를 대상으로 하면 최고의 해는 2005년으로, 21.5%의 수익을 거두어 S&P500의 3.0%보다 무려 7배나 높았다.

드레먼 모델에서 하나 재미있는 사실은 변동성이 작다는 점이다. 설정 이후 10개 종목, 20개 종목 포트폴리오의 베타는 각각 1.01, 1.0이었다. 이는 시장 전체에 비해 변동성이 거의 없다는 말이다. 물론 변동성이나 위험에 대한 드레먼의 입장을 고려하면 드레먼은 단기변동성보다는 장기변동성에 더 큰 의미를 두기 때문에 이러한 숫자에 그리 신경 쓰지 않았다. 하지만 시장 경험이 많지 않은 일반투자자, 또는 투자할

:: 데이비드 드레먼의 투자법으로 투자할 경우 예상수익률 ::

	10개 종목 포트폴리오	20개 종목 포트폴리오	S&P500
설정일	2003.7.15	2003.7.15	2003.7.15
2003	36.2%	27.2%	11.1%
2004	30.0%	30.5%	9.0%
2005	18.4%	21.5%	3.0%
2006	34.3%	29.6%	13.6%
2007	−12.0%	−7.8%	3.5%
2008.07	−27.7%	−26.3%	−17.3%
총수익률	79.2%	77.5%	21.4%
연수익률	12.4%	12.1%	4.0%
최고의 해	34.3% (2006)	30.5% (2004)	13.6% (2006)
최악의 해	−12.0% (2007)	−7.8% (2007)	3% (2005)
베타	1.01	1.0	1.0
정확성	62.7%	61.8%	N/A

때 감정에 따라 움직이는 투자자에게는 이 모델의 낮은 변동성이 매력일 수 있다.

드레먼 모델은 소외된 업종에 속한 기업에 투자하는 경향이 있다. 드레먼의 전략을 기준으로 짠 포트폴리오는 몇 년간 서브프라임 모기지 위기로 주가가 떨어진 금융주 몇 종목과 여러 가지 이슈가 된[11] 에너지기업에도 관심을 돌렸다. 이 모델에는 약간의 인내가 필요한데, 최저로 떨어진 업종에 시장이 다시 관심을 갖기까지는 오랜 시간이 걸리기 때문이다. 하지만 장기적으로 우리 모델의 성공은 역발상 전략이 훌륭한 성과를 낼 수 있다는 드레먼의 주장을 지지한다.

---

11) 석유 정제의 고비용, 대체연료 추진 등

☑ 데이비드 드레먼의 주요 투자원칙

- 역발상 지표를 주목하라. 다음 기준 가운데 2개 이상을 통과해야 한다.
  - PER가 시장의 하위 20%
  - PCR이 시장의 하위 20%
  - PBR이 시장의 하위 20%
  - PDR이 시장의 하위 20%

- 규모와 이익을 주목하라.
  - 대형주 1,500개 중에서 골라라.
  - 이익이 늘어나는 종목을 골라라.
  - 주당순이익 성장률이 시장평균보다 큰 종목을 골라라.

- 재무비율을 주목하라.
  - 유동비율이 업종평균 200% 이상인 종목
  - 배당성향이 과거 평균보다 낮은 종목
  - 1,500개 대형주 중 자기자본이익률이 상위 1/3인 종목
  - 세전이익률이 8% 이상인 종목
  - 배당수익률이 다우 수익률보다 1% 이상 높은 종목
  - 부채비율이 20%를 넘지 않는 종목

CHAPTER 06

전설적인 천재투자자 워런 버핏 Warren Buffett

상식은 작업복을 입은 천재다
– 랠프 왈도 에머슨 –

:: 워런 버핏의 투자전략 ::

투자실적	버핏이 수십 년간 운영해온 지주회사 버크셔 해더웨이는 지난 32년간 연평균수익률 24%를 기록했다고 발표했다.
위험	상대적으로 낮다. 버핏은 기업의 내재가치에 비해서 싼 가격으로 거래되는 기업을 목표로 삼았다. 일반적으로 이들 기업은 오랜 성공 역사를 가지고 있는 대형기업으로서, 이런 성공 경험은 위험을 줄이는 효과가 있다.
투자기간	영원하다. 버핏은 투자에 적합한 기업을 고르기 위해 무척 오랜 시간을 쏟아부어야 하며, 이런 기업의 주가가 적정할 때까지 기다렸다가 매수해서 보유하라고 말했다. 그의 투자 중 어떤 것은 수십 년을 가기도 한다.
노력	'매우 선택적'이라는 말만큼 투자대상 기업을 골라내는 버핏의 투자법을 잘 나타내는 말도 없다. 버핏은 투자하는 기업마다 심층분석을 해야 노력한다고 말한다. 그래서 버핏의 전략을 사용하려면 엄청난 노력을 들여야 한다. 그러나 일단 매수한 다음 보통 몇 년 정도 되는 보유기간 중에는 노력이 거의 들지 않는다.

워런 버핏은 누구인가?

역사상 최고의 투자자

오마하의 현인, 세계에서 가장 큰 부자, 역사상 최고의 투자자……. 워런 버핏에 대한 찬사는 얼마든지 있다. 그런데 지나친 과대선전은 빼버리고 (버핏은 그런 것에 눈길도 주지 않았다) 워런 버핏은 지각 있고 합리적이며 자신이 하는 일에 매우 능숙한 사업가라고 간단하게 표현할 수 있다. 요즘 소위 유명 인사라는 사람들은 실제 성취한 것보다 자신을 포장하는 마케팅술이 뛰어나 유명세를 타는 경우가 많은데, 버핏이 투자업계에서 최고의 유명 스타가 된 이유는 매우 평범하고 간단하다. 바로 실적이다. 그가 설립한 지주회사 버크셔 해더웨이는 투자자에게 32년간 연평균 24%의 수익을 안겨주었다. 24%를, 그것도 매년, 더구나 30여 년간. 아마 최고의 실적이라고 해도 틀린 말이 아닐 것이다.

버핏을 둘러싼 전설에 물론 버핏의 개인적 성향도 일정부분 역할을 했겠지만 그것은 어디까지나 상대적이다. 순자산가치로만 따져도 620억 달러에 달하는 세계 최고의 부자인데도 네브래스카에 있는 회색 벽돌로 아담하게 지은 버핏의 집은 50여 년 전 31,500달러에 산 것이라고 〈포브스〉는 보도한다. 가끔 언론에 중서부 사람 특유의 서민적인 매너와 체리 콜라와 맛있는 버거, 좋은 책 읽는 것이 취미라는 버핏의 수수한 성향이 나오기도 하는데, 어쨌든 월가의 현란함이나 화려함과는 극명한 대조를 이룬다. 맞다. 버핏은 자가용 비행기를 타고 다니지만 그렇다고 지나치지는 않다. 몇 년 전 두 번째 결혼을 하고 나서 얼마 지나지 않아

버핏 부부 지인과 함께 5성급 호텔이 아니라 레스토랑에서 19.99달러짜리 안심스테이크를 먹는 장면을〈뉴욕타임스〉가 보도한 바 있다.

개인적인 스타일과 마찬가지로 버핏의 투자스타일도 번지르르하거나 눈길을 끌지 않는다. 벤저민 그레이엄의 제자인 버핏은 수십 년간 좋은 실적과 더불어 자금을 보수적으로 조달하는 회사에 투자해서 수십억 달러를 벌어들였다. 버핏은 급등주나 기술주를 옮겨다니며 투자하지 않았다. 오히려 사람이 살아가는 데 없어서는 안 될 제품을 생산하는 회사, 예를 들어 코카콜라, 월마트, 안호이저-부시[1], 벌링턴노던샌타페이[2] 등에 투자해서 오랜 기간 보유하는 스타일이다.

복잡하기만 하고 전혀 현명하지 않은 투자계획에 혹하는 투자자가 대다수인 데 비해 버핏의 투자는 핵심에 집중한다. 버핏은 투기나 과장광고에는 관심도 없다. 어떤 기업이 히트작을 개발 중이라고 해서 그 회사 주식을 사는 일도 없다. 버핏은 이미 증명되고 안정적인 종목을 매수한다. 그가 관심을 두는 분야는 간단하다. 과연 그 사업에 투자할 가치가 있는지, 그리고 그 종목을 (또는 회사 전부를) 얼마에 살 수 있는지, 이 2가지가 버핏의 유일한 관심사다.

일반투자자는 주식시장의 하루하루 등락에 연연하지만 버핏은 그렇지 않다. 대신 해당기업이 하는 사업에 초점을 맞춘다. 회사의 재무상태가 양호한가? 향후 몇 년간 계속 성장할 수 있는가? 경영진은 제 역할

1) 버드와이저 등을 생산하는 미국의 1위 맥주회사 – 옮긴이

2) 미국의 철도운송회사 – 옮긴이

을 하고 있는가?

사업이 순조롭고 전망이 좋은 기업의 주가가 꽤 많이 오른다는 것을 잘 아는 버핏은 그 주식이 오늘, 내일, 또는 다음 주에 어떻게 될 것인지에 관심을 두지 않는다. 주주에게 보내는 버크셔 해더웨이의 연례보고서에는 주가변동에 따른 실적이 기재되어 있지 않다. 버핏은 해당기업의 지표가 아주 인상적일 때라도 비이성적인 투자자의 행태 때문에 주가의 연간 등락을 예측할 수 없다는 것을 잘 알고 있다. 사업전망에 근거한 투자를 해라, 그러면 주식은 따라온다. 이것이 핵심 사항이다.

월가에서 유일하게 제정신인 사람

버핏의 뛰어남은 그가 놀라울 정도로 단순하고 감각적이라는 데 있다. 그의 말을 듣고 있으면 그가 다른 투자자들보다 특별히 더 현명하다는 느낌은 들지 않는다. 즉 다른 투자자들이 따라올 수 없을 정도로 상황판단이나 숫자에 대한 이해력이 뛰어나다는 느낌은 들지 않는다. 대신 정신병 환자로 가득한 월가에서 유일하게 제정신인 사람이라는 느낌이 든다. 버핏 이 사업에 대해 이야기하는 것을 들으면 여러분은 "와, 어떻게 그런 것까지 생각해냈을까?"가 아니라 "이런, 나는 왜 미처 그 생각을 못했지?" 하는 생각이 든다.

위대한 투자자가 되는 것은 지능보다는 사고방식의 문제라는 것을 버핏은 세상 그 누구보다도 잘 안다. 2008년 5월 〈머니〉와 한 인터뷰에서 버핏은 이렇게 말했다. "적당한 기질이 있어야 합니다. 저를 찾아오는 학생에게 이렇게 말하죠. 만약 네 아이큐가 120이나 130이라면 그것으로 충분하다. 성공한 투자자가 되는 데 유난히 총명해야 하는 것은 아니다. 독립적으로 생각하는 능력과 철학만 있으면 된다. 다른 사람이 주식에 대해 어떻게 생각하든 상관없다. 사업을 평가할 정도만 알고 있으면 된다." 이것은 아주 기본적인 사항이지만, 월가에 퍼져 있는 탐욕과 공포 그리고 감정 때문에 많은 투자자가 쉽사리 간과하는 부분이다.

버핏의 투자법은 간단명료하고 상식적인데도 투자자가 그대로 따라하기는 무척 어렵다. 논리적으로 복잡하거나 수학적으로 난해해서가 아니라, 의사결정시 감정에 휩쓸리지 않아야 하고 분별력이 있어야 하기 때문이다. 1장에서 살펴보았듯이 사람들이 실패하는 이유가 바로 이것이다. 그러나 버핏은 투자시 감정을 옆으로 밀어두는 흔치 않은 능력을 지녔다. 2008년 5월 PBS와 한 인터뷰에서 버핏의 세 자녀 중 막내인 피터 버핏은 아버지가 성공한 이유에 대해 이렇게 말했다.

제 생각에는 아버지가 의사결정을 할 때 자신의 감정을 제거해버렸기 때문이 아닌가 합니다. 아버지는 다른 사람이 무엇을 하는지, 다른 사람이 무엇을 원하는지, 자신이 생각하기에 이성적이지 않은 것에 휘둘리지 않습니다. 결국 아버지는 보고서의 숫자나 정보에 대해 명확하고 감정이 배제된, 냉정한 입장을 취하기 때문에 투자에 성공하는 것이 아닐까 합니다.

벤저민 그레이엄의 수제자

1930년 8월 30일 오마하에서 태어난 버핏의 사업적인 재능은 어렸을 적부터 드러났다. 여섯 살 때 6개들이 코카콜라 세트를 25센트에 사서 30센트에 팔았다고 한다. 처음 주식을 산 것은 열한 살 때였는데 '시티즈 서비스 우선주'를 3주 샀다. 1주에 38달러에 사서 27달러까지 내려갔다 반등해 40달러가 되었을 때 팔아서 6달러의 차액을 남겼다. 그런데 그 주식이 200 달러까지 가는 것을 보고 인내가 미덕이 될 수 있음을 깨우쳤다고 한다.

열네 살에는 신문을 배달해 모은 돈으로 네브래스카에 농지 40에이커를 1,200달러에 사서 세를 놓았다. 고등학생 때는 핀볼 머신을 이발소에 설치, 운영해 졸업할 때 1만 달러를 손에 넣었다고 한다. 이 액수는 요즘의 10만 달러에 해당하는 금액이다."[3]

그리 놀랄 일도 아니지만 버핏은 나중에 사업을 하겠다는 마음을 먹고 대학에 진학했다. 버핏은 펜실베이니아대학 와튼스쿨에 다니다가 네브래 스카대학으로 편입해서 1950년 졸업했다. 엄청난 독서가인 버핏은 네브 래스카대학을 졸업할 무렵 우연히 뽑아든 책 한 권으로 인생이 바뀌게 된다. 바로 벤저민 그레이엄의 《현명한 투자자》였다. 이 책을 읽고 버핏은 그레이엄 신봉자가 된다. 하버드 경영대학원 MBA에 떨어졌지만 그렇게 실망하지 않았다. 대신 버핏은 그레이엄이 강의하는 컬럼비아대학으로 진학해 그레이엄의 수제자가 된다. 요즘도 버핏은 스승 그레이엄에 대해서 언급할 때면 깊은 존경의 마음으로 말한다.

버핏은 석사학위를 받고 정신적 지주인 그레이엄의 회사에 취직한다. 뉴욕에서 그레이엄의 가르침을 받은 뒤 1956년 오마하로 돌아와 스스로 투자파트너십[4]을 시작한다. 동업자들은 각각 2만 5천 달러씩 투자했으며 (아마 버핏의 투자금은 100달러였던 것 같다.) 버핏은 스스로 무한책임 사원(general partner)이 되어 투자받은 돈으로 주식을 사들였다. 운용을 잘해서 첫해부터 1969년 해체될 때까지 13년간 29.5%라는 연복리 투자 수익률을 거두는데, 같은 기간 다우 수익률은 7.4%였다.

1960년대에는 당시 매사추세츠 주의 다 쓰러져가던 방직공장 버크셔 해더웨이에 투자한다. 버핏은 섬유사업이 외국과 경쟁으로 점점 몰락해 가자 버크셔 해더웨이의 자산으로 다른 사업체를 매수한다. 세월이 흐르면서 버핏은 버크셔 해더웨이를 점점 키워갔다. 현재 버크셔 해더웨이는 76개의 사업체와 23만 명의 임직원을 거느리고 있으며 2007년 순수익은 132억 달러로, 다 쓰러져가던 방직공장 때와는 전혀 다른 모습으로 변모했다. 자회사로는 보험회사인 게이코를 비롯, 프룻오브더룸, 벤저민 무어, 넷제트, 쇼 인더스트리 등이 있다.

버크셔 해더웨이가 많은 존경을 받다 보니 연례회의는 '자본주의자들을 위한 우드스톡'으로 불린다. 2008년에는 오마하에 3만 명이 몰려들었는데, 이들은 버핏의 트레이드마크인 투자조언과 위트를 듣기 위해 달려온 사람들이었다.

워런의 지혜

워런 버핏의 명성은 상당부분 그의 믿기 힘든 실적 때문이지만, 일

3) 버핏의 아버지 하워드 버핏도 식료품 잡화상을 하다가 주식중개인이 되기로 결심했다고 한다. 하워드 버핏은 포부도 커서 1942년 공화당 하원의원으로 출마해 당선되었다.

4) 미국 기업 형태의 하나 – 옮긴이

반 대중이 그처럼 열광하는 이유는 거침없이 쏘아대는 투자조언, 그리고 서슴없는 언변 때문이다. '오마하의 현인'으로 불리게 된 예를 몇 가지 들어보면 다음과 같다.

"명성을 쌓는 데는 20년이 걸리지만 허물어뜨리는 데는 5분이면 충분하다. 이 말을 떠올리면 아마 행동이 달라지게 될 것이다."(www.quotedb.com)

"투자자는 흥분과 비용이 적이라는 것을 잊지 말아야 한다. 주식에 투자하는 시점을 노린다면 다른 투자자가 탐욕에 차 있을 때는 두려워할 줄 알아야 하고, 반면 다른 투자자가 두려움에 떨고 있을 때는 욕심을 낼 수 있어야 한다."(버크셔 해더웨이 2004 연례보고서)

"주식도 하나의 사업이라는 투자철학을 지녀야 한다. 이런 투자철학이 있으면 애널리스트가 추천하든 주식이 2:1로 분할되든 흥분할 이유가 없다. 여러분 마음속에서 헛된 생각을 몰아내는 유일한 방법은 바로 자신만의 철학을 갖는 것이다. 나에게 그런 철학은 벤저민 그레이엄의 《현명한 투자자》에서 영향받은 바 크며, 특히 8장과 20장에서 큰 영향을 받았다. 그것은 그리 어렵지 않았다."(2008 연례보고회 기자회견)

"내가 가장 좋아하는 보유기간은 영원이다."(1988 버크셔 해더웨이 연례보고서)

"나는 내가 죽고 난 이후에도 포트폴리오를 계속 운용하겠다는 생각을 버렸다. '창조적 사고'라는 용어에 새로운 의미를 주겠다는 희망도 버렸다."

엄청난 부 뒤편에 가려진 사람

버핏은 자신에 대한 이러한 우상화를 어떻게 받아들일까? 버핏은 대중에게 자신의 회사나 주식시장에 대해서는 이야기하지만 정작 자기 자신에 대해서는 거의 말하지 않는다. 2008년 4월과 5월에 PBS 방송이 버핏의 세 자녀를 인터뷰한 내용을 〈버핏을 만나다〉라는 제목으로 방송한 적이 있다. 이 방송을 통해 제국의 뒤편에 있는 버핏에 대해 약간이나마 알 수 있었다. 큰딸 수지 버핏에게 "아버지는 그의 신봉자들을 어떻게 생각하나요?"라고 질문했다. "아버지는 재미있어하고 좋아하세요. 그리고 고마워하시고요. 자신이 그처럼 높이 떠받들 만한 존재인가 의아해하시기는 하지만 말이죠."

"아버지가 돈이 그렇게 많은데도 사치하지 않는 이유가 뭐라고 생각하세요?"라는 질문에 수지 버핏은 이렇게 대답했다. "아버지는 그런데 전혀 관심이 없으세요. 원하면 집을 스무 채도 살 수 있고 요트 여섯 척도 아무렇지 않게 구입할 수 있고 2주에 한 번씩 파리로 날아갈 수도 있겠지요. 하지만 아버지는 그러려고 하지 않으세요. 집에 앉아서 컴퓨터로 게임하면서 손자와 놀든지 아니면 매주 일요일 저랑 같이 영화를 보러 가시지요. 그게 아버지가 좋아하는 일의 전부예요. 하고 싶은 것을 그렇게 하고 사시는 것 같아요."

막내아들 피터 버핏도 비슷한 말을 한다. "실제로 아버지는 돈을 벌려고 애쓰시는 것 같지 않아요. 그저 하는 일을 즐기실 뿐이죠. 돈은 그러다 보니 벌게 되는 거고요. 돈이 저절로 따라오는 거예요. 아버지에게 돈은 점수판 같은 거예요. 아버지가 아주 대단한 일을 한다는 것을, 그것도 무척 잘한다는 것을 보여줄 뿐이죠. 아버지는 돈을 쓰려고도, 돈으로 행복해지려고도, 친구들에게 자랑하려고도 하지 않으세요."

사실 버핏은 결코 가난뱅이식으로 살려고 하지는 않지만 다른 억만장자들처럼 그렇게 돈을 물 쓰듯 쓸 필요를 느끼지 않는 것 같다. 2007년 버크셔 해더웨이 연례보고서 내용에도 있지만 그의 재산은 대부분, 즉 99%는 버크셔 주식에 묻혀 있다. 2006년 7월 버핏은 향후 버크셔 해더웨이 주식의 85%를 5개의 자선기관에[5] 차례로 기부할 예정이며, 370억 달러는 게이츠 재단에 할당되었다고 발표했다.

워런 버핏의 투자철학

아주 신중하게 매수, 아주 오랫동안 보유

버핏의 개인적인 삶도 궁금하지만, 사람들이 진짜 궁금해하는 것은 버핏이 과연 어떻게 해서 이처럼 큰 부를 쌓았는가 하는 부분일 테니 바로 본론으로 들어가겠다.

지금까지 알아본 천재투자자들과는 달리 버핏은 자신의 정량적인 투자전략을 밝힌 책이나 논문을 쓴 적이 없다. 버핏 모델은 버핏의 며느리였으며 함께 일하기도 한 메리 버핏이 1997년에 쓴 《워런 버핏, 주식투자 이렇게 하라》를 토대로 만들었다. 이 책의 공저자 데이비드 클라크는 버핏 집안과 오랜 친구 사이이다.

메리 버핏이 쓴 버핏의 투자법으로 들어가기 전에, 우선 버핏의 투자원칙을 살펴보자. 버핏은 직접 책을 쓴 적은 없지만 자신의 투자법 중 일부를 넌지시 이야기한 적은 많고, 그 가운데 가장 좋은 자료는 버크셔 해더웨이 주주들에게 보낸 연례보고서다. 그것부터 살펴보자.[6] 예를 들어 2007년 연례보고서에서는 몇 가지 굵직한 인수 건을 계획하고 있음을 밝히면서 인수대상 기업이 갖추어야 할 6가지 특성을 제시한다.

① 대규모 회사(최소 7,500만 달러 이상 세전이익이 있을 것)

② 이익창출 능력이 꾸준할 것 (미래예측은 우리의 관심사항이 아니고 경기회생 상황도 마찬가지다.)

③ 부채가 없거나 있더라도 낮은 비율일 것. 자기자본이익률(ROE)이 양호할 것

④ 경영진이 제 역할을 할 것(우리가 어찌할 수 없으니까)

⑤ 사업이 단순할 것(관련 기술이 너무 많으면 이해할 수 없다.)

⑥ 인수 제시 가격(대략적인 인수가액도 알 수 없다면 우리와 거래상대방인 매도자를 포함해 시간을 낭비할 것이다.)

이것이 전형적인 버핏 방식이다. 그는 기업의 사업내용이 이해하기 쉬운 제품 또는 서비스이면서 탄탄하고 믿을 수 있으며 보수적으로 자본을 조달하는 기업에 투자(또는 직접 매수)했다. 이렇게 하면서 도박을

---

5) 빌 앤 멜린다 재단(버핏의 친한 친구 부부), 버핏의 세 자녀가 각각 운영하는 3개의 재단, 죽은 아내의 이름을 딴 수잔 버핏 재단.

6) 연례보고서는 버크셔 해더웨이 홈페이지(www.berkshirehathaway.com/reports.html)에서 볼 수 있다.

하고 싶어하지는 않았다. 그에게 가격을 제시하면 버핏은 각 기업을 분석해서 괜찮은 거래인지 판단했다. 괜찮은 것 같으면 매수하고 그렇지 않으면 그냥 놓아두었다.

영구적인 해자와 지속가능하고 경쟁력 있는 강점

2007년 연례보고서에서 버핏은 기업을 고를 때 서로 관련되는 중요한 특성 2가지를 꼽았다. '영구적인 해자(垓字)'와 '지속가능하고 경쟁력 있는 강점'이 그것이다. '영구적인 해자'란 경쟁자가 아무리 돈을 많이 쏟아부어도 도저히 따라오지 못하는 그 무엇을 반드시 가지고 있어야 한다는 의미다. "자본주의는 높은 수익을 가져다주는 사업에 경쟁자들이 계속 진입하도록 자유롭게 둔다. 따라서 성공하는 기업은 저비용생산자(게이코, 코스트코) 또는 압도적이고 세계적인 브랜드(코카콜라, 질레트, 아메리칸 익스프레스) 등의 탄탄한 장벽을 갖는 것이 필수다. 역사는 장밋빛 전망으로 가득 한 기업이 해자는커녕 사상누각처럼 금방 무너지는 것을 잘 보여준다."

코카콜라가 좋은 예다. 버핏은 주 오랜 기간 이 회사 주식을 보유했으며 이 회사 제품인 체리 콜라를 좋아한다. 코카콜라 상표가 붙은 음료만 전 세계적으로 팔리는 것이 아니다. 코카콜라는 이미 우리 문화 깊숙이 파고들어와 있다. 사실 우리는 검은색 콜라를 무의식적으로 '코크'라고 부른다. 다른 회사에서 만든 콜라라는 것을 알면서도 그렇게 부른다. 코카콜라 브랜드의 인지도가 워낙 높아서 새로운 기업이 아무리 광고나 제품에 돈을 많이 들여도 코카콜라의 시장점유율을 따라갈 수 없다. 코카콜라가 오랫동안 쌓아 올린 거대한 브랜드명, 즉 해자를 건너뛸 수 있을 것 같지 않다.

코카콜라의 브랜드 인지도와 엄청난 인기는 해자가 되어주기에 충분하지만, 이것은 어디까지나 경쟁기업을 물리칠 수 있는 지속 가능하고 경쟁력 있는 강점 가운데 하나일 뿐이다. 기업의 제품과 서비스 품질도 지속 가능하고 경쟁력 있는 강점이다. 2007년 주주들에게 보낸 연례보고서에서 버크셔 해더웨이가 지분을 보유한 비행사 훈련회사 '플라이트세이프티'가 바로 이런 회사라고 소개했다. 버핏은 이 회사야말로 서비스 품질 면에서 가장 뛰어난 회사이며, 사람들은 비행기술을 배울 생각이라면 가장 잘 가르치는 곳을 찾아 배우려고 한다고 말한다. 가장 잘 가르치는 곳이 아니라 다른 곳을 찾아가는 것은 마치 최저입찰제로 가장 낮은 치료비를 적어낸 의사에게 외과수술을 받는 것과 마찬가지라고 했다. 경쟁기업은 플라이트세이프티에 필적하지 못하기 때문에 파고들 여지가 없다.

소비자독점력을 갖춘 회사를 골라라

버핏은 소비자독점, 즉 시장에서 다른 회사는 넘볼 수 없는 파워와 지렛대효과를 갖고 있으며 시장지위도 있는 기업을 고르려고 했다. 독점이라는 단어가 엄격한 요구사항, 즉 시장점유율이 압도적인 기업을 연상시킨다. 하지만 버핏이 투자한 곳 중에는 고전적 의미에서 독점인 곳이 거의 없다. 데어리 퀸 레스토랑, 쇼즈카펫, 아메리칸 익스프레스처럼 경쟁업체가 많은 회사들에 투자했다. 버핏은 브랜드 이미지에 상당히 신경을 썼다. 매우 강력하고 쉽게 인식되는 브랜드, 씨즈 캔디나 데어리 퀸처럼 지역에 근거를 둔 소비자브랜드가 여기에 해당된다. 가끔 버핏은 공무원 보험회사인 게이코, 쇼즈 등 상품을 판매하는 업체를 사들이기도 했지만 해당업종에서 생산비용이 가장 낮은 회사만 샀다.[7)]

버핏은 소비자독점인지 아닌지 결정하기 위해 개념적인 테스트를 개발해서 다음과 같은 물음을 던져보았다.

만약 어떤 사람이 재산이 수십억 달러가 넘고 이 나라 최고위 경영자 50인 중 한 사람으로 뽑혔다고 가정해보자. 그가 사업을 시작해서 A기업과 경쟁해 성공할 수 있을까? 만약 답이 '성공할 수 없다'라면 A기업은 강력한 소비자 독점력을 보유한 기업이라고 할 수 있다.

워런 버핏의 세계에서 소비자 독점력의 강도를 측정하는 기준은 그 기업의 경쟁자가 어느 정도 돈을 버는가 하는 것이 아니라, 어느 정도로 손해를 보는가 하는 것이다.

버핏은 이런 회사와 제품으로 코카콜라, 〈월스트리트 저널〉, 리글리스 껌을 예로 들었으며, 경쟁으로 피해를 보지 않는 회사와 제품으로는 허쉬 초콜릿바를 예로 들었다. 버핏의 관심을 끌 만한 항목은 아래와 같다.

① 그 기업이 생산하는 것이 빨리 소모되는 유명제품이고, 상인들이 장사하기 위해서는 꼭 갖추어야 하는 제품. 크레스트 치약, 질레트 면도기, 도리토스 콘칩 등은 모두 이런 예다. 슈퍼마켓, 편의점, 약국은 앞에

서 예로 든 제품의 전부 또는 일부를 취급한다. 이런 제품의 제조회사는 투자지분에 대해 높은 수익률을 보인다.

② 제조업자가 대중에게 자기 회사 물건을 사달라고 설득하기 위해 반드시 이용해야 하는 반복적인 서비스를 제공하는 통신사업. 만약 텔레비전 방송망이 3개밖에 없다면 각 방송망은 엄청나게 많은 돈을 벌 수 있다. 버핏은 '캐피털 시티즈'와 ABC에 투자했다. 유력 지방신문도 좋은 예다. 버크셔 해더웨이는 '버팔로 이브닝 뉴스'를 소유하고 있다.

③ 사람과 기업이 늘 필요로 하는 반복적인 서비스를 공급하는 사업. 신용카드회사나 세무 업무대행이 그 예다.

④ 시간이 오래 흘러도 주요 제품이 변하지 않고 가까운 미래에도 변할 것 같지 않은 사업. 미래에도 수익을 기대할 수 있는 주요 부품. 자동차보험은 그리 많이 변하지 않았다. 캔디도 많이 변하지 않았다. 버거, 코카콜라, 카펫 등도 마찬가지다.[8)]

⑤ 시설과 장비를 교체하거나 연구개발 등 자본적 지출에 돈을 많이 쓰지 않아도 되는 회사. 이러한 것들은 이익을 갉아먹고 지출 항목에

---

7) 은행도 상품업종(commodity industry)이다.

8) 버핏은 2007년 주주서한에서 끊임없이 수리해야 하는 해자는 결코 해자가 아니라고 했다.

서 차지하는 부분이 크다.

회사에 해자가 될 수 있는 것 중 또 하나는 탄탄한 경영진이다. 하지만 스타급 경영자 한 사람에게만 의존해서는 안 된다. "만약 탁월한 성과 때문에 슈퍼스타가 필요하다면 그 사업은 결국 오래가지 못할 것이다. 아주 탁월한 뇌수술 전문의가 이끄는 병원은 규모도 커지고 수익도 늘겠지만 미래를 기약하기는 어렵다. 그 의사가 떠나버리면 병원을 둘러싸고 있던 해자도 없어진다. CEO를 임명할 수는 없더라도 그 조직을 지탱해주는 해자는 믿고 의지할 수 있다."

펀더멘털, 즉 숫자로 말하라

물론 지금까지 우리가 살펴본 여러 가지 특성들 (오래가는 해자, 지속 가능하고 경쟁력 있는 강점, 탄탄한 경영진)은 폭넓은 개념일 뿐이고 정량적인 것은 아니다. 그렇다고 이 개념들이 필자의 버핏 모델에 포함되어 있지 않다는 말은 아니다. 버핏은 위의 특성들을 기업이 가지고 있는지 없는지 측정하기 위해 사용한 몇 가지 정량적인 테스트를 설명했다.

어떤 기업이 지속 가능하고 경쟁력 있는 강점을 가지고 있는지 측정하는 방법이 하나뿐인 것은 아니다. 이런 강점을 가지고 있는 회사는 높은 자기자본이익률(ROE) 같은 펀더멘털 특성을 갖추고 있다. 버핏은 자기자본이익률이 평균 이상인 기업을 골랐다. 버핏은 자기자본이익률이 12% 정도면 평균이고, 과거 10년간 매년 자기자본이익률이 15% 이상인 회사에 특별히 주목했다.

또 어떤 회사의 경영진이 제대로 하고 있는지 판단하는 방법으로 유보이익을 어떻게 사용하는지 주의 깊게 보았다. 버핏은 과거 10년간 주당순이익(EPS)이 얼마나 증가했는지 보았고, 주당순이익을 총유보이익으로 나누었다. 이 숫자는 기업이 주주를 위해 유보이익을 어떻게 사용하는지 보여주는 것이다. 만약 이 숫자가 12% 이상이면 버핏은 경영진이 잘하고 있는 것으로 보았다.

버핏은 또 어떤 기업이 자본적 지출을 많이 하는지 알아보기 위해 잉여현금흐름을 정량적인 지표로 사용했다. 시설과 장비를 교체하거나 연구 개발에 돈을 많이 쓰는 회사는 현금을 많이 지출하는 경향이 있으며, 버핏은 이런 기업을 좋아하지 않았다. 버핏은 잉여현금흐름이 마이너스인 기업을 피했다.

버핏은 펀더멘털의 숫자를 통해 투자할 만한 회사인지, 안정적이고 보수적으로 자금을 조달하는 회사인지를 판단했다.[9] 버핏은 과거 10여 년간 주당순이익이 합리적이고 한결같이 올랐는지 살펴보았으며, 기업의 부채가 연간순이익의 5배를 넘지 않는 곳을 선호했다. 이러한 성질들은 미래이익을 예측하기 쉽도록 해준다. 보수적인 성향의 버핏에게 기업의 미래이익은 무척 중요했다.

기업의 내재가치에 주목

버핏은 투자하기에 적합한 회사인지 결정하기 위해 자기자본이익률,

9) 버핏의 멘토가 보수적이기로 유명한 벤저민 그레이엄이라는 것을 기억하자.

유보이익 사용, 잉여현금흐름, 기타 몇 가지 기준을 사용했다. 방정식의 한쪽, 즉 회사의 주가가 적정한지 보기 위해 다른 숫자들도 사용했다. 버핏은 내재가치에 관심이 있어서 내재가치에 따라 기업의 주가가 합리적인 경우에만 매수했다. "투자의 내재가치는 투자가 가져올 '추정 연복리 투자수익률' 이다." 버핏은 미래가치라고 불리는 재무형태를 보았는데 이것은 미래, 즉 10년 혹은 그 이상의 특정시기에 기업의 가치가 어느 정도 일지를 나타내준다.

어떤 주식의 가격이 현재 21달러이고 10년 후 65달러 정도가 될 것 같다고 해보자. 이 정도면 좋은 성적인가, 나쁜 성적인가? 아니면 관심을 두지 않아도 되는 성적인가? 재무용 계산기를 용해서 바로 해당주식의 연 복리 투자수익률을 계산할 수 있다. 먼저 21을 누르고 현재가치를 나타내 기간을 나타내는 PV[10)]을 누른다. 그다음 CPT I을 눌러서 복리를 계산하면 된다. 답은 11.96%이다. 이것은 이 주식이 매년 평균적으로 11.96%, 향후 10년간 복리로 수익을 올릴 것으로 예상된다는 뜻이다. 버핏은 이 결과를 들여다보고 이러한 수익률이면 투자할 가치가 있는지 없는지 결정했다.

그럼 버핏은 과연 그 주식이 미래에 어느 정도 가치가 있을지 어떻게 알 수 있었을까? 어려운 질문이다. 버핏은 미래이익을 예측할 수 있는지에 초점을 맞추었다. 미래이익에 대한 예측가능성이 없다면 미래가

---

10) 현재 주식의 가치인 21을 누르고 난 후 PV를 누르기 전에 +/- 버튼을 눌러서 마이너스 사인으로 바꿀 필요가 있다. 그래야 투자하기 위해 사용되는 현금유출을 나타내게 된다.

치를 어떻게 계산하든 투기에 지나지 않으며, 투기는 어리석은 일이다. 버핏은 미래이익이 어느 정도 확실하게 예측되는 사업에만 장기적으로 투자했다. 미래이익의 확실성이야말로 방정식에서 위험이라는 요소를 제거할 것이며, 사업의 미래가치에 대한 건전한 결정을 가능하게 해준다. 버핏은 미래에 관심이 많았으며 기업이 어느 쪽으로 향해갈 것인지, 그리고 그쪽으로 갔을 때 가치가 어느 정도 될지에 관심이 많았다. 그러고 나서 현재의 주가를 보고 장기적으로 수익이 좋을 것 같으면 매수했다.

여기서 하나 짚고 넘어가자. 기술주는 버핏의 관심사가 전혀 아니다. 왜냐하면 우선 버핏은 그 분야를 잘 몰랐고, 기술적인 발전과 아주 빠른 제품의 수명주기 때문에 기술주의 미래이익을 예측하기가 쉽지 않아서 기술주의 장기적인 미래가치를 계산해보려고도 하지 않았다.

버핏이 우호적으로 여긴 마지막 변수는 자사주재매입이었다. 자사주재매입은 기업이 자기네 주식의 가격이 지나치게 낮아 좋은 투자가 될 수 있겠다고 판단해 공개시장에서 자사의 주식을 사들이는 것이다. 이렇게 하면 시장에 유통되는 주식의 숫자가 줄어든다. 수요공급의 법칙에 따라 만약 수요가 일정한데 공급이 줄어든다면 가격은 올라갈 것이고, 이것이 바로 기업이 자사주재매입을 통해 노리는 기대효과다. 이러한 경우는 사전에 공개적으로 미리 예고된다.

워런 버핏의 투자노트

투자결정을 하기까지 버핏은 2단계를 거친다. 먼저 특정기업이 자신의 타입인지, 즉 그 기업이 확신의 영역에 들어오는지, 고수익이 어느 정

:: 워런 버핏의 종목선정 체크리스트 ::

		통과		탈락
1 버핏 스타일 인가?	① 이익 예측 가능성[12]	Y1 ≥Y2 ≥ Y3 ≥ Y4 ≥ Y5 ≥ Y6 ≥ Y7 ≥Y8 ≥ Y9 ≥ Y10, EPS가 마이너스인 해가 없을 것 (가장 좋음)	Y1 ≥Y2 ≥ Y3 ≥ Y4 ≥ Y5 ≥ Y6 >Y7 ≥ Y8 ≥ Y9 ≥10 (작년의 이익에 비해 45% 이내의 일시적인 하락을 제외하고는) EPS가 마이너스인 해가 없을 것	그 외의 경우
	② 장기부채	이익의 2배 이하 (가장 좋음)	이익의 2배 초과하고 5배 이하	이익의 5배 초과
	③ ROE	15% 이상		15% 미만
	④ 총자본수익률	12% 이상		12% 미만
	⑤ 잉여현금흐름	0 초과		0 이하
	⑥ 유보이익의 사용	15% 이상 (가장 좋음)	12% 이상이고 15% 미만	12% 미만
2 주가가 매력적 인가?	⑦ 초기투자 수익률	장기재정증권(T-bond) 수익률 이상		장기재정증권(T-bond) 수익률 미만
	⑧ 예상수익률 (ROE 방법)	15% 이상 (가장 좋음)	12% 이상이고 15% 미만	12% 미만
	⑨ 예상수익률 (EPS 성장 방법)	15% 이상 (가장 좋음)	12% 이상이고 15% 미만	12% 미만
	⑩ 최종수익률 범위	15% 이상 (가장 좋음)	12% 이상이고 15% 미만	12% 미만

도 확실하게 예측되는지를 판단한다. 그 다음에는 그 회사의 현재 주가가 다른 투자수단보다 훨씬 높은 수익을 가져다줄 것인지 본다.

버핏은 분산투자[11]를 하지 않는다. 몇 개 종목에만 집중한다. 그러한 전략은 위험할 수 있지만, 매수하기 전에 자신의 투자에 대해 충분한 분석을 거치기 때문에 버핏한테는 분산투자가 맞지 않는다. 그는 주가가 낮아질 때까지 기다린다. 시장지배력이 월등한 기업을 고른다. 그리고 아주 오랜 기간 보유한다. 이 모든 것이 위험 수준을 낮추는 데 도움이 된다.

1| 제1단계 : 이 기업이 버핏 스타일인가?

버핏은 역사상 믿기 힘들 정도의 수익을 거두어왔지만 그가 노린 종목은 단순하며, 그리 흥미를 끄는 종목은 아니었다. 안정성과 단순성이 언제나 버핏의 흥분을 불러일으켰다. '버핏 스타일'에 어울리는 종목을 고르는 몇 가지 비정량적 방법을 소개한다.

• 기업의 사업 성격을 살펴라

버핏은 브랜드 인지도가 높은 기업에 투자했다. 소비자독점은 코카콜라처럼 유명상표 제품을 생산하는 기업이고, 톨 브리지(toll bridge)형 회사는 광고대행사처럼 사업하려면 반드시 이용해야 하는 서비스를 제

11) 몇 개 업종의 주식을 나누어 매수하는 것 – 옮긴이

12) Y1은 가장 최근 회계연도의 주당순이익이고 Y10은 10년 전 주당순이익이다.

공하는 기업을 말한다. 가끔 이 둘을 구별하기가 애매한 경우도 있다. 규모, 깊이 그리고 버핏의 요구조건을 충족시키는 회사는 몇 개 되지 않는다. 이러한 기업의 예로 코카콜라, 질레트, 〈워싱턴포스트〉, 맥도날드, 아메리칸 익스프레스 등을 꼽을 수 있다.

• 비용 이상을 빼낼 능력이 있는 기업인지 살펴라

인플레이션에 맞추어 제품 가격을 자유롭게 올릴 수 있는 기업인지, 경기가 어떻든 돈을 벌어들이는 기업인지 살펴보라. 지난 10년, 20년, 또는 30년간 주력제품 가격을 많이 올렸는지 살펴보면 간단하게 알 수 있다. 예를 들어 신문 값은 처음에는 25센트밖에 하지 않았지만 이제는 75센트다. 위에 언급한 회사들은 이것을 충족한다.

• 제품이 복잡한지 살펴라

버핏은 이해하기 쉬운 기업을 좋아한다. 사업 내용을 정확하게 이해할 수 있는 회사여야 한다.[13] 버핏이 이해할 수 있다고 본 제품은 소프트드링크, 면도기, 기저귀, 아이스크림 등이다. 비록 버핏은 기술주에 투자하려 하지 않았지만, 개인용 컴퓨터처럼 몇 가지 기술제품은 오늘날처럼 기술적으로 진보한 사회에서는 아주 잘 이해할 수 있다.

---

13) 린치와 그레이엄도 매우 유사한 투자법을 따랐다.

① 이익 예측 가능성

이제 버핏의 투자법 중 정량적인 부분부터 시작하자. 먼저 이익이다. 버핏은 이익성장률이 안정적이고 예측할 수 있는 기업에 투자했다. 이익이 예측 가능한지 알아보기 위해 지난 10여년간 주당순이익(EPS)이 어느 한 해라도 마이너스였는지 알아본다. 단 한 번이라도 마이너스였다면 버핏의 예측 가능성 기준을 통과하지 못한다.

하지만 최근 회계연도의 이익이 마이너스라면 예외가 가능할지도 모른다. 이익을 예측할 수 있기는 한데 최근 회계연도의 이익이 적자거나 급격하게 하락했다면 버핏은 이것을 일시적이라고 간주하고 우량주를 싸게 살 수 있는 좋은 기회로 받아들였다. 이익이 줄었다는 등의 부정적인 뉴스가 기업의 주가를 상당히 낮추어 일시적으로는 투자나 인수에 매력적인 주가 범위 (strike zone)까지 끌어내린다.

하지만 이러한 일시적인 현상은 해당기업에 대한 당시의 언론 보도가 음울한 색깔 일색이기 때문에 상당히 역발상적인 판단을 요구한다. 그러나 부정적인 뉴스는 불황 때문일 수도 있고, 해당업종의 인기가 급락한 때문일 수도 있다. 혹은 해당업종의 전 종목이 잘나가고 있는 상황에서 나왔을 수도 있다. 그래도 어쨌든 특정기업에 대한 오점이 영원하리라는 우려는 극히 가능성이 낮다.

② 장기부채

버핏은 보수적으로 자금을 조달하는 기업을 좋아했다. 그렇지만 재무 부서의 비중이 크거나 부채 수준이 꽤 높은 회사에도 투자했다. 버핏은 아메리칸 익스프레스, 살로몬, 웰스 파고, 게이코 같은 보험회사나 금융 관련 회사에는 예외를 둔 것 같다.

버핏은 부채 수준이 어느 정도여야 보수적이라고 할 수 있는지에 대해서는 다른 천재투자자들과 의견이 달랐다. 다른 천재투자자들은 부채비율을 사용했지만 버핏은 어떤 회사의 장기부채가 5년 이내의 순이익으로 갚을 수 있다면 별 문제가 없고, 2년 이내의 순이익으로 갚을 수 있으면 더욱 좋다고 보았다.[14)]

③ 자기자본이익률 (ROE)

버핏은 10년 평균 자가자본이익률이 적어도 15% 이상인 기업을 좋아했으며, 자기자본이익률이 한결같이 매년 15% 이상이면 평균 이상이라고 보았다.[15)] 버핏은 자본에 대한 높은 이익률은 경영진이 사업에서 이익을 내고 있을 뿐만 아니라 유보이익을 투자해 주주에게 더 많은 부를 가져다주는 훌륭한 지표라고 보았다. 만약 10년간 평균 자기자본이익률이 15% 이하라면 절대 받아들일 수 없고, 경영진이 유보이익을 잘 활용하지 않는다고 보았다. 이 기준은 버핏 방법론의 중요사항이며 결코 타협할 수 없는 부분이다.

④ 총자본수익률 (ROTC)[16)]

어떤 회사는 여전히 매력적이지 않은 가격경쟁 사업을 하면서도 자본의 몇 배나 되는 부채를 끌어와서 일관되게 높은 자기자본이익률을 보이기도 한다. 이러한 기업을 피하기 위해 금융권 이외의 경우 버핏은 총자본수익률이 꾸준하게 높은 기업을 찾았다. 10년 평균 총자본수익률이 적어도 12%는 되어야 한다.

⑤ 잉여현금흐름

버핏은 자본적 지출을 많이 필요로 하지 않는 기업을 선호했다. 즉 경쟁력을 유지하기 위해 시설과 장비 교체, 연구개발에 많은 돈을 쓸 필요가 없는 기업 말이다. 그리고 버핏은 잉여현금흐름이 플러스인 곳을 골랐다. 잉여현금흐름이 0보다 크면 아주 좋은데, 이는 기업이 쓰는 돈보다 버는 돈이 더 많다는 것을 보여준다. 반면에 잉여현금흐름이 0이거나 그보다 작으면 좋지 않은 징조로, 이는 기업이 버는 돈보다 쓰는 돈이 더 많다는 의미다.

⑥ 유보이익의 사용

버핏은 자기자본이익률과 더불어 유보이익을 어떻게 사용하는지 살펴봄으로써 경영진의 경영성과를 측정했다. 일정 기간 사업을 통해 벌어들인 주당 유보이익을 같은 기간 주당순이익 성장과 비교했다. 이것으로 경영진이 유보이익을 적절히 사용했는지, 즉 주주의 부를 늘렸는지 관심 있게 살펴볼 수 있다.

---

14) 금융, 은행, 보험회사 등 사업 성격상 상당한 수준의 부채가 있을 수밖에 없는 기업은 제외. 버핏이 투자한 회사 중 비금융권 회사로서 장기부채가 가장 높은 것은 대략 46%였다.

15) 지난 30년간 미국 기업의 자기자본이익률 평균은 12%이다.

16) Return On Total Capital. 순이익을 자본과 부채를 포함한 총자본으로 나눈 것 – 옮긴이

버핏은 특히 10년 전부터 현재까지의 이익 증가를 살폈다. 즉 작년 회기의 이익과 10년 전 회기의 이익 간 차이를 구해서 이 수치를 같은 기간의 총유보이익으로 나누었다. 이렇게 계산하면 수익률이 나온다. 그 값이 15% 또는 그 이상이면 버핏으로서는 만족할 만했다.

본래 유보이익을 어딘가에 쓴다는 것은 경영진이 제 역할을 한다는 뜻이다. 만약 유보이익 수익률이 12~15%라면 경영진이 유보이익을 활용해 주주들에게 괜찮은 수익을 안겨주었다는 것을 증명한다. 버핏은 유보이익 수익률이 15% 이상인 종목을 선호했지만, 12~15%인 곳에도 투자했다. 유보이익을 통한 수익률이 12% 미만이면 경영진이 유보이익을 이익이 나도록 쓰지 못하고 있는 것으로 보았다.

2| 제2단계 : 버핏 스타일 기업의 주가가 매력적인가?

제1단계의 판단기준에 전부 긍정적인 대답을 얻었다면 그 종목은 '버핏 스타일 기업'이라고 할 수 있다. 그러면 이제 제2단계, 즉 가격분석으로 넘어갈 수 있다. 가격분석은 해당종목을 매수할 만큼 주가가 매력적인지 알아보는 과정이다.

일단 해당기업이 버핏 스타일 기업이라고 판단되면 그다음에는 주가를 살펴보아야 한다. 매수가가 얼마인지에 따라 장기적으로 거두어들일 수익이 결정난다. 투자에는 늘 대안이 있으며 (예를 들면 국채), 버핏의 목표는 현재 주가가 국채보다 더 매력적인지 확인하는 것이었다.

제2단계 분석에는 전부 4가지 과정이 있다. 먼저 미래가격 측정을 고려하기 전에 초기투자수익이 적어도 국채(장기재정증권, T-bond) 정도는 되는지 계산해볼 필요가 있다. 둘째는 자기자본이익률을 통해 연간 예상수익을 알아볼 필요가 있다. 셋째는 주당순이익 성장을 통해 연간 예상수익을 알아본다. 마지막은 최종수익을 계산하기 위해 앞의 2가지 수익을 평균 내보고 그것이 만족할 만한지 본다.

⑦ 초기투자수익률

우선 초기투자수익률이 국채수익률 정도는 되는지 살펴보아야 한다. 초기투자수익률을 계산하기 위해 주당순이익을 현재의 시장가로 나눈다. 이것을 이익수익률(earnings yield)이라고도 부른다.[17]

초기투자수익률 = 주당순이익 ÷ 주가

초기투자수익률을 구했으면 국채수익률과 비교해본다. 버핏은 기업의 초기투자수익률이 국채수익률 이상인 것을 선호했다. 그러나 버핏은 기업의 수익률이 향후 급격히 늘어날 것으로 기대되면 초기투자수익률이 국채수익률보다 낮더라도 투자했다.

---

17) 여기서 초기투자수익률은 기업의 이익에 대해 투자한 금액을 얼마나 거두어들이는지를 평가하는 것이지 배당이나 주가를 측정하는 것이 아니라는 사실을 명심하라. 주식에서 얻는 수익은 대략 이익수익률 근처라고 가정한다.

⑧ 예상수익률 | (ROE 방법)

버핏이 자기자본이익률(ROE)을 이용해 어떻게 수익률을 예상했는지 설명하겠다. 이 숫자를 구하려면 몇 단계를 거쳐야 한다.

• Step 1. 배당 후 평균 ROE 구하기

가장 최근의 대차대조표에서 기업의 총자본을 찾아 유통주식수로 나눈다. 주당 자기자본이 나온다. 그다음 지난 10년간 ROE를 구하고, 가능하면 올해의 잠정 ROE도 구한다. 10년간 ROE를 합산해서 10으로 나누면 10년 '평균 ROE'를 구할 수 있다. 그리고 평균 배당을 구한다. 이것도 역시 간단하다. 올해의 잠정 배당을 포함해 최근 10년간의 배당을 구해서 평균 낸다. 이것이 '평균 배당률'이다.

그런 다음 아래 식을 참고해 배당 후 평균 ROE를 계산한다. 이미 구한 숫자를 가지고 아래의 계산을 하면 된다.

배당 후 평균 ROE = 평균 ROE X (1 – 평균 배당률)

이렇게 구한 것이 배당을 제하고 난 후 자기자본의 예상 성장률이다.

• Step 2. 향후 10년간 자기자본 추정

이제부터는 약간 까다롭다. 돈의 시간가치를 계산해야 하므로 재무용 계산기가 필요하다. 현재가치(PV)는 주당 자기자본이며 이미 구했다. 시간, 즉 n은 10년이다. 미래가치(FV)를 구해보자. 즉 앞으로 10년간 예상할 수 있는 주당 자기자본이 얼마인지 구해보자.

미래가치를 구하기 위해 버핏은 배당 후 평균 ROE를 사용했고 이것은 이미 Step 1에서 구했다. 배당 후 평균 ROE는 방정식에서 i로 표시된다.

PV = 현재 주당 자기자본

n = 10(기간, 즉 10년)

i = 배당 후 평균 ROE

이 숫자들을 입력한 다음 FV를 구하기 위해 계산기의 CPT FV 버튼을 누른다.

- Step 3. 미래 자기자본을 미래 주당순이익(EPS)으로 전환

이제 미래 주당 자기자본을 구했으니 여기에 Step1에서 구한 10년간 평균 ROE를 곱해보자. 향후 10년간 예상 미래 EPS를 구할 수 있다.

미래 EPS(10년간) = 미래 자기자본 (10년간) X 10년 평균 ROE

- Step 4. 미래 주가를 계산

이제 고지가 점점 가까워진다. 미래 EPS를 구했으니 미래 예상 주가를 구할 수 있다. 주가는 '주당순이익 (EPS) X 주가수익률 (PER)'이다. 주식의 미래 EPS를 Step 3에서 구했으니 이제 예상 PER를 구하면 된다. 이 계산을 위해 과거 10년간 PER를 찾아보고 평균을 낸다.[18] 자, 이제 Step

3 에서 구한 미래 예상 EPS를 과거 10년간 평균 PER에 곱하자.[19] 이를 통해 미래의 주가를 추정할 수 있다.

미래 주가 (10년간) = EPS(10년간) X

과거 PER (또는 이보다 더 낮다면 현재 PER)

- Step 5. 배당을 포함한 미래 주가 계산

알다시피 투자자가 주식에서 거두어들이는 수익의 대부분은 시세차익이다. 나머지가 배당이다. 미래 주가를 구했으니까 총배당금을 구해서 앞으로 10년간 투자에서 거두어들일 것으로 예상되는 금액이 얼마나 될지 알아보기 위해 주가에 더해보자.

먼저 올해의 잠정 EPS에 과거 평균 EPS 성장률을 곱해서 향후 10년간 매년 추정 EPS를 구해보자. 그다음 매년 추정 EPS에 Step 1 에서 구한 평균 배당률을 곱해보자. 이렇게 하면 매년 예상할 수 있는 배당금이 나온다. 모든 해의 배당금을 더해서 Step 4 에서 구한 10년간 미래 주가를 더한다. 그러면 배당을 포함한 미래 주가를 구할 수 있다.

배당을 포함한 미래 주가 = 미래 주가 + 총배당금 (10년간)

---

18) 여기서 해당종목의 10년 후 PER는 과거 10년의 PER와 일치한다고 가정한다.

19) 보수적으로 하기 위해 필자는 실제로 현재 PER의 최저치 또는 과거 10년 PER의 평균을 사용했다.

• Step 6. 평균 ROE를 통한 예상수익률 계산

이제 예상수익률을 구하는 마지막 부분에 접어들었다. 다시 재무용 계산기로 돈의 시간가치를 계산해야 한다. 공식에 대입해 답을 얻는 기계적인 과정이니 어려울 것 없다. 아래 값들을 계산기에 입력해서 예상수익률을 구하자. 계산기의 CPT I를 누른다.

PV = 현재 주가

FV = 미래 주가 + 총배당금

n = 10(기간, 10년)

버핏의 결론! ROE를 사용한 예상수익률이 22% 이상이면 이례적으로 좋은 수익이다. 버핏은 이를 정말 환상적이라고 말했다. 예상수익률이 22% 미만이고 15% 이상이라면 버핏은 양호한 수익률이라고 했다. 15% 미만이며 12% 이상이면 버핏의 기준에 약간 못 미친다고 할 수 있다. 그러나 여전히 탄탄한 (수준의) 수익률이기에 버핏은 이러한 기업에도 투자했다. 예를 들어 1996년에 맥도날드의 예상수익률이 12.6%일 때도 버핏은 투자했다. 그러나 예상수익률이 12% 미만이면 받아들일 수 없다.

⑨ 예상수익률 II(EPS 성장 방법)

이제 제2단계의 셋째 과정에 접어들었다. 버핏이 '평균 EPS 성장 방법'이라고 이름 붙인 방법을 통해 예상수익률을 구해보자. 이것은 두 단계를 거쳐야 한다.

• Step 1. 평균 EPS 성장 방법으로 미래 예상 주가 (배당 포함) 계산

우선 위에서 한 자기자본 성장률보다 EPS 성장률을 이용해 미래 주가를 구하자. 과거 평균 EPS 성장률을 가지고 있다면 향후 10년간 EPS를 추정할 수 있다. 기본적으로 (1 + EPS 성장률)에 10승을 해서 당기 (Y0) 추정 EPS를 곱한다. 이렇게 해서 10년째 EPS가 나온다.

10년째 EPS = (1 + EPS 성장률)^{10} X 올해 EPS

10년째 EPS에 앞에서 ROE 방법을 통해 구한 보수적인 10년 평균 PER 또는 올해 PER를 곱한다. 이것이 미래 주가다.

미래 주가(10년간) = 10년간 EPS X

10년 평균 PER (이보다 낮으면 올해 PER)

그다음 예상 총배당금을 더한다. 우선 향후 10년간의 매년 추정 EPS를 구한다.[20] 매년 평균 배당률을 내년부터의 EPS에 곱한다.[21] 그러면 매년 배당금이 나온다. 10개의 숫자를 더해서 총배당금을 구한 후 방금 우리가 계산한 총 미래 주가에 더한다. 그러면 10년 후 배당을 포함한 예상 미래 주가를 구할 수 있다.

---

20) ROE 방법 Step 5 에서 과거 평균 EPS 성장률을 이용해 구했다.

21) ROE 방법 Step 1에서 구했다.

미래 주가(배당 포함) = 미래 주가 + 총배당금 (10년간)

• Step 2. 평균 EPS 성장 방법에 근거해서 예상수익률 계산

10년 후 주가를 통해 현재 가격과 미래 예상 주가, 그리고 배당금을 통해 예상수익률을 구할 수 있다. 다시 재무용 계산기를 꺼낸다. 아래 숫자들을 입력해 I를 구하면 EPS 성장 방법을 사용한 예상수익률을 구할 수 있다.

PV = 현재 주가

FV = 미래 주가 + 총배당금 (Step 1에서 계산한 것)

n = 10(기간, 10년)

버핏의 결론! 예상수익률이 22% 이상이면 이례적으로 좋은 수익이다. 버핏은 이를 무척 환상적이라고 했다. 22% 미만이고 15% 이상이라면 양호한 수익이다. 15% 미만이며 12% 이상이면 받아들일 수 있다. 버핏은 15% 이상인 수익을 좋아했지만 이 정도면 양호하고 견고한 수익이라고 생각했다. 하지만 예상수익률이 12% 미만이면 버핏이 투자하기에는 너무 낮은 수치다.

⑩ 최종수익률 범위

이제 드디어 마지막 단계에 들어섰다. 앞의 2가지 예상수익률을 평균 내보자. 그것이 최종 예상수익률이며, 이것으로 해당종목에 투자할

지 말지 결정할 수 있다.

최종수익률 = (ROE 방법의 예상수익률 +

EPS 성장 방법의 예싱수익률) ÷ 2

최종수익률이 22% 이상이면 이례적으로 좋은 수익이다. 22% 미만이고 15% 이상이라면 양호한 수익이다. 15% 미만이며 12% 이상이면 받아들일 수 있다.

워런 버핏의 투자수익률

아래 표는 버핏이 1966년부터 2007년까지 실제 투자한 수익률이다.

워런 버핏의 기준으로 현재까지 투자한다면?

10개 종목으로 구성된 포트폴리오는 21.2%를 기록했으며 S&P500은 21.4%였다. 20개 종목으로 구성된 포트폴리오는 성적이 좋지 않았다. S&P500에 13.5%나 뒤진 7.9%를 기록했다. 이 책에 실은 천재투자자들의 10개 종목, 20개 종목 포트폴리오 가운데 유일하게 시장을 이기지 못한 포트폴리오였다. 하지만, 명심해야 할 점은, 여기서는 5년 미만의 성적을 알아본 것이므로 이것은 버핏처럼 아주 장기로 투자하는 투자자에게는 상대적으로 짧은 기간이라는 것이다.

연도	워런 버핏	S&P500	연도	워런 버핏	S&P500
1966	−10.5%	−10.1%	1987	4.6%	5.1%
1967	17.6%	24.0%	1988	59.3%	16.6%
1968	85.0%	11.0%	1989	84.6%	31.7%
1969	13.5%	−8.4%	1990	−23.1%	−3.1%
1970	−7.1%	3.9%	1991	35.6%	30.5%
1971	76.9%	14.6%	1992	29.8%	7.6%
1972	14.5%	18.9%	1993	38.9%	10.1%
1973	−10.1%	−14.7%	1994	25.0%	1.3%
1974	−43.7%	−26.4%	1995	57.4%	37.6%
1975	−5.0%	37.2%	1996	6.2%	23.0%
1976	134.2%	23.6%	1997	34.9%	33.4%
1977	55.1%	−7.4%	1998	52.2%	28.6%
1978	10.1%	6.4%	1999	−19.9%	21.0%
1979	110.5%	18.2%	2000	26.6%	−9.1%
1980	32.8%	32.3%	2001	6.5%	−11.8%
1981	31.8%	−5.0%	2002	−3.8%	−22.1%
1982	38.4%	21.4%	2003	15.8%	26.7%
1983	69.0%	22.4%	2004	4.3%	10.9%
1984	−2.7%	6.1%	2005	0.8%	4.9%
1985	93.7%	31.6%	2006	24.1%	15.8%
1986	14.2%	18.6%	2007	28.7%	5.5%

상당히 폭넓게 종목을 선택하는 버핏 모델에서 가장 관심을 많이 둔 종목은 금융주와 소매주였다. 버핏 포트폴리오는 다른 어느 천재투자자의 포트폴리오보다 주식을 장기간 보유했다. 어떤 때는 매도하기까지 몇 년이나 걸리기도 했다.

:: 워런 버핏의 투자법으로 투자할 경우 예상수익률 ::

	10개 종목 포트폴리오	20개 종목 포트폴리오	S&P500
설정일	2003.12.5	2003.12.5	2003.7.15
2003	2.0%	2.5%	11.1%
2004	37.3%	27.5%	9.0%
2005	−4.6%	−7.7%	3.0%
2006	16.5%	9.6%	13.6%
2007	−12.2%	−6.3%	3.5%
2008.07	−11.4%	−12.8%	−17.3%
총수익률	21.2%	7.9%	21.4%
연수익률	4.3%	1.7%	4.0%
최고의 해	37.3% (2004)	27.5% (2004)	13.6% (2006)
최악의 해	−12.2% (2007)	−7.7% (2005)	3% (2005)
베타	1.11	1.08	1.0
정확성	55.4%	52.8%	N/A

필자가 자주 들은 질문 가운데 하나는 버핏이 실제로 매수한(또는 소유한) 종목과 버핏 모델에서 매수한 종목을 어떻게 비교할 수 있느냐는 것이다. 예를 들어 2008년 5월 버크셔 해더웨이가 6,400만주나 보유

하고 있는 존슨앤존슨은 필자의 버핏 모델을 통과한 종목이다. 하지만 최근 버크셔 해더웨이가 투자한 벌링턴노던샌타페이는 자기자본이익률(ROE), 총자본수익률(ROTC), 유보이익 사용, 기대 수익 테스트를 통과하지 못한 종목이다.

이렇게 실제 버핏이 매수한 종목과 버핏 모델에서 매수한 종목이 일치하지 않는 데는 몇 가지 이유가 있다. 첫째, 우리 모델은 기업의 펀더멘털을 현재시점에서 측정한다. 버핏이 그 기업을 사들였거나 주식을 산 당시를 기준으로 측정하지 않는다. 둘째, 버핏이 경험이나 정보가 충분한데도 불구하고 어떤 기업에 투자한 것은 펀더멘털 부족을 상쇄할 만한 다른 이유가 분명히 있었기 때문이다. 셋째, 시간이 오래 흐르면 투자자는 자신의 전략을 변경할 수 있고 또 실제로 변경하기도 한다. 우리는 버핏의 미래 움직임을 예측하려고 모델을 사용한 것이 아니다. 그의 과거 투자를 알아보기 위해 그가 사용한 전략을 활용하고자 모델을 만들었다.

우리의 모델과 버핏이 실제 매수한 종목과 차이가 나는 또 다른 주목 할 만한 이유가 있다. 버핏은 기술회사는 제품을 계속 새로운 버전으로 업그레이드하기 때문에 미래 이익을 장기적으로 예측하기 어렵다고 생각했다. 하지만 필자는 우리 모델에서 기술주를 선택했다. 그렇게 한 데는 2가지 이유가 있다. ① 기술기업 중 많은 수가 안정적인 이익 증가라는 장기 실적을 보여주고 있다. ② 기술기업의 신제품은 예전 제품과 연속성을 필요로 한다. 그래야 미래의 고객에게 안정적인 공급을 확보할 수 있다.

버핏은 기술기업이 생산하는 제품을 사람들이 이해하지 못한다고 느꼈지만, 오늘날 사람들은 널리 쓰이는 컴퓨터 등을 통해 기술에 대해 기본적인 이해를 하고 있다. 그리고 지식이 다소 부족하거나 기술이 복잡하다고 해도 이처럼 중요한 시장분야를 더 이상 무시할 수는 없다는 데 많은 이들이 동의할 것이다.

워런버핏의 주요 투자원칙

- 시장점유율이 높은 기업을 골라라.
- 주식을 매수하는 것이 아니라 기업을 통째로 산다는 기분으로 투자하라.
- 주당순이익이 꾸준히 올라가는 회사인지 확인하라.
- 이익 대비 부채 수준을 비교해보고 잉여현금흐름 발생 여부를 확인해서 보수적인 자본구조를 유지하는 회사인지 확인하라.
- 자기자본이익률, 유보이익, 총자본수익률을 살펴서 경영진의 경영 능력을 평가하라.
- 종목의 초기투자수익률을 국채수익률과 비교하라.
- 미래를 내다보라. 자기자본이익률과 주당순이익 성장을 사용해 미래가치를 추정해보고 매수 여부를 결정하라.
- 해당업종을 잘 알아야 한다.
- 바로 숙제를 하라. 확신이 가는 곳, 돈을 투자한 기업을 철저히 분석하고 공부하라.
- 좋은 회사의 주식을 사려고 서둘지 마라. 수익이 더 많아지도록 주가가 더 내려가기를 기다려라.
- 매수하고 나서는 그 주식에 대해서 잊어라. 종목선택이 잘못되었거나 전혀 예상하지 못한 일이 일어난 것이 아니라면 장기보유하라. 이 주식이야말로 자녀나 손자에게 물려줄 만한 주식이다.

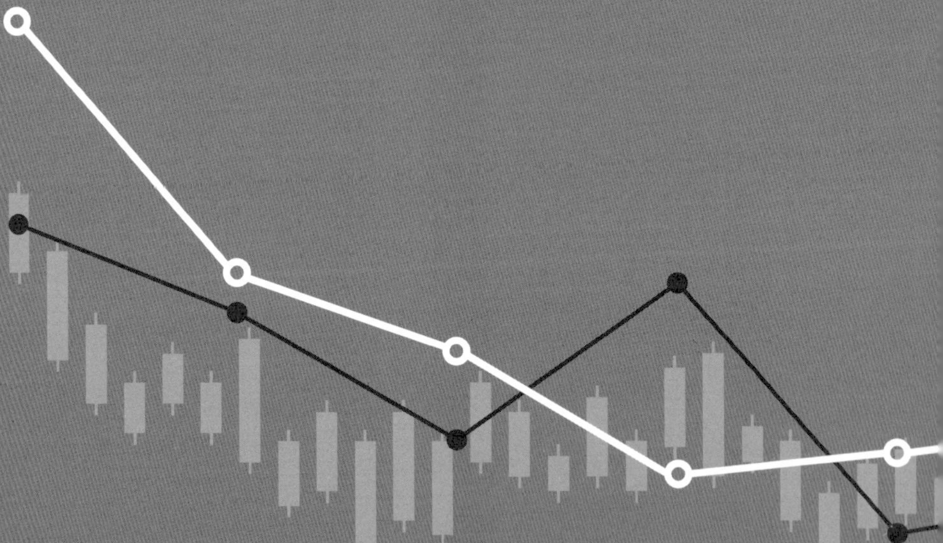

PART 3

성장투자의 전설적인 천재들

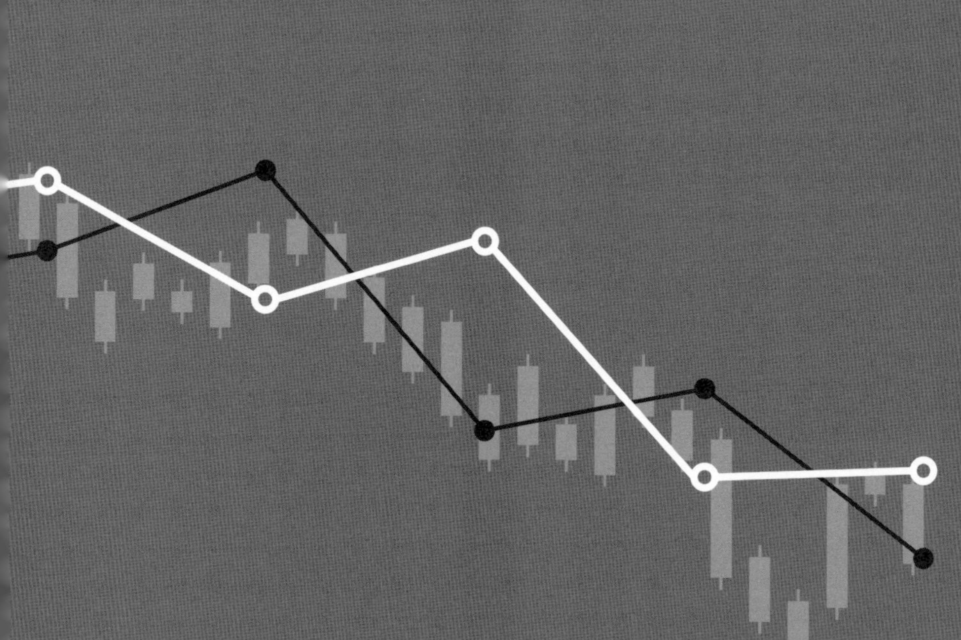

"

연구에 따르면 장기적으로 가치투자가 성장투자를 이긴다. 그렇다고 성장투자가 나쁘다는 것은 아니다. 사실 역사상 최고의 투자철학은 주로 성장투자에 초점이 맞춰져 있거나 성장투자 성향이 있는 가치투자였다. 뮤추얼펀드의 영웅 피터 린치, 자산관리자이며 저자이기도 한 케네스 피셔, 억만장자이며 증권 뉴스레터의 챔피언 마틴 즈웨이그는 어렵지 않게 우량주를 골랐다. 놀라운 것은 이들의 수익뿐 아니라 이들이 모두 혁신적인 사람들이었다는 점이다. 모두 자기 나름대로 새롭게 개발한 공식과 새로운 투자용어를 만들어냈다.(린치는 이익성장률, 피셔는 주가매출액비율, 즈웨이그는 풋/콜비율) 하지만 무엇보다 우리의 관심을 끄는 것은 이들의 투자실적이다. 성장투자와 가치투자를 혼합한 이들의 투자법은 투자전략 부분에서 가장 뛰어났으며 투자역사상 최고의 결과를 낳았다.

"

CHAPTER 07

뮤추얼펀드의 영웅 피터 린치 Peter Lynch

위대한 사람이 오른 고지는 단번에 날아 올라간 것이 아니며,
동료들이 자고 있는 밤에 한발한발 땀 흘려 올라간 것이다.
– 헨리 W. 롱펠로우〈성 아우구스틴의 사다리〉 중에서 –

:: 피터 린치의 투자전략 ::

투자실적	린치가 피델리티의 마젤란 펀드를 맡은 1977년부터 은퇴한 1990년까지 마젤란 펀드의 연평균수익률은 S&P500의 15.8%보다 거의 2배에 가까운 29.2%였다. 마지막 5년간은 〈배런스〉에 나와 있는 모든 펀드 가운데 상위 0.5% 이내에 들었다.
위험	적당한 위험을 떠안는 투자자에게 적합한 전략이다. 고성장주에 초점을 맞추었기 때문에 사실 위험이 낮은 편은 아니지만 기술주 같은 고위험 종목은 피했다. 대형주를 포함해서 종목의 멋진 크로스섹션을 고려했는데, 이것은 위험 측면에서 많은 투자자에게 그의 투자법이 적합하도록 해주었다. 또 린치는 투자자에게 확신을 주면서 걱정은 끼치지 않는 그런 기업을 주로 고르라고 했다.
투자기간	위험 항목과 마찬가지로 투자기간 측면에서도 투자기간이 다양한 투자자에게 적합하다. 고성장주에 3~10 년을 묻어둘 수도 있지만 대형우량주처럼 단기차익을 얻기 위한 전략에서는 1~2 년 안에 30~50%의 수익을 얻기도 했다.
노력	린치는 드물게 상당한 선택의 폭을 가졌으며 펀더멘털에 집중하면서도 노력 적어도 중기 정도의 기간 동안 투자했다. 그의 투자법은 중간 정도의 노력이 필요하다.

피터 린치는 누구인가?

실적의 숫자가 말해주는 위대한 투자자

앞에서도 보았듯이 시장을 이기려면 숫자를 중요시해야 한다. 피터 린치의 위대함은 멀리서 찾을 것 없다. 피터 린치가 왜 역사상 가장 위대한 투자자 가운데 한 명인지 아래 3가지 숫자를 보면 알 수 있다.

- 15.8과 29.2 : 1977~1990년까지 린치가 피델리티 투자자문사의 마젤란 펀드를 운용하는 동안 거둔 연평균수익률은 29.2%였다. S&P500의 연평균수익률 15.8%의 거의 2배였다.

- 20과 14 : 앞의 숫자 20은 린치가 마젤란 펀드를 처음 맡았을 때 펀드규모가 2,000만 달러였음을 의미하며 뒤의 숫자 14는 마젤란 펀드를 떠날 때 규모를 700배나 늘려서 140억 달러로 만들어놓았음을 뜻한다.

- 1만 달러와 28만 달러 : 만약 린치가 마젤란 펀드 운용을 시작한 시기에 그 펀드에 1만 달러를 맡겼다면 13년 후 그가 은퇴할 무렵에는 28만 달러로 늘어나 있었을 것이다. 이 정도면 은퇴자금에 가깝지 않은가?

매우 놀라운 숫자들이다. 사실 린치가 거둔 실적은 역사상 가장 뛰어난 투자실적이며, 린치가 은퇴한 지 20년이 되어가는 요즘에도 그의 투자 수익은 투자자들 사이에서 전설적인 수익률로 자주 오르내린다. 린치가 유명해진 것도 바로 이 놀라운 수익률 때문이다.

탁월한 실적 이외에도 린치가 존경받는 이유가 몇 가지 더 있다. 그 중 하나가 린치의 투자철학은 누구나 알기 쉽고 이해할 수 있으며 적용 가능하다는 점이다. 그의 투자법이 상식에 근거했기 때문이기도 하지만, 철저하게 현실적인 감각에 그의 트레이드마크인 재치 있는 말솜씨로 설명한 덕분이기도 하다. 린치는 이런 명언도 남겼다. "누군가 '이런 회사는 어떤 멍청이라도 경영할 수 있어.'라고 말한다면 바로 그런 점이 그 회사의 장점이 된다. 조만간 멍청이가 그 회사를 경영할 것이기 때문이다."

린치가 1989년 펴낸 베스트셀러 《전설로 떠나는 월가의 영웅》에는 상식에 기반을 둔 투자법이 소개되어 있다. 환상적이지 않고, 신비한 이론이 있는 것도 아니고, 고차원적인 수학도 기술적인 용어도 없다. 다만 간단하면서도 통찰력이 뛰어난 투자조언만 있을 뿐이다. 투자자들도 무척 반기는 책이지만 사실 이 책은 일반인을 위한 책이다. 이 책은 재산이 많은 사람을 위한 책이 아니다. 학교 다닐 때 재무 관련 공부를 해본 적도 없고 전문투자자들이나 쓰는 복잡한 정보와 전문용어를 이해하지 못하는 일반인을 대상으로 한 책이다. 린치는 일반투자자가 월가에서 좋은 성적을 거둘 수 있을 것이라고 생각하지는 않았지만 이들이 전문투자자 못지않은 강점도 많이 가지고 있다고 믿었다.

골프클럽 캐디에서 피델리티의 중역으로

린치의 투자이력은 소박하게 시작되었다. 린치는 1944년 1월 19일 매사추세츠 뉴턴에서 태어났다. 린치가 열 살 때 보스턴대학 수학과 교수였으며 존 핸콕 보험회사의 최연소 감사를 역임하기도 한 아버지가 암으로 죽었다. 돈을 벌기 위해 린치는 보스턴 인근 골프클럽에서 캐디로 일했다. 1950년대는 주식시장이 한창 좋을 때라서 클럽 멤버 대부분이 투자업계 사람이었으며, 피델리티 투자운용의 거물 조지 설리번도 그중 한 명이었다. 주식시장이 뭔지도 모르고 투자할 돈도 없던 린치에게 골프장 캐디 경험은 화려한 경력의 설리번과 인연을 맺게 해주었다.

페어웨이와 그린을 걸으면서 어린 린치는 주식에 관한 대화 내용을 들었고 금방 흥미를 느꼈다. 주식에 대한 린치의 관심은 학력에서도 잘 나타난다. 린치는 보스턴대학에서 재무론을 전공한 후 펜실베이니아대학 와튼경영대학원에서 MBA를 취득했다.

오랫동안 캐디 일을 한 덕을 본 것은 린치가 보스턴대학 4학년이 되던 해였다. 린치는 당시에 골프 실력은 형편없지만 인품이 좋고 팁도 잘 주던, 피델리티의 회장이었던 조지 설리번의 권유로 피델리티에 여름 인턴십을 신청했다. 75명 중 단 3명을 뽑았는데 린치도 그중 한 명이었다. "조지 설리번의 공을 찾아주다 보니 인턴 자리도 얻게 되었다. 골프클럽의 탈의실을 거쳐서 중역으로 고속승진한 캐디는 나뿐만이 아니었다."

그해 여름 피델리티에서 인턴을 마친 린치는 와튼경영대학원에 진학한다. 와튼스쿨에서 MBA를 딴 것과 더불어 좀 더 값진 선물도 얻었는데, 바로 아내 캐롤린을 만난 것이다. 두 사람은 와튼에서 만나 1968년 린치가 ROTC로 2년간 군 생활을 하던 중 결혼했다.

린치가 캐롤린을 만날 당시, 그는 이미 몇 년째 주식투자를 해오고 있었으며 진로를 투자전문가로 어렴풋하게나마 잡고 있었다. 당시만 해도 투자에 뛰어드는 것이 그리 일반적이지 않았지만 린치는 한창 투자에 빠져 있었고 장차 아내가 될 캐롤린과 한 첫 데이트에서도 투자 이야기만 했다고 한다. 지금도 그렇지만 그때도 캐롤린은 린치가 말하는 투자 이야기가 싫지 않았다고 한다. 이 커플은 결국 결혼했고 세 자녀를 두었다.

한국에서 포병장교로 근무하기도 한 린치는 군 복무를 마치고 1969년 피델리티에 애널리스트로 취직해서 처음에는 섬유 분야를 담당하다가 나중에는 금속 분야를 담당한다. 5년 후 애널리스트 겸 리서치센터장이 되고 1977년 3월 31일, 마침내 마젤란 펀드를 맡게 된다. 린치가 처음 맡은 펀드가 마젤란 펀드임을 고려하면 마젤란 펀드의 실적은 더더욱 믿어지지 않는다.

탁월한 성적을 거둔 마젤란 펀드

전설적인 실적을 거두기는 했지만 린치가 처음 마젤란 펀드를 맡을 때만 해도 상황이 그리 좋은 편은 아니었다. 1950년대 내내, 그리고 1960년대 접어들어서도 주식시장은 꽤 괜찮은 편이었지만, 1970년대에 들어와서는 약세를 면치 못했고 마젤란 펀드도 예외가 아니었다. 주가는 고점을 친 뒤 1972~1974년에 급락을 향해 달려가고 있었다. 1972~1974년 증시는 대공황이었던 1929~1932년 침체장 이후 최악이었다. 아무도 펀드를 사려고 하지 않았다. 펀드투자에 대한 관심이 사라지면서 펀드사업은 엉망이 되었다. PBS의 〈프론트라인〉이라는 프로에서 린치는 이렇게 말했다. "마젤란 펀드를 맡고 나서 3년간 전체 펀드좌수의 1/3이 환매되었어요. 기대할 것이 별로 없다는 이야기였죠. 사람들은 도무지 관심을 기울이지 않았어요. 시작치고는 그리 좋지 않았죠."

그러나 린치는 성과를 내는 사람이었고 얼마 가지 않아 상황은 반전된다. 1982년 장이 가파른 상승세로 돌아서면서 펀드 성적도 좋아졌고 언론과 투자업계는 탁월한 성적을 기록한 린치와 그가 운용하는 마젤란 펀드에 점차 주목하기 시작했다. 린치의 성적은 거저 얻은 것이 아니었다. 린치는 일주일에 엿새를 일했으며 어떤 때는 독실한 기독교신자임에도 불구하고 일요일에도 근무했다. 어쨌든 마젤란 펀드 가입자들은 수익을 거두었다.

그러나 계속 과로에 시달리던 린치는 마침내 1990년 5월 31일, 13년간 운용해온 마젤란 펀드를 떠나 은퇴한다. 그때가 46세 되던 해로 그의 아버지가 생을 마감한 나이였다. 린치는 아내와 아이들과 함께 시간을 보내기 위해 직장을 떠났다. 린치는 주식시장이 강세장일 때나 약세장일 때나 마젤란 펀드를 운용했으며 성공의 정점에서 스스로 물러났다.

은퇴 후 린치는 여전히 바쁜 생활을 하고 있으며, 피델리티 그룹 비상근 부회장으로 일하고 있다. 돈을 버는 데 대부분의 시간을 보낸 그지만 요즘에는 다른 사람을 돕는 일에도 힘쓰고 있다. 2005년 〈보스턴 글로브〉의 '피터 린치의 박애주의 가이드'라는 제목의 기사에 따르면, 린치는 피델리티에서 은퇴한 후 열심히 박애주의를 실천하고 있으며 여러

단체에 돈도 많이 기부하고 있다. 개별적으로 하는 기부뿐 아니라 린치 재단을 통해서도 기부하고 있으며, 저소득층 아이들을 도시의 가톨릭 학교에 보내기 위한 장학금을 모금하는 가톨릭 학교재단의 '이너 시티 스칼라십 펀드' 모금과 관리 역할도 맡고 있다. 1990년 초반 이 펀드를 맡았으며 2005년까지 5,500만 달러의 자금을 모으는 데 큰 역할을 했다.

피터 린치의 투자철학

이익성장투자 : 잘 아는 것에서 시작하라

역사상 그처럼 오랜 기간 그렇게 성공적으로 운용된 펀드 가운데 마젤란 펀드처럼 규모까지 커진 뮤추얼펀드가 또 있을까 ? 도대체 린치는 어떻게 한 것일까?

린치의 투자법은 유명 프로 펀드매니저만 알고 있는 그런 것이 절대 아니다. 린치는 자신이 잘 아는 종목에만 투자했다. 만약 여러분도 개인적으로 잘 아는 종목이 있다면, 예를 들어 해당회사 제품 또는 마케팅 방법을 잘 안다든지 하면 전문투자자 못지않게, 아니 그보다 더 잘할 수 있다. 늘 쇼핑하는 곳, 늘 사는 물건, 지금 몸담고 있는 업종, 지금 살고 있는 곳에 관심을 기울이다 보면 결국 주식시장에서 승리주를 고를 수 있다.

린치는 이런 투자법으로 어떻게 우수한 투자자가 될 수 있었는지 자신 있게 말한다. '레그즈'라는 상표의 팬티스타킹을 만드는 헤인즈 회사가 좋은 예다. 몇 년 전만 해도 고급 팬티스타킹은 백화점이나 속옷 전문점에서만 팔았다. 이런 곳은 여성들이 한두 달에 한 번 갈까 말까 하는 곳이다. 하지만 일반 팬티스타킹은 여성들이 자주 들르는 슈퍼마켓에서도 팔았다. 헤인즈는 바로 이 점에 주목했다. 레그즈 팬티스타킹은 고강도라서 일반 스타킹에 비해 올이 잘 풀리지 않고 누구에게나 잘 맞는다는 장점이 있었다. 헤인즈는 품질 좋은 팬티스타킹을 쇼핑하기 편한 곳, 즉 슈퍼 마켓에서도 팔아보자고 생각했다. 그래서 시험적으로 보스턴에서 팔기 시작했고, 린치의 아내 캐롤린도 몇 개 사보고 나서 금방 좋아하게 되었다. 그 이후는 상상에 맡기겠다. 아내가 제품을 써보고 품질에 만족을 표시하자 여기에 착안한 린치는 제조회사를 알아보더니 바로 헤인즈 회사 주식을 매수했고, 결국 6배를 남겼다. 린치의 표현을 빌리면 '6루타'를 쳤다.

이것이 바로 보통사람들 대부분이 이해할 수 있고 스스로 해볼 수 있는 좋은 전략이다. 이런 점이 바로 린치의 투자법이 아마추어 투자자들에게 적합한 중요한 이유 가운데 하나다. 그의 투자법은 직접적이고 일상적이며 무척 간단해서, 누구나 원하기만 하면 실천할 수 있다.

그러나 결국은 펀더멘털

이런 린치의 전략은 늘 논의가 되기는 하지만, 그렇다고 어떤 회사의 사업 비밀을 린치 혼자만 알고 있는 것은 아니다. 린치는 '자기가 잘 아는 종목을 사라'고 말한 자신의 조언이 잘못 해석되고 있다면서 이렇게 입장을 밝혔다.

나는 여러분이 어떤 마트에서 쇼핑을 즐긴다는 이유로 그 마트 주식을 사라고 권하지 않고, 여러분이 좋아하는 제품을 만든다고 해서 그 제조업체의 주식을 사라고 권하지 않는다. 또한 음식이 맛있다고 그 식당 주식을 사라고 권하지도 않는다. 마트, 제품, 식당이 마음에 든다면 여러분이 흥미를 느낄 만한 충분한 이유가 되므로 조사대상 목록에 올려놓으라. 그러나 이것만으로는 주식을 매수할 이유가 되지 못한다! 회사의 이익전망, 재무상태, 경쟁상황, 확장계획 등을 조사하기 전에는 절대로 투자하지 마라.

늘 그렇지만 린치의 조언은 상식으로 가득 차 있다. 어떤 기업에 좋은 인상을 받았다고 해서 다른 고객들도 모두 그런 것은 아니다. 종목을 선택하는 데 개인적 경험을 시발점으로 사용하는 것은 좋지만 한 가지 확실히 해야 할 것은 사업, 특히 기업의 펀더멘털이 튼튼해야 한다는 것이다. 린치가 은퇴한 데는 일주일에 6일을 기업분석에 쏟아부은 것도 이유로 작용했음을 잊지 마라. 아마 뒤로 멀찍이 떨어져 그저 그런 사업만 찾아다녔다면 그는 아마 지금도 마젤란 펀드를 운용하고 있었을 것이다.

린치가 다른 천재투자자들과 다른 점은 종목을 유형별로 분류해 그 유형에 맞는 펀더멘털 테스트를 적용했다는 것이다. 린치는 종목을 3가지 유형으로 분류했다.

① 고성장주 : 매년 수익이 20% 이상 늘어나면서 부채는 상대적으로 작은 기업 (ex. 애플)

② 대형우량주 : 규모가 크고 장래가 유망한 기업으로서 연매출이 수백억 달러이고 연간수익성장률이 10~19%에 달하는 기업 (ex. 월마트)

③ 저성장주 : 대형기업이면서 연륜이 있고 배당금을 지급하고 한 자릿수 이익성장률을 기록하는 기업 (ex. 이 책을 쓰는 현재 엔지니어링, 제조업 재벌회사인 톰킨스 그룹)

다른 유형들

고성장주, 대형우량주, 저성장주에 초점을 두기는 했지만 린치는 다른 유형의 주식에도 신경을 썼다. 다른 유형에 대해서도 잠시 살펴본다.

④ 경기순환주 : 여기에는 자동차 생산회사, 항공산업, 타이어회사, 철강·알루미늄 회사, 화학회사, 대형반도체회사, 방위산업체 등이 해당된다. 경기가 좋을 때는 잘되지만 경기가 나쁠 때는 휘청거린다. 린치는 경기순환주의 경우 타이밍이 가장 중요하다고 보았다. 주가가 상승하면 뛰어들고 주가가 하락하면 나오고들 싶어한다. 경기가 좋아지거나 나빠지는 사전신호를 감지할 수 있으려면 업종과 관련된 직업에 종사할 필요가 있다고 강력하게 제안한다. 종목을 고르는 것이 가장 힘들기 때문이다.

⑤ 회생주 : 어려움에 처해 있지만 회생하려고 노력하는 기업이다. 회생주는 잃어버린 기반을 매우 빠르게 복구한다. 회생주에서 린치는 특히 손에 쥐고 있는 현금과 장기부채에 관심을 두었다. 부채보다는 현

---

1) 만기가 매우 짧으며 때로는 요구 즉시 상환해야 한다.

금이 더 많기를 바랐고, 부채의 형태도 은행대출금이나 상업어음[1]이 아니라 채무자가 이자만 계속 지급하면 상황이 아무리 암울해도 조기상환을 요구할 수 없는 장기차입금을 선호했다. 린치는 회생주 유형을 5가지 들었다.

- 구제금융을 요청하는 회생기업 : 1980년대 린치가 크게 재미를 본 크라이슬러 사례처럼, 정부가 구제금융을 제공할 가능성이 있을 때 매수한다.
- 누구도 생각하기 힘들었던 회생기업 : 성공적으로 회생함으로써 시장을 깜짝 놀라게 한다.
- 예상 가능한 모든 문제를 끌어안은 회생기업 : 작은 문제가 있기는 하지만 시장에 서는 실제보다 더 나쁘게 받아들이는 회사
- 파산기업 안에 완벽한 기업이 들어 있는 회생기업 : 고통을 겪고 있는 회사 안에 지극히 건강한 부문이 있다.
- 구조조정을 통해 주주가치를 극대화하는 회생기업 : 이익을 내지 못하는 자회사를 도려내어 좋은 부분만 남은 회사

⑥ 자산주 : 여러분은 그 가치를 인식하고 있지만 월가 사람들은 모르고 있는 회사다. 슈퍼마켓 체인은 몇십 년간 점포를 운영해온 경우가 많다. 장부에 기재되어 있는 점포의 가치는 취득원가인데, 현재가치는 훨씬 크다. 이런 점포를 매각하려고 한다면 대차대조표상에는 나타나지 않는 (잠재적인) 현금이 쌓여 있다는 것을 의미한다. 린치는 자산주인 경우 다음을 따져보았다.

- 회사의 자산은 무엇이고 가치는 얼마인가?
- 자산에서 차감해야 하는 부채는 얼마인가?
- 이 자산을 사기 위해 기다리는 사람이 있나?

린치의 유명한 이익성장률

린치는 몇 가지 펀더멘털 변수를 자세히 살펴보면서 종목 유형별로 펀더멘털이 조금씩 다르다는 것을 알게 되었다. 그리고 모든 유형에 걸쳐 한 가지 변수가 유독 눈에 띈다는 것을 발견하고 이익성장률(PEGR)이라는 지표를 만들었다. 주가수익률(PER)이 가장 유명한 주식시장 지표지만 주가수익률 그 자체보다 주가수익률을 회사의 성장과 비교하는 것이 더 효과적이라고 보았다. 린치의 논리는 이렇다. 기업이 적합한 속도로 성장하고 있는 경우에는 주가수익률이 높아도 괜찮다. 만약 회사의 주가수익률이 성장률과 같거나 낮다면(즉 주가수익률을 회사의 성장률로 나눈 값이 1 또는 1보다 작다면) 린치는 괜찮은 것으로 보았다. 만약 주가수익률이 성장률의 절반 또는 그보다 낮다면 그것이야말로 진짜 린치의 호기심을 강하게 자극하는 종목이었다.

린치는 이익성장률 지표야말로 여전히 좋은 가격으로 팔리는 성장주를 골라내는 최선의 방법임을 알았다. 사실 이익성장률은 종목을 고를 때 가장 중요한 펀더멘털 변수이며, 린치가 이를 중시한 것은 투자세계에서 아주 유명하다. 린치의 이익성장률 투자법이야말로 적정가 성장투자[2)]다. 이익성장률은 린치가 처음 쓰기 시작하면서 주식시장의 새로운 용어가 되었다.

주가수익률보다 이익성장률이 더 유용한 지표라는 것을 보여주기 위해 린치는 미국 최대 유통업체 월마트를 인용했다. 린치는 30년간 월마트의 주가수익률이 20% 이하로 내려간 적이 없으며 이것은 결코 낮다고 할 수 없는 주가수익률이지만, 월마트의 성장률은 한결같이 25~30%를 보여주었으며 주주들에게 상당한 이익을 주었다고 말했다. 이것은 린치의 또 다른 신념, 즉 좋은 회사는 이익이 정체될 때까지 몇십 년이고 성장할 수 있다는 것을 보여주는 사례다.

이익성장률을 결정할 때 린치는 과거 자료를 썼는데, 추정 미래성장률은 단지 짐작일 뿐이라서 사용할 수 없다고 생각했기 때문이었다. 필자는 린치의 의견에 동의한다. 그래서 우리 모델에서도 역시 이익성장률을 결정하기 위해 3년, 4년, 5년 성장률의 평균을 사용했으며, 추정 미래성장률은 사용하지 않았다.

린치는 모든 주식의 이익성장률을 살펴보았지만, 고성장주의 이익성장률 계산과 대형우량주, 저성장주 이익성장률 계산은 분명히 구분했다. 왜냐하면 중간성장주 또는 저성장주 회사는 배당이 중요하기 때문이다. 린치는 대형우량주나 저성장주를 조사할 때는 배당수익률을 위해 이익성장률을 조정했다. 고성장주의 경우 주주에게 배당이 아니라 주가 상승으로 이익을 돌려주기 때문에 이익성장률에 배당지급을 포함시키지 않았다.

2) 기업의 매출, 이익 성장 전망은 평균 이상인 데 반해 주가수익률은 비교적 낮은 주식에 투자하는 것. 이런 주식은 주가수익률이 그대로 유지되어도 시장보다 초과수익을 낼 수 있으며, 주가수익률이 증가하면 현저한 추가수익도 가능하다. – 옮긴이

예를 들어 대형우량주나 저성장주의 주가수익률은 14, 배당수익률은 4%, 성장률은 12%라고 해보자. 이익성장률을 계산하려면 주가수익률을 성장률과 배당수익률의 합(12+4=16)으로 나누면 된다. 14÷16=0.88이며, 이는 린치 투자법의 1.0 한도를 넘지 않으므로 훌륭한 신호다.

린치가 찾는 기업의 중요한 속성

'어떤 멍청이라도 이 사업을 운영할 수 있다'는 것은 린치가 꿈꾸는 완벽한 기업의 속성 가운데 하나였다. 완벽한 기업이 전혀 보이지 않아도 상상력을 발휘한다면 완벽한 기업이 보유한 속성을 찾아낼 수 있다. 다음은 린치가 꼽은 가장 중요한 속성들이다.

이들 회사는 보통 과소평가되어 있게 마련이어서 린치는 이들 회사의 펀더멘털을 좀 더 자세히 파악하고자 했다. 그렇다고 이러한 특징을 하나 또는 그 이상 가지고 있다고 해서 무턱대고 투자하지는 않았다. 사실 린치가 투자한 회사 가운데는 위의 성질을 거의 가지지 않았거나 전혀 가지지 않은 회사도 있다.

:: 피터 린치가 투자하기에 완벽한 기업의 속성 ::

회사 이름이 따분하고 우스꽝스러우면 더 좋다	린치는 이름이 따분한 회사에 좀 일찍 투자하면 회사명이 따분하거나 이상하다는 이유만으로 주식을 몇 달러는 싸게 살 수 있다고 했다.
따분한 사업을 한다	워런 버핏이나 이 책에 나온 다른 천재투자자들처럼 린치도 기술주는 쳐다보지도 않았다. 어떤 기업이 이익도 많이 나고 대차대조표도 건전하며 따분한 사업을 벌인다면 어떨까? 헐값에 이런 회사 주식을 살 수 있는 기회는 언제나 있다.

혐오스런 사업을 한다	동물 내장 부산물이나 기름이 잔뜩 묻은 자동차부품을 세척하는 기계를 제조하는 회사 등
분사한 회사	대규모 모기업은 분사한 기업이 곤경에 처해서 모회사의 평판에 흠집을 내는 것을 원하지 않는다. 따라서 분사하는 회사는 대개 대차대조표가 건전하고 독립된 회사로 성공할 요건을 잘 갖추고 있다.
기관투자가가 보유하지 않고, 애널리스트가 조사하지 않는 회사	기관투자가가 거의 보유하지 않는 주식, 애널리스트가 방문한 적이 없거나 잘 알지 못하는 종목. 이를 '전파탐지 영역 밖으로 날아오르는 종목'이라고 부르는데 이들 종목을 싸게 살 수 있으니 좋은 일이다.
유독 폐기물이나 마피아와 관련됐다고 소문난 회사	그 종목을 둘러싸고 소문이 돌고 있는 회사는 싸게 살 수 있다. 유독 폐기물이나 마피아와 관련되었다는 소문이 돌고 있는 기업이 예다. 더 좋은 것은 '마피아가 유독폐기물 처리기업을 운영한다'고 소문난 회사다.
음울한 사업을 하는 회사	장의사 사업이 좋은 예다. 월가가 유독폐기물 외에 또 무시하는 대상이 있다면, 그것은 죽음 관련 업종이다.
성장 정체 업종	이런 회사는 투자전문가의 주의를 끌지 못하기 때문에 전파탐지에 잡히지 않는다.
틈새시장을 확보한 회사	틈새시장을 확보한 회사도 경쟁이 거의 없기 때문에 좋다.
사람들이 꾸준히 제품을 구입하는 회사	의약품, 청량음료, 면도날, 담배를 만드는 회사에 투자한다. 사람들은 이들 회사의 제품을 꾸준히 살 수밖에 없다.
기술을 사용하는 회사	기술의존도가 높은 회사는 그 기술로 원가를 절감한다. 동시에 기술에 대한 대가가 들어오면 그것 역시 혜택이다.
내부자가 주식을 매수하는 회사	회사 내부자가 자신의 돈으로 주식을 매수하는 것보다 성공 가능성이 더 높은 회사는 없다.
자사주재매입을 하는 회사	기업이 자사주재매입을 하면 주식을 매입한 만큼 유통주식수가 줄어들어 주당순이익이 마치 마술처럼 증가하고 이는 순차적으로 상당한 영향을 미친다.
쉽게 이해할 수 있는 회사	린치는 사업 내용이 간단해서 경영진이 똑똑하지 않아도 기업을 망치지 않을 그런 기업을 선호했다.

린치의 일반적인 투자법에 하나 더 덧붙일 중요한 내용이 있는데, 이것은 우리가 살펴본 다른 천재투자자들과도 많이 겹친다. 이론으로는 간단하지만 실제로 투자자가 실행하기에는 가장 힘든 것 중 하나이기도 하다. 아주 뛰어난 투자자라 해도 주식시장을 단기적으로 예측하기는 어렵다. 그러나 장기적으로 주식은 다른 어떤 투자도 따라오지 못할 정도로 많이 오른다는 것을 린치는 잘 알고 있었다. 린치의 철학! 시장에 오래 머무른다면 이익을 얻을 수 있다. 시장을 들락날락하면 기회를 놓쳐버릴 뿐이다.

시장이 단기적으로 급등세를 기록하고 우량주의 가치가 떨어질 때면 매도하고 싶어지는데, 이런 매도 유혹에 무릎 꿇지 않아야 한다. 물론 쉽지 않은 일이다. 그러나 린치는 "주식시장에서 돈을 버는 가장 중요한 비결은 절대 두려워해서는 안 된다는 점"이라고 말했다. 또 린치는 PBS와 한 인터뷰에서 이렇게 말했다. "돈을 주식에 묻어놓고 1~2년 사이에 이익을 기대하는 것은 카지노에서 빨강 칩이나 검정 칩에 배팅하는 것과 다르지 않다. 시장이 1년, 2년에 어떻게 될지는 아무도 모른다."

피터 린치의 투자노트

자, 이제 핵심을 찔러보자. 린치는 도대체 종목을 어떻게 골랐을까? 앞에서 이미 언급했듯이 린치는 종목을 6개 유형으로 나누었다. 고성장주, 대형우량주, 저성장주, 경기순환주, 회생주, 자산주다. 6개 유형 각각

나름대로 의미를 갖지만 린치는 주로 고성장주, 대형우량주, 저성장주에 초점을 맞추었다.[3)]

고성장주

린치가 가장 좋아하는 유형이다. 이런 회사는 주당순이익(EPS)이 연 20% 이상 장기적으로 성장한다. 상당히 직설적으로 보이기도 하지만 잘 해석해야 할 여지가 있다. 예를 들어 린치는 성장률을 계산하는 데 어떤 시간의 틀을 사용해야 하는지 말하지 않는다. 3년? 5년? 어떤 회사의 장기성장 역사를 가장 잘 그리려면 3년, 4년, 5년 주당순이익 성장률을 평균해 사용하면 된다.

대형우량주

대형우량주는 연간 주당순이익 성장률이 10~19%인 회사다. (역시 3년, 4년, 5년 주당순이익의 평균을 사용한다.) 그리고 매출이 수십억 달러는 되어야 한다.[4)]

---

3) 이 3가지 주요 유형을 분석할 능력이 있으니 여기에 초점을 맞추되 다른 타입도 보유할 이유가 충분히 있다는 사실을 잊지 않도록 한다. 특히 린치는 회생주에서도 매우 좋은 결과를 거두었으며, 다른 유형도 포트폴리오에 많이 편입시켜서 보유했다. 하지만 경기순환주, 회생주, 자산주는 무척 복잡하고 평가할 자료를 구하기도 쉽지 않다.

4) 린치는 고성장주에 대해서는 자주 말했지만 대형우량주에 대해서는 책에서만 강조했다. 월마트나 홈데포 같은 고성장주가 결국 대형우량주가 될 것이기 때문이다. 양호한 성장잠재력을 지닌 준비된 기업으로서 대형우량주를 검토해보라.

저성장주

저성장주는 주당순이익 성장률이 연 10% 이하다. (고성장주나 대형우량주 계산 때와 같은 방법으로 계산한다.) 저성장주는 대형기업이며 연륜이 오래되었는데 배당을 지급하며 GNP보다 약간 빨리 성장한다. 린치는 저성장주보다는 고성장주와 대형우량주에 초점을 맞추었다. 만약 린치가 저성장주에 투자한다면 그 이유는 주로 배당 때문이었다.

:: 3가지 유형 구분하기 ::

고성장주	EPS 성장률 ≥ 20%
대형우량주	10% ≤ EPS 성장률 〈 20%
저성장주	EPS 성장률 〈 10%

종목의 유형을 분류할 때, 린치가 각각 다른 판단기준을 사용했기 때문에 필자는 이번 분석에서 판단기준을 3가지 파트로 나누었다. Part 1은 린치가 유형에 관계없이 모든 종목에 적용한 판단기준이다. Part 2는 위 3가지 유형 각각에 해당하는 판단기준이다. 마지막으로 Part 3은 유형에 상관없이 모든 종목에 적용하는 보너스 판단기준이다.

그러므로 예를 들어 고성장주를 분석한다고 하면 우선 Part 1 전 종목에 해당하는 테스트를 한다. 그다음 Part 2에서 '고성장주' 제목이 붙어 있는 부분의 테스트를 한다. 그리고 마지막으로 Part 3에서 해당종목이 보너스 판단기준을 통과하는지 본다.

:: 피터 린치의 종목선정 체크리스트 ::

<table>
<tr><th></th><th></th><th colspan="4">통과</th><th colspan="2">탈락</th></tr>
<tr><td rowspan="6">1
전 종목에
해당</td><td>① 이익성장률
(고성장 주, 대형우량주)</td><td>0 초과하고
0.5 이하
(가장 좋음)</td><td colspan="3">0.5 초과하고 1 이하</td><td colspan="2">1 초과</td></tr>
<tr><td>② 재고 대
판매비율 변화[5)]</td><td>–
(가장 좋음)</td><td colspan="2">0</td><td>5% 이하
(최저요건)</td><td colspan="2">5% 초과</td></tr>
<tr><td rowspan="2">③ 총부채비율[6)]</td><td colspan="2">30% 미만
(가장 좋음)</td><td colspan="2">50% 이상이고
80% 미만 (보통)</td><td colspan="2" rowspan="2">80% 이상이고
유틸리티 기업 이외</td></tr>
<tr><td colspan="2">30% 이상이고
50% 미만 (평균)</td><td colspan="2">80% 이상이고
유틸리티 기업</td></tr>
<tr><td>④ 단순자기자본
비율</td><td colspan="2">5% 이상</td><td colspan="2">13.5% 이상
(가장 좋음)</td><td colspan="2">5% 미만</td></tr>
<tr><td>⑤ 총자산수익률
(금융업종만)</td><td colspan="4">1% 이상</td><td colspan="2">1% 미만</td></tr>
<tr><td rowspan="6">2
유형에
따른
테스트</td><td>⑥ 고성장주의 PER</td><td colspan="4">매출이 10억달러 초과하고
PER가 40 이하</td><td colspan="2">매출이 10억달러 초과
하고 PER가 40 초과</td></tr>
<tr><td>⑦ 고성장주의
EPS 성장</td><td colspan="2">20% 이상이고
25% 이하
(가장 좋음)</td><td colspan="2">25% 초과하고
50% 이하</td><td colspan="2">50% 초과</td></tr>
<tr><td>⑧ 대형우량주의
매출</td><td colspan="4">19억달러 이상</td><td colspan="2">19억달러 미만</td></tr>
<tr><td>⑨ 대형우량주의
EPS</td><td colspan="4">0 초과</td><td colspan="2">0 이하</td></tr>
<tr><td>⑩ 저성장주의 매출</td><td colspan="4">10억달러 이상</td><td colspan="2">10억달러 미만</td></tr>
<tr><td>⑪ S&P500 배당수
익률과 비교한 배당
수익률(저성장주)</td><td colspan="4">S&P500 배당수익률 이상이고
3% 이상</td><td>3% 미만</td><td>S&P500 배
당수익률 미
만이고 3%
이상</td></tr>
<tr><td rowspan="2">3
보너스
판단기준</td><td>⑫ 주가 대비 주당
잉여현금흐름비율</td><td colspan="4">35% 이상(보너스)</td><td colspan="2">–</td></tr>
<tr><td>⑬ 주가 대비 주당
순현금흐름비율</td><td>30% 이상,
40% 미만
(보통)</td><td colspan="2">40% 이상,
50% 미만
(좋음)</td><td>50% 이상
(가장 좋음)</td><td colspan="2">–</td></tr>
</table>

5) 금융업종, 서비스업종 회사는 해당사항 없음

6) 금융업종, 서비스업종 회사는 해당사항 없음

1| Part 1 : 전 종목에 해당하는 테스트

종목이 고성장주, 대형우량주, 저성장주 어느 것이든 린치가 적용한 가장 중요한 테스트는 이익성장률(PEGR)이다. 물론 이익성장률만이 그가 모든 종목의 유형을 분류하는 데 사용한 테스트는 아니다. 린치가 이익성장률과 그 외 중요한 테스트를 어떻게 적용했는지 알아보자.

① 이익성장률

린치는 싼값에 팔리는 성장주를 골라내기 위해 그 유명한 이익성장률을 사용했다. 이 전략을 GARP[7] 투자법이라고 한다. 어떤 종목의 이익성장률을 구하려면 주가수익률을 과거의 성장률로 나눈다.

이 방법의 이론적 근거는 이렇다. 어떤 종목이 이익이 급속하게 늘어날수록 투자자가 감당할 수 있는 주가수익률은 더 높아진다. 이익성장률은 낮을수록 더 좋은데, 투자자들의 투자에 비해 이익성장이 더 크다는 것을 의미하기 때문이다.

대형우량주와 저성장주의 경우, 린치는 이익성장의 성장 몫을 배당수익률에 맞추었는데, 이러한 종목은 배당성향이 높기 때문이다. 계산은 그냥 성장률에 배당수익률을 더하면 된다. 예를 들어 어떤 종목의 성장률이 15%이고 배당수익률이 3%라면 성장은 18이 된다.

② 재고 대 판매비율 변화

린치가 종목을 평가할 때 사용한 또 다른 변수는 매출에 대한 재고비율이다. 여기서 매우 중요한 사항이 나온다. 재고에 대한 린치의 견해는 무척 상식적인 것인데, 다른 천재투자자들은 재고를 언급하지 않았다.[8] 린치는 재고가 매출보다 더 빠르게 늘어날 때 위험 신호로 보았다. 쌓이는 재고는 제품 수요가 예상치를 밑돈다는 것을 의미한다. 우리 린치 모델에 서는 최대 5%까지 허용하는 것으로 해석한다.[9]

가장 중요한 사항을 알아두라. 만약 재고가 매출만큼 늘어나지 않거나, 매출과 거의 비슷하거나, 매출보다 조금만 늘어난다면 이 회사는 테스트를 통과한다. 그러나 재고가 매출보다 훨씬 빠른 속도로 확실히 늘어나면 이 기업은 테스트를 통과하지 못한다.

③ 총부채비율

린치는 보수적으로 자금을 조달하는 기업을 선호했는데, 이는 부채비율을 통해 판단했다. 어떤 기업의 부채가 지분의 80% 미만이면 통과다. 부채비율이 80% 이상이면 탈락이다. 여기에는 몇 가지 단계적 변화가 있다는 것을 잊지 마라. 부채비율이 낮을수록 더 좋다. 린치는 지분에 대한 부채가 50% 이하인 기업을 선호했다.

금융기관이나 유틸리티 회사 등은 사업 성격상 부채규모가 클 수밖에 없다. 유틸리티 기업의 경우 부채비율이 80%가 넘어도 받아들일 수

---

7) Growth At a Reasonable Price. 합리적인 가격에 기반한 성장.

8) 재고 대 판매 기준은 서비스회사나 금융회사 같은 비제조업 기업에는 적용되지 않는다.

9) 즉 전년도에서 금년까지 재고 대 판매비율이 최대 5%까지는 늘어나도 괜찮다. 어떤 기업의 재고 대 판매비율이 1년에 10%라고 한다면 그다음 해에는 15%를 넘지 않아야만 테스트를 통과한다.

있다. 금융기관의 경우 린치는 다른 판단기준을 고려했는데, 이것이 린치만의 독특한 점이다. 다른 천재투자자들도 부채가 낮은 기업을 선호했지만 그렇다고 성격상 부채를 많이 안고 갈 수밖에 없는 회사에 대해 별도로 고려하지는 않았다.

④, ⑤ 금융업종 비율

린치가 금융업종 종목에 적용한 기준이다. 단순자기자본비율(equity-to- assets ratio)은 재무건전성을 측정하고, 총자산수익률(ROA)[10]은 이익 가능성을 측정한다.

2| Part 2: 유형에 따른 테스트

자, 이제 린치가 유형별(즉 고성장주, 대형우량주, 저성장주)로 적용한 각각의 변수로 넘어가보자. 유형에 따라 다음에서 적합한 부분을 찾아 추가 테스트를 해본다.

⑥ 고성장주의 주가수익률(PER)

만약 고성장주의 매출이 10억달러를 초과하고 주가수익률이 40 이하라면 통과다. 만약 주가수익률이 40 이상이고 대형기업이라면 주가수익률을 지탱하기 위한 성장이 웬만큼 높아서는 안 되기 때문에 곤란하다. 소형기업이라면 기업이 성장하는 동안에는 주가수익률이 높아도 큰

10) Return on Assets. 당기순이익÷총자산X100 – 옮긴이

문제가 없다. 그러나 매출이 10억 달러 이하인 고성장주는 주기수익률 최고한도에 제한이 없다.

⑦ 고성장주의 주당순이익(EPS)성장

린치는 고성장주를 선호했지만 성장이 너무 커도 문제라고 보았다. 어떤 기업의 과거성장률이 50% 이상이면 린치는 그런 종목은 피했다. 그렇게 성장이 높으면 장기적으로 그런 성장을 유지할 수 없기 때문이다. 대개 연간 50% 이상 성장하는 기업은 과열업종에 속해 있다. 이미 모든 사람이 알고 있고 또 그런 종목은 이미 가격이 과대평가되어 있으므로 린치는 그런 종목을 피했다. 린치는 장기성장이 20~50% 정도면 받아들일 수 있고, 20~25%가 적합하다고 보았다. 린치는 이 정도의 성장률이라면 계속 유지할 수 있을 것으로 생각했다.

▪ 고성장주에 대한 린치의 Tip ▪

- 어떤 기업이 한 도시에서 이룩한 성공을 다른 도시로 복제해나가는지 볼 것.
- 해당 기업이 성장의 여지가 있는지 볼 것.
- 확장이 늘어나는 추세인가 아니면 줄어드는 추세인가? 코카콜라나 질레트처럼 소비자들이 꾸준히 구입하는 제품이 아니라 소니의 플레이스테이션처럼 '단발성 구입'으로 인한 매출인지 살펴볼 것.
- 기관투자가가 거의 매수하지 않았고, 그 회사에 대해 들어본 애널리스트가 몇 명 안 된다면 아주 좋다. 그 회사에 대해 아는 사람이 적을수록 더 좋은데, 그것은 곧 그 종목이 과소평가되었다는 이야기다.

⑧ 대형우량주의 매출

어떤 종목의 이익성장률이 10~20%이고 연간 매출이 20억 달러 이상이라면 대형우량주가 맞다. 매출이 19억 달러 이하라면 대형우량주라고 보기 어려우므로 그냥 무시해버린다.

⑨ 대형우량주의 주당순이익

린치는 대형우량주가 이익을 내기를 바랐으며, 이 말은 최근 12개월의 주당순이익이 플러스여야 한다는 것을 의미한다. 돈을 벌지 못하거나 손해를 본다면 테스트를 통과하지 못한다.

⑩ 저성장주의 매출

린치는 저성장주가 대형기업인 것을 선호했다. 어떤 기업의 연 매출이 10억 달러 이상이라면 통과다. 10억 달러 미만이라면 탈락이다.

⑪ S&P500의 배당수익률과 비교한 배당수익률(저성장주)

린치가 저성장주에 적용한 판단기준은 배당수익률을 S&P500의 배당수익률과 비교하는 것이다. S&P500보다 높으면 통과하고 낮으면 통과하지 못한다. 최저 배당수익률 기준은 3%다. 저성장주에 투자하는 가장 큰 이유는 배당수익률 때문이다. 배당수익률이 너무 낮으면 S&P500의 배당수익률에 관계없이 보유할 가치가 없다. 3% 이하도 역시 가치가 없다.

3| Part 3: 보너스판단기준

아래 2가지 판단기준은 강제는 아니다. 린치는 이것을 보너스로 생각했다. Part 1과 2에 나와 있는 모든 종목을 대상으로 한다.

⑫ 주가 대비 주당 잉여현금흐름비율

현금흐름은 사업의 결과로 회사가 벌어들이는 돈의 양이다. 모든 기업이 현금을 가지고 있다. 기업을 구분하는 특징적인 요소는 현금흐름을 가져오는 데 회사에 따라 돈을 더 많이 쓰는 기업이 있다는 사실이다. 바로 이 때문에 잉여현금흐름을 강조하는데, 린치는 이것을 '일상적인 자본적 지출 후에 남은 것'이라고 정의한다.

현금흐름 = 영업이익 + 무형자산상각 + 감가상각 –
자본재 구입에 들어간 금액

잉여현금흐름은 많을수록 더 좋다. 린치는 주당 잉여현금흐름을 주가와 비교했다. 주가가 20달러인 기업을 예로 들었다. 주당 총현금흐름이 10~11달러이고 자본적지출 후에 남은 돈 (잉여현금흐름)이 7달러다. 잉여현금흐름 7달러를 주가인 20달러로 나누면 35%가 되는데, 이 정도면 잉여현금흐름이 높은 편으로 흥분되기 시작하는 숫자다. 이것이 반드시 필요한 판단기준은 아니지만, 잉여현금흐름이 주가의 35% 이상이라면 보너스를 줄 수 있다.

⑬ 주가 대비 주당 순현금흐름비율

린치는 대차대조표에 나온 '현금 + 쉽게 현금화할 수 있는 유가증권에서 장기부채를 뺀 순현금'이 많을수록 좋다고 했다. 만약 어떤 기업의 주식이 30달러로 거래되고 주당 순현금이 9달러(30%)면, 그런대로 괜찮다. 순 현금이 12달러(40%)면 매우 매력적이다. 15달러(50% 이상)고 다른 판단기준을 통과한다면 전 재산을 털어서 투자하라.

피터 린치의 투자수익률

다음 표는 피터 린치가 1977년부터 1992년까지 실제로 투자한 수익률이다.

:: 피터 린치의 실제 투사수익률 ::

연도	피터 린치	S&P500	연도	피터 린치	S&P500
1977	12.7%	−7.4%	1985	34.2%	31.6%
1978	29.5%	6.4%	1986	7.7%	18.6%
1979	49.8%	18.2%	1987	−17.6%	5.1%
1980	64.6%	32.3%	1988	20.5%	16.6%
1981	−22.6%	−5.0%	1989	23.9%	31.7%
1982	−1.3%	21.4%	1990	−9.9%	−3.1%
1983	82.8%	22.4%	1991	27.2%	30.5%
1984	−10.1%	6.1%	1992	−8.2%	7.6%

피터 린치의 기준으로 현재까지 투자한다면?

2003년 7월 15일 실적을 추적한 이후 린치의 방법을 사용했을 때 최고의 점수를 기록한 종목을 포함해 10개 종목 포트폴리오는 73.5%의 수익(연간11.6%)을 거두어 S&P500이 거둔 21.4%(연간 4.0%)의 3배를 기록했다. 변동성은 S&P500보다 조금 더 높았다.(시장의 베타가 1.0인 데 비해 이 포트폴리오의 베타는 1.15였다.) 하지만 수익을 고려해볼 때 변동성이 조금 더 높은 것은 나름대로 충분히 가치가 있다. 20개 종목 포트폴리오는 성적이 더 좋았다. 설정 이후 88.8%의 수익률을 기록했으며 (연간 13.5%), 베타는 10개 종목과 거의 비슷한 1.18이었다.

10개 종목 포트폴리오에서 가장 성적이 좋은 해는 2004년으로 34.7%의 수익률을 거두어서 S&P500의 9.0%와 비교된다. 가장 성적이 나쁜 해는 2007년으로서 -13.5%를 기록한 반면 S&P500은 3.5%였다. 20개 종목 포트폴리오가 최고 성적을 거둔 해는 2004년으로 24.8% 수익률이었으며 S&P500은 9.0%였다. 가장 성적이 나쁜 해는 2007년으로 S&P500의 3.5%에 비해서는 낮지만 그래도 1.1% 수익을 거두었다.

린치 자신의 투자법과 우리 전략의 차이점은, 우리는 기술주 섹터를 허용했다는 것이다. 그레이엄이나 버핏처럼 린치도 기술주는 너무 위험하다고 생각해서 한발 물러나 있었다. 1980년대에는 그 생각이 맞았지만, 오늘날 기술주는 우리 경제에 큰 부분을 차지하고 있고 많은 기술주가 일관되게 성공 기록을 수립했다. 이런 이유로 린치 시대의 기술주보다는 위험도 상당히 낮아져서, 우리는 투자 옵션에 기술주를 편입시키는 것이 적합하다고 보았다.

:: 피터 린치의 투자법으로 투자할 경우 예상수익률 ::

	10개 종목 포트폴리오	20개 종목 포트폴리오	S&P500
설정일	2003.7.15	2003.7.15	2003.7.15
2003	39.6%	38.0%	11.1%
2004	34.7%	24.8%	9.0%
2005	8.4%	10.1%	3.0%
2006	23.3%	20.5%	13.6%
2007	−13.5%	1.1%	3.5%
2008.07	−20.2%	−18.3%	−17.3%
총수익률	73.5%	88.8%	21.4%
연수익률	11.6%	13.5%	4.0%
최고의 해	34.7% (2004)	24.8% (2004)	13.6% (2006)
최악의 해	−13.5% (2007)	1.1% (2007)	3.0% (2005)
베타	1.15	1.18	1.0
정확성	57.1%	58.7%	N/A

☑ 피터 린치의 주요투자원칙

고성장주

- 주당순이익 성장률이 20~50%인 종목
- 이익성장률이 1.0 이하
- 한곳에서 성공요령을 터득한 다음 이 성공공식을 다른 도시로 복제해서 확산시켜나 가는지 보라.
- 부채비율이 80% 이하인 종목 (금융업종이나 유틸리티 회사는 면제)
- 금융회사 중 자기자본비율이 최하 5%이며 총자산이익률이 최하 1%
- 확장이 속도를 내는지 서서히 줄어드는지 볼 것. 매출이 단발성으로 끝나는지 아니면 고객이 끊임없이 구매하는 제품인지 주목하라.
- 매출이 10억 달러 이상이며 PER가 40 이하일 것. 매출이 10억 달러 이하면 PER 제한은 없다.
- 재고 대 매출비율은 줄어들어야 하며 증가하더라도 약간이어야 한다.
- 기관투자가가 보유하지 않은 종목을 찾고, 애널리스트들은 거의 알지 못하는 종목을 찾는다.
- 주가 대비 주당 잉여현금흐름비율과 주가 대비 주당 순현금흐름비율이 높다면 보너스 점수를 준다.

대형우량주

- 주당순이익 성장률이 10~20%여야 한다.
- 매출이 수십억 달러 범위에 있어야 한다.
- 수익률 조정 후 이익성장률이 1.0 이하인 종목을 찾는다.
- 주당순이익이 플러스여야 한다.
- 부채비율이 80% 이하인 종목을 찾는다.(금융회사와 유틸리티 회사는 제외)
- 금융회사의 경우 자기자본비율이 적어도 5%, 그리고 총자산수익률이 적어도 1%

- 재고 대 판매비율은 줄어들어야 하며 증가하더라도 약간 정도여야 한다.
- 주가 대비 주당 잉여현금흐름비율과 주가 대비 주당 순현금흐름비율이 높다면 보너스 점수를 준다.

저성장주

- 주당순이익 성장률이 10% 이하
- 매출이 10억 달러 이상이어야 한다.
- 수익률 조정 후 이익성장률이 1.0 이하인 종목을 찾는다.
- 배당수익률이 S&P500 평균보다 높아야 하며 적어도 3%는 되어야 한다.
- 부채비율이 80% 이하인 종목을 찾는다.(금융회사와 유틸리티 회사는 제외)
- 금융회사의 경우 자기자본비율이 적어도 5% ,그리고 총자산수익률이 적어도 1%
- 재고 대 판매비율은 줄어들어야 하며 증가하더라도 약간 정도여야 한다.
- 주가 대비 주당 잉여현금흐름비율과 주가 대비 주당 순현금흐름비율이 높다면 보너스 점수를 준다.

CHAPTER 08

주가매출액비율 개척자 케네스 피셔Kenneth Fisher

배움은 늘 반역이다.
새로 발견한 진리는 모두 지금까지 믿어온 것에 반기를 들어서 나온 것이다.
– 마가렛 리 런베크 –

:: 케네스 피셔의 투자전략 ::

투자실적	1995~2007년까지 피셔 투자운용사의 '글로벌 토털 리턴 펀드'는 연간수익률 13.0%로 S&P500의 11.3% ,MSCI 세계업종지수의 9.1%를 모두 앞질렀다. 또 〈포브스〉 칼럼니스트로서 피셔가 고른 종목은 1996~2005년까지 연평균수익률 11.7%를 기록해서 S&P500 수익률 6.8%를 앞질렀다.
위험	피셔의 최초 투자방법을 사용하는 것은 중간 정도의 위험을 동반하는데, 피셔 투자법의 핵심요소인 주가매출액비율이 시간이 흐름에 따라 인기를 끌 수도 있고 잃을 수도 있기 때문이다.
투자기간	장기간 보유할 것으로 예상하지만, 그렇다고 무한정은 아니고 5~10년 정도 보유한다.
노력	상대적으로 낮다.

케네스 피셔는 누구인가?

주가매출액 비율을 고안한 이단아

주식시장을 조금이라도 아는 사람이라면 틀림없이 주가수익률(PER)이라는 용어를 들어본 적이 있을 것이다. 주가수익률은 수십 년간 가장 자주 쓰인 증권분석 비율이다. 주가수익률은 주가를 이익으로 나눈 값으로, 투자한 액수가 얼마나 이익을 내는지 알 수 있다. 앞에서 살펴본 벤저민 그레이엄, 존 네프, 데이비드 드레먼, 그리고 피터 린치도 주식 분석방법의 하나로 주가수익률을 활용했으며, 일간지 증권시황에 유일하게 게재되는 지표가 바로 주가수익률이다.

하지만 다들 한 가지만 주시하고 있을 때 케네스 피셔는 다른 곳으로 눈을 돌려 상당한 이익을 올렸다. 피셔는 투자자 대부분이 이익을 기준으로 삼는 주가수익률에 치중하지만 주가수익률의 유용성에는 큰 허점이 있다고 보았다. 우량기업이라도 이익이 해마다 크게 오르내릴 수 있기 때문이다. 설비나 공장시설을 개보수하기로 했다거나, 미래이익을 창출하기 위해 새로운 연구에 착수하기로 했다거나, 회계 처리 방법을 변경한 것 등 모두 어느 한 시기의 이익을 다음 시기의 손실로 돌릴 수 있다. 기업의 사업이 내놓는 성과가 좋든 나쁘든, 장기적으로는 이런 일이 실제로 일어날 수 있다는 점이 중요하다.

피셔는 좋아졌다 나빠졌다 하는 이익과 달리 매출은 훨씬 더 안정적이라고 보았다. 솔직히 피셔가 슈퍼 컴퍼니(super company)[1)]라고 부르는 회사의 매출은 큰 폭으로 떨어지는 경우가 거의 없다. 그 때문에 피셔는 주식의 가치를 재는 새로운 지표를 고안해냈다. 바로 주가매출액비율(PSR)이다. 이것은 해당종목의 시가총액을 총매출액으로 나눈 것이다.

피셔의 이 혁신적인 이론은 증권시장에 큰 뉴스가 되었다. 피셔의 주가매출액비율은 중요한 지표가 되었으며 피셔는 투자세계에 제국을 건설했다. 〈포브스〉에는 2007년 현재 18억 달러 재산가인 피셔가 미국 300대 부자 안에 든다는 내용이 나온다. 피셔가 운용하는 자산운용회사 '피셔 인베스트먼트'는 450억 달러의 자산을 운용한다. 그와 더불어 피셔는 〈포브스〉 역사상 가장 오랜 기간 칼럼을 쓰고 있는 칼럼니스트이며 투자 관련 서적도 여러 권 집필했다. 피셔는 증권시장의 이단아이기는 하지만, 단지 주가매출액비율을 만들었다고 해서 갑자기 유명해진 것은 아니다.

쟁쟁한 투자자집안 출신

우리가 살펴본 천재투자자들 대부분이 어려운 집안 출신이지만 피셔는 쟁쟁한 투자자집안 출신이다. 아버지 필립 피셔는 '성장투자의 아버지'로 불리는 사람이다. 필립 피셔가 1958년에 쓴 책 《위대한 기업에 투자하라》는 성장투자의 바이블로 통하며 투자 관련 책으로는 사상 처음으로 〈뉴욕 타임스〉 베스트셀러에 오르기도 했다. 얼마나 영향이 컸을까? 젊은 시절 워런 버핏은 이 책에 너무 심취한 나머지 필립 피셔를 만나러 캘리포니아까지 갔으며 필립 피셔의 전략을 하나에서 열까지 그

1) 3~5년 사이에 주가가 3~10배로 오를 수 있는 회사

대로 받아들였다.

1950년 11월 29일 태어난 케네스 피셔는 처음에는 아버지와 달리 임업을 전공하고 싶어했다. 집안의 압력으로 가업을 이어받기는 했지만 임업 관련 내용이 그의 투자경력에 일정 역할을 한 것은 사실이다. 이 내용은 뒤에 나온다.

캘리포니아 주립대학(현재 훔볼트 주립대학)을 졸업한 피셔는 아버지가 하던 일을 돕는다. 아버지를 존경했지만 함께 일하는 동안 부자간에 사이가 썩 좋은 것은 아니었다. 〈밀리어네어 매거진〉에 기고한 기사에서 피셔는 아버지와 함께 일한 경험을 이렇게 이야기했다. "내가 머릿속에 그리고 있던 것이 잘 들어맞는 느낌은 아니었다. 아버지와 함께 일하기 시작했을 때 아버지 연세는 이미 예순다섯이었다. 그래서 그런지 평생의 경험을 통해 바라보는 시각이 무척 보수적이었다. 당시 아버지는 변화에 큰 관심이 없었고, 나는 굉장히 반항적이었다." 그럼에도 불구하고 피셔는 아버지로부터 많은 것을 배운다. 피셔의 홈페이지에는 이런 문구가 있다. "아들 피셔는 아버지 피셔가 전문적으로 훈련시킨 증권업계의 유일한 전문투자자다."

숲을 사랑해 숲속에다 회사를 차리다

오늘날 피셔가 운용하는 자산운용사의 자산은 450억 달러에 달하며 〈포춘〉 500대 기업, 각종 재단, 각종 기부금 펀드, 그리고 수천 명의 고소득 투자자를 주요 고객으로 삼고 있다. 도심에서 떨어진 숲속에서 일하는 것도 피셔의 반항적인 기질을 그대로 드러낸다. "금융업종에 종사하는 사람들의 생각은 놀라울 정도로 서로 비슷합니다. 도심에 회사가 있으면 아무래도 주변 사람들로부터 영향을 받게 되고 생각도 비슷해질 수밖에 없어서 고유한 문화를 쌓기가 현실적으로 무척 어려워요. 이렇게 도심에서 떨어진 곳에 있으니까 기업의 정체성과 독특한 기업문화를 쉽게 쌓을 수 있는 것 같습니다."라고 〈밀리어네어 매거진〉과 한 인터뷰에서 말했다.

1973년 피셔는 아버지를 떠나 자신의 투자회사 피셔 인베스트먼트를 캘리포니아 우드사이드에 설립했는데, 이곳은 도심의 금융가에서 멀리 떨어진 산림보존지구 근처다. 젊었을 때부터 숲을 좋아한 피셔는 직장과 집을 숲속에 마련했다. 그는 벌채 역사에 관한 자료도 많이 모았다. 훔볼트 주립대학 홈페이지에는 피셔가 19세기 벌채 역사의 세계적인 전문가이며 산타크루즈산맥 북부에 버려진 벌채 캠프 35곳에 대한 기록을 정리 한 사람도 피셔라고 나와 있다. 2006년 피셔는 출신 대학에 '레드우드 숲 생태학' 과정을 개설하기도 했다. 우드사이드에서만 40년 넘게 살아온 피셔는 아내 셀린, 이미 성장한 세 아들과 살고 있으며, 아들 가운데 한 명은 십 대에 이미 '십 대를 위한' 투자 책을 쓰기도 했다.

탁월한 칼럼니스트로도 활약

피셔는 펀드매니저로서 실적도 탁월하지만 〈포브스〉에 오랜 기간 칼럼을 써온 것으로도 유명하다. 1984년부터 '포트폴리오 전략'이라는 고정칼럼을 쓰고 있는데, 이는 〈포브스〉 역사상 네 번째의 장기 칼럼니스트다. 게다가 〈파이낸셜 애널리스츠 저널〉, 〈포트폴리오 관리·연구 저널〉

에도 글을 많이 쓴다.

피셔는 《슈퍼 스톡스》(1984) 이후 《90개 차트로 주식시장을 이기다》(1987), 《시장을 뒤흔든 100명의 거인들》(1993), 《3개의 질문으로 주식시장을 이기다》(2006) 등을 썼다. 《3개의 질문으로 주식시장을 이기다》는 피셔의 최근 투자전략을 자세히 소개한 책으로, 《슈퍼 스톡스》이후 그의 투자 법이 약간 진화했음을 알 수 있다. 하지만 피셔의 전략은 무척 간단해 상당 수준 정량화가 가능하다. 피셔의 전략을 토대로 우리가 만든 모델은 지난 5년간 가장 뛰어난 성과를 냈는데, 이것은 현재에도 유효성이 입증된다는 것을 의미한다.

케네스 피셔의 투자철학

혁명적 투자법인 주가매출액비율 투자의 시작

저평가된 종목을 고르기 위해 피셔가 왜 그렇게 주가매출액비율(PSR)을 철저히 신뢰했는지 이해하려면 피셔가 '사소한 결함'이라고 이름 붙인 것을 먼저 이해할 필요가 있다. 다른 천재투자자들과 마찬가지로 피셔 역시 투자자의 심리를 연구한 사람이다. 그는 투자자들이 큰 성장을 보인 기업에 비현실적이다 싶을 정도로 높은 기대를 갖는 점에 주목했다. 이러한 기대주가 후퇴(이익이 줄거나, 성장은 하지만 투자자의 기대에는 못 미치는)하게 되면 투자자는 이 종목이 자칫 방향을 잃고 헤매게 될지 모른다고 우려해서 과민반응한 나머지 매도하게 되고 이에 따라 주가가 급락할 수 있다.

하지만 투자자들이 과민반응한다고 해도 피셔는 이러한 '사소한 결함'이야말로 기업이 성숙해가는 과정이라고 믿었다. 훌륭한 경영진이 운영하는 우량기업은 문제를 발견하면 이를 해결하고 계속 앞으로 나아간다. 이런 과정을 통해 회사의 이익과 주가는 또 한 번 오르게 된다. '사소한 결함' 때문에 이익과 주가가 떨어지는 종목을 매수한다면, 방향을 제대로 잡아 투자자가 다시 돌아올 때까지 가지고 있기만 해도 큰돈을 벌 수 있다.

요점은, 기업의 이익이 유동적이고 심지어는 마이너스라는 이유로 월가에서 구석으로 밀어놓은 기업을 찾아내라는 말이다. 이런 과정을 통해 여러분은 반등에 성공할 후보를 찾을 수 있다.[2] 피셔는 매출과 주가매출액비율 지표를 통해 그런 종목을 찾을 수 있다고 생각했다.

이익 자리에 매출을 가져다 놓은 것을 제외하면 주가매출액비율은 주가수익률과 비슷하다. 주가매출액비율은 시가총액을 지난 12개월의 총매출로 나눈 것이다. 어떤 기업의 총가치 또는 시가총액을 계산하기 위해서는 주가에 총주식수를 곱하면 된다. 즉 기업을 통째로 산다고 생각했을 때 지불해야 하는 금액이라고 생각하면 된다.

예를 들어 주가가 20달러이고 발행주식수가 1,000만 주라면 시장가치 또는 시가총액은 20달러 X 1,000만 주, 즉 2억 달러다. 전년도 매출

2) 손실이 나서 이익이 없는 회사는 주가수익률로 평가할 수 없다는 사실을 명심하라.

이 2억 5천만 달러라면 주가매출액 비율은 0.80이다.(2억 달러 ÷ 2억 5천만 달러 = 0.80)

이익보다 매출이 더 믿음직스럽다

피셔는 이렇게 말했다. "왜 주가매출액비율을 따져봐야 할까? 주가매출액비율이야말로 사업에 대한 인기를 나타내주는 것이니까. 매출 부분은 다른 어느 변수보다도 안정적이기 때문에 중요하다."

피셔의 요점은 다음과 같다. 좋은 기업을 비롯해 모든 기업의 이익은 꽤 변덕스럽지만 일류 사업일수록 매출은 좀처럼 줄지 않는다. 매출이 정체 상태를 보일 수도 있지만 그래도 이익에 비해서는 덜 변덕스러운 경향이 있다. 그러나 회계 관행 변경, 연구개발 투자규모 변동 등 기업의 성과를 제대로 예측하기 힘들게 하는 숱한 변수들로 인해 이익은 하루아침에 바뀔 수도 있다. 월가는 이익에만 초점을 두는 경향이 있어서 이익에 문제가 있는 기업을 무시하는데, 피셔는 바로 이 점 때문에 매출에 주목했다. 피셔는 이익에는 문제가 있지만 매출이 높은 기업은 매수할 가치가 있다고 보았다.

피셔는 저PSR 기업은 매출이익이 조금만 올라가도 이익이 큰 폭으로 늘어날 수 있으므로 이런 이익에 고무된 투자자가 주식을 매수하기 시작하면 주가는 오른다고 생각했다. 고PSR 기업은 이러한 지렛대 효과가 없다.

피셔는 또 기업전망을 평가할 때 원인에 초점을 맞추어야지 결과에 초점을 맞추어서는 안 된다고 생각했다. "요점이 무엇일까? 주식을 성공적으로 매수하려면 '결과'가 아니라 '원인'에 근거해서 주가를 매길 필요가 있다. 여기서 원인은 사업조건, 즉 매출을 가능하게 만드는 비용구조다. 이러한 원인에서 결과, 즉 이익, 매출이익 그리고 주당순이익(EPS)이 나온다."

주가매출액비율과 관련해 피셔의 일반적인 견해를 또 하나 들어본다. 피셔는 주당 얼마로 표시되는 숫자를 별로 좋아하지 않았다. 사업의 규모를 포함해 사업 전체에 초점을 맞추는 것이 더 중요하다고 생각했기 때문이다. 주가매출액비율에 관해 피셔는 3가지 규칙을 제시했다.

- 규칙 1 : 주가매출액비율이 1.5보다 큰 종목은 피하고 3이 넘는 종목은 절대로 매수하지 마라. 이것은 매출 1달러당 3달러를 지불하는 셈이다. 이런 고PSR 종목은 과대광고로 주가가 오를 수는 있어도 결코 내실 때문에 오르는 것이 아니다.
- 규칙 2 : 주가매출액비율이 0.75 이하인 종목은 공격적으로 보아라. 이런 주가매출액비율은 1달러 매출에 75센트를 지불한다는 의미다. 이런 종목이야말로 매수해야 할 종목이며 장기간 보유하고 있어야 한다.
- 규칙 3 : 바람직한 주가매출액비율, 즉 주가매출액비율이 0.75 이하인 종목을 매수했다면 주가매출액비율이 3까지 올랐을 때 매도하라.(단 위험을 많이 떠안고 싶지 않다면) 만약 위험을 즐기는 투자자라면 6 또는 그 이상이 되더라도 보유하라.

하지만 이런 규칙에도 몇 가지 예외가 있다. 예를 들어 피셔는 업종마다 여건이 조금씩 다를 수 있음을 알았는데, 그 가운데 하나가 기간산업 또는 굴뚝산업에 속한 종목이다. 이들 업종은 우리 일상생활에 꼭 필요한 필수품목이나 부품, 즉 철강, 자동차, 화학, 제지, 광업, 기계류 등을 생산하는 기업이다. 이런 굴뚝산업에 속한 회사는 성장 속도가 느리고 이익이 이례적으로 높은 경우가 없기 때문에 흥분하게 되는 경우도 없고 월가에서 가격이 높게 형성되어 있지도 않다. 이들 회사의 주가매출액비율은 인기 제품을 만들어내는 회사보다 전체적으로 낮다. 피셔는 그의 주가매출액비율 목표를 이런 회사에 맞추었다. 마찬가지로 우리가 사용할 피셔 모델도 주가매출액비율이 0.4~0.8인 굴뚝산업에 속한 기업을 대상으로 한다.

피셔의 연구는 주가매출액비율에 대해서 다음과 같은 점들을 시사한다.

· 규모가 큰 기업이 규모가 작은 회사보다 주가매출액비율이 더 낮은 경향이 있다.(주가매출액비율이 낮을수록 좋다.)
· 주가매출액비율이 1보다 낮은 종목에서 긍정적인 '서프라이즈'가 온다.
· 고PSR 종목은 나쁜 결과가 보고되기 바로 직전 실망이 먼저 온다.

주가매출액비율을 넘어서

주가매출액비율이 피셔 전략의 핵심사항이지만 피셔는 거기에만 전적으로 의존하지 말라고 경고했다. 투자업계에서 재무 파탄이 일어날 것으로 예상하는 부실회사의 주가매출액비율이 낮은 경우도 있다. 진짜 초우량주(super stock)가 되려면 주가매출액비율 이외에도 펀더멘털이 강력해야만 한다. 이익률, 부채비율, 이익성장, 잉여현금흐름 등도 역시 무척 중요한 부분이다.

거기에 덧붙여서 피셔는 정량적인 심사기준을 통과한다고 해서 해당 종목을 매수하지는 않았다. 그의 판단기준 가운데 일부는 질적인 기준이며, 어떻게 기업을 질적으로 볼 것인지, 그리고 어떻게 질적인 연구를 할 것인지 설명했다. 예를 들어 경쟁자로부터 보호하는 '경제적 해자'로 둘러싸인 기업을 워런 버핏이 찾으려 한 것처럼 피셔는 브랜드 인지도가 높거나 중요한 특허를 가지고 있어서 경쟁할 필요가 없는 '일방적인 경쟁우위'를 갖춘 기업을 찾았다. 우리 모델에서는 피셔가 자세하게 설명한 바 있는 정량화할 수 있는 판단기준을 당연히 철저하게 고수한다. 이는 무척 중요한 부분이며 오늘날까지 성공적인 것으로 검증된 부분이다.

피셔의 투자법에는 이 책에 나온 다른 천재투자자들의 전략과 다른 점이 하나 있는데, 기술 분야와 의료 분야 기업을 보는 관점이다. 피셔는 연구개발을 상품으로 간주했으며 이런 분야의 회사에는 특히 이러한 관점이 의미를 가진다고 생각했다. 월가에서 각 기업의 연구개발 가치를 얼마나 높게 평가하는지 알아보기 위해서 피셔는 회사의 주가(회사의 시가총액)를 연구개발비와 비교해보았다. 주가연구비 비율(PRR, Price-Research Ratio)이 5% 이하라면 가장 바람직하고, 5~10%라면 매수할 가치가 있고, 10~15%라면 경계선상에 있으며, 15%가 넘으면 피하라고 했다.

마지막 정량적인 측면에서 알아둘 부분이 있다. 피셔는 빚에 저당잡

혀 있는 기업을 원하지 않았으며, 그래서 피셔는 유동자산이 유동부채의 최하 2배이고 총자본이 총자산의 적어도 절반 이상인 기업을 겨냥했다.

피셔는 어떻게 시장에 뛰어드는 시점을 포착했을까?

2장에서 투자자가 매매시점을 포착하는 것이 쉽지 않음을 살펴보았다. 피셔도 이와 비슷한 생각을 피력했다. "주식시장에 딱 들어맞는 마법의 열쇠를 찾으려는 인간의 노력은 그 끝을 찾을 수 없다. 인간은 컴퓨터, 점성술, 인구학적 연구, 태양의 흑점, 경제학, 기술적 분석, 찻잎, 심지어 바짝 마른 도마뱀 등껍질을 저물녘 바람에 날려보는 것 등으로 매매시점을 알아맞히려고 한다. 하지만 기껏해야 겨우 매매시점을 절반 정도 맞추는 것으로 그친다. 운 나쁘면 그나마도 못한다. 주식시장에 천리안을 가졌다는 사람조차도 몇 년 앞을 내다보기가 쉽지 않다. 그마저도 나중에 낭패에 처하게 된다."

이것으로 그치지 않는다. 비록 어쩌다가 시장의 큰 흐름을 예측할 수 있다고 해도 그것은 그만한 가치가 없다. 피셔는 1982년 12월 31일까지의 5년간, 다우존스산업평균의 100포인트 등락을 맞출 수 있었다면 과연 어떤 성적을 거두었을지 조사해보았다. 이런 투자자가 있지도 않겠지만, 있었다면 그가 거두어들인 수익은 연평균 복리수익률로 51.5%였을 것이다. 피셔에 따르면 이런 수익률은 괜찮은 것이기는 하지만 초우량주로 올린 수익보다는 좋지 않다고 한다.

그리고 완벽하게 매매시점을 맞춘 시나리오에서도 해당기간에 11번이나 시장을 들어가고 나가야 했을 것이기 때문에 그 거래 비용도 무시하지 못할 수준이다. 거기다가 100포인트 등락이 1년 이내에 생기는 것이라서 높은 세율이 부과되는 단기시세차익 세금도 내야 한다. 반면 초우량주는 3~5년이 걸려 시세차익을 내는 장기시세차익이라서 세율이 낮다.

하지만 그래도 피셔는 시장에 뛰어드는 매매시점을 어떻게 맞출까 하는 문제에 해결책을 제시했다. 2가지 규칙이 있다. ① (충분히) 저PSR로 팔리고 있는 기업의 주식을 사라. ② (충분히) 저PSR로 팔리고 있는 기업을 찾을 수 없다면 주식을 매수하지 마라.

그러나 이것은 시장 전체가 아니라 특정종목만 보는 것이기에, 사람들이 생각하듯 매매시점을 정확하게 맞추는 것은 아니다. 그래도 매매시점을 맞추는 것이든 아니든, 시장의 움직임을 포착하려는 일반투자자가 흔히 사용하는 것보다는 훨씬 나은 전략임에 틀림없다.

끊임없이 진화하다 -스타일에 초점

앞에서 언급했듯이 피셔의 투자법은 여러 측면에서 진화해왔다. 예를 들어 1990년대 들어와서는 투자스타일을 점점 더 중요하게 보기 시작했다. 투자자는 스타일에 초점을 맞출 필요가 있으며 그 시기에 유행하는 스타일을 따라가기 위해 보유종목을 바꿔줄 필요가 있다고 말했다.

피셔가 말하는 '스타일'이 무엇인지 알려주는 재미있는 예가 있다. 피셔는 1976년 1월부터 1995년 6월까지의 주식 수익률을 연구했다. 이 연구에서 피셔는 주식을 대형가치주, 중형가치주, 소형가치주, 대형성장주, 중형성장주, 소형성장주 등 6가지 스타일로 분류했다. 스타일별로 주기적으로 인기를 끌었다가 잃었다가 하는 것을 알 수 있었다. 예를 들어 1976년 1월부터 1978년 9월까지는 소형가치주가 시장을 주도해서 연평균수익률이 42.69%에 달했다. 대형가치주를 37.84%나 앞선 것이다. 가장 수익이 많은 4가지 스타일과 성적이 가장 나쁜 2가지 스타일 간의 수익률 차이는 23.25%였으며, 성적이 좋은 4가지 스타일의 수익률은 S&P500의 수익률을 23.41%나 앞섰다.

피셔가 연구대상 기간인 1976.1~1978.9까지 전 기간을 대상으로 얻은 결론은 이렇다.

- 해당기간에 가장 성적이 좋은 4가지 스타일의 연평균수익률 17.79%
- 연간 시장수익률 (월셔5000지수) – 14.64%
- 성적이 가장 좋은 4가지 스타일의 프리미엄 – 3.15%

이것이 시장에서 초과수익을 올리려면 스타일 선택이 결정적이라는 증거였다. 어떤 스타일이 언제 인기를 끌지 알 수 있다면 해당스타일에 속한 종목 가운데서 선택하면 될 것이다. 피셔는 어떤 스타일을 선택하기 위해 수익곡선률[3]이나 GDP와 해외GDP를 비교한 경제지표를 사용했다. 만약 그 당시로 돌아간다면 피셔는 해당기간 중 가장 성적이 좋은 4가지 스타일에 초점을 맞추는 대신, 가장 성적이 나쁜 2가지 스타일을 피할 것이라고 했다. 최선이라 믿는 곳에 투자하는 것은 더 나은 수익을 가져올 수 있지만, 자칫 잘못된 스타일을 고르게 되면 돈을 잃을 위험도 떠안아야 하므로.

스타일에 점점 더 초점을 맞추면서 피셔는 주가매출액비율 전략을 버렸다. 이유는? 일단 대중이 그러한 사실을 알게 되면 주가매출액비율은 시장가치에 접근한다. 본질적으로 저PSR 종목에 점점 많은 사람이 몰리게 되면 주가를 밀어올리고 매수해서 얻게 되는 시세차익은 줄어든다.

요즘도 피셔는 스타일에 무척 큰 비중을 두고 있고, 그래서 자신의 전략의 10% 정도만 실제적인 종목선택에 할애한다고 한다. 또 피셔는 전략의 70% 이상을 자산배분, 즉 투자자금을 주식·채권·현금에 어떻게 배분할지 결정하기 위해 경제적·정치적·정서적 요인을 평가하는 데 할애한다고 밝혔다. 그 외 20%는 하위 자산배분, 즉 어느 국가, 어느 섹터, 시가총액 규모, 가치주인지 성장주인지 등 어디에 투자할 것인지에 할애한다고 말한다. 포트폴리오에서 주식투자 비중을 정한 다음에 관심 있는 종목 유형을 고르고 그다음에 개별종목을 고르기 시작한다. 피셔는 유형을 하나씩 살피면서 각 유형에서 몇 개 종목씩 고른다.

다른 투자자들은 간파하지 못하는 것이 무엇일까?

종목은 어떻게 고를까? 일부는 펜더멘털[4]을 보고 고른다. 하지만 더

3) 단기금리와 장기금리 간의 관련성을 측정한다.

4) 피셔가 선호하는 종목은 수익에 비해 낮은 가격으로 팔리는 것으로, 본질적으로는 저PSR 종목이다.

큰 부분은 비정량적인 부분인데, 이런 비정량적인 요소를 통해 자산배분과 하위 자산배분을 결정했다. 피셔는 이렇게 말한다. "다른 사람이 간파하지 못한 것 중 여러분이 간파할 수 있는 것이 없다면 시장에 승부를 걸 수도 없고 장기적으로 승리를 거두지도 못할 것이다." 이것이 바로 저PSR투자법과 일맥상통한다. "일단 투자자가 이러한 투자전략을 알게 되면 주가에 바로 영향을 미치게 되어 시세차익의 가능성이 줄어든다. 바로 이것이 나의 책 제목에서 '다른 사람이 간파하지 못한 것 중 여러분이 간파할 수 있는 것은?'을 3가지 질문 가운데 하나로 꼽은 이유다."

투자자 대부분은 간파하지 못했지만 자신은 간파한 것의 예로 피셔가 든 것이 '대통령 임기 사이클'이다. 역사적으로 주식 수익은 대통령 임기 1년째, 2년째보다는 3년째와 4년째에 훨씬 더 좋았다고 하는 사실이 이러한 현상을 설명해준다. 대통령이 자신의 선거공약을 실행에 옮기기 시작하면 큰 변화가 일어날 수 있기 때문에 투자자들은 대통령 임기 초반에는 투자를 망설이게 된다. 그 가운데 특히 중요한 부분이 세제개편이나 기타 법규개정을 통한 부의 재분배 정책으로, 이는 월가에서 매우 신중하게 주시하는 부분이기도 하다. 그러다 3년째, 4년째에 접어들면 대통령은 재선을 염두에 두거나 아니면 개혁에 대한 피로 때문에 그냥 조용히 임기를 마치려고 한다. 그래서 쟁점이 될 만한 법안은 대두하지 않는다. 이때 투자자는 기대 이상으로 훨씬 더 강세장에 대해 낙관적이기 쉽다고 피셔는 밝힌다.

피셔는 미국 경제 상황만 반영하는 것이 아니라 글로벌 경제지표도

보아야 한다는 쪽에 열성적으로 지지를 보내는 사람이다. 예를 들면 성장주에 투자할 것인지 가치주에 투자할 것인지를 판단하는 방법으로 글로벌 수익률곡선을 사용했다. "간단하게 입력만 하면 수익률곡선은 언제 가치주에서 성장주로, 성장주에서 다시 가치주로 투자종목을 바꾸어야 하는지 알려준다. 수익률곡선이 완전히 평평해지면 성장주가 주도하는 시기가 찾아온다. 수익률곡선이 가파르게 올라간 후에는 가치주가 주도권을 잡고, 평평해지면 다시 성장주에 의지하면 된다."

피셔는 미국 수익률곡선보다는 글로벌 수익률곡선에 초점을 맞추었다. "글로벌 수익률곡선은 여전히 플러스인데 특정 국가의 수익률곡선이 거꾸로 간다면 사업기회를 비롯해 기관투자가, 개인 고객 등등이 글로벌하게 사업을 해나갈 기회가 계속 있는 것이다." 피셔는 글로벌GDP나 글로벌 인플레이션 같은 요소도 고려했다. 특히 글로벌 수익률곡선 같은 정보에 초점을 맞추는 것은 다른 투자자는 간파하지 못한 것을 피셔가 어떻게 활용했는지 잘 보여준다.[5)]

피셔가 투자법을 설명하는 데 사용한 대통령직 사이클, 글로벌 수익률 곡선 그리고 기타 요소 등은 무척 재미있지만, 그렇다고 이것이 피셔에게 절대적인 것은 아니다. 피셔는 이러한 것이 시장에 노출되면 주가에 즉각 반영되어 시세차익의 가능성이 줄어들기 때문에 자신이 보여준 이점들이 하루아침에 사라질 수 있다고 말했다. "다른 사람이 간파하지

5) 물론 피셔 자기는 간파할 수 있지만 다른 사람은 간파할 수 없는 그것 한 가지에만 투자판단을 두지 않았음을 명심하라. 피셔는 "묘책을 찾았다고 결코 주장하지 마라."고 책에 썼다.

못한 것을 끊임없이 간파하려고 노력해야 하는 이유가 바로 여기에 있다. 투자에서 성공하려면 끊임없는 혁신과 테스트가 필요하다." 즉 주식시장에서 이기려면 월가의 흐름과 맞설 수 있어야 한다. 몇 년 전 피셔로 하여금 주가매출액비율에 초점을 맞추게 한 것도 바로 그런 반항 정신이었다. 투자세계에서 발생하는 것에 따라 오늘 다른 모습, 내일도, 다음 달에도, 내년에도 다른 모습이 될 수 있다.

케네스 피셔의 투자노트

이제 피셔 전략이 무엇인지 살펴보고 그것을 시장을 이기는 데 사용할 수 있는지 알아보자. 두 부분으로 나누어 살펴본다. 기본적인 판단기준은 어떤 종목이 우리 모델에서 최초 고정금리만한 가치가 있는지 알아보기 위한 것이고, 나머지는 해당종목이 진짜 초우량주인지 알아보기 위한 것이다.

1| 기본적인 판단기준

피셔 모델에서 최초 고정금리를 얻기 위해서는 반드시 아래 기준을 충족하는 종목어야 한다.

:: 케네스 피셔의 종목선정 체크리스트 ::

<table>
<tr><th></th><th></th><th colspan="3">통과</th><th>탈락</th></tr>
<tr><td rowspan="4">1
기본적인
판단기준</td><td>① 주가매출액비율
(비경기순환주, 기술주)</td><td>0.75 이하
(가장 좋음)</td><td>0.75초과,
1.50이하
(좋음)</td><td>1.5 초과,
3.0이하
(괜찮음)</td><td>3 초과</td></tr>
<tr><td>② 주가매출액비율
(경기순환주)</td><td>0.4 이하
(가장 좋음)</td><td colspan="2">0.4 초과,
0.8 이하</td><td>0.8 초과</td></tr>
<tr><td>③ 총부채비율</td><td colspan="3">40% 이하</td><td>40% 초과</td></tr>
<tr><td>④주가연구비비율</td><td>5 미만
(가장 좋음)</td><td>5 이상,
10 이하</td><td>10 초과,
15 이하
(괜찮음)</td><td>15 초과</td></tr>
<tr><td rowspan="5">2
초우량주
기준</td><td>⑤ 초우량주의
주가매출액비율
(비경기순환주, 기술주)</td><td colspan="3">0.75 이하</td><td>0.75 초과</td></tr>
<tr><td>⑥ 초우량주의
주가매출액비율
(경기순환주)</td><td colspan="3">0.4 이하</td><td>0.4 초과</td></tr>
<tr><td>⑦ 인플레이션 조정
후 EPS성장률</td><td colspan="3">15% 초과</td><td>15% 이하</td></tr>
<tr><td>⑧ 주당
잉여현금흐름</td><td colspan="3">0 초과</td><td>0 이하</td></tr>
<tr><td>⑨3년 평균
순이익률</td><td colspan="3">5% 이상</td><td>5% 미만</td></tr>
</table>

①, ② 주가매출액비율(PSR)

투자자는 저평가된 종목을 고르는 기준으로 주가수익률(PER)을 중시하지만 피셔는 회계 관행, 일회성 지출, 기타 등등 여러 가지 요인이 해당연도의 이익에 영향을 줄 수 있으므로 주가수익률만 중시하는 것은 자칫 오해를 가져올 수 있다고 보았다. 반면 피셔는 해당기업의 사업 내용이 경쟁력이 있는지 없는지를 매출액이 정확하게 나타내준다고 보았다. 그래서 전망이 밝은 기업은 주가매출액비율이 낮다. '낮다'는 것은 종목의 유형에 따라 다르다. 다음은 피셔가 자신의 책에서 추천한 주가

매출액 비율이다.

:: 주가매출액비율에 따른 종목선택 ::

비경기순환주, 기술주	
PSR ≤ 0.75	가장 좋다. 적극적으로 찾아라.
0.75 < PSR ≤ 1.5	좋은 가치의 회사다.
1.5 < PSR ≤ 3	이런 종목은 매수하지 마라. 그러나 이미 이런 주식을 보유하고 있다면 계속 보유하라.
3 < PSR	절대로 매수하지 마라. 이미 보유하고 있다면 위험을 더 떠맡게 되므로 매도하라. 하지만 추가위험을 회피할 것인지 떠안을 것인지는 투자자 자신의 위험에 대한 성향에 달려 있다. 위험을 더 부담하고 싶다면 이 종목의 PSR이 6이 될 때까지 보유하는 것도 생각해볼 수 있다.
경기순환주	
PSR ≤ 0.4	적극적으로 찾아라. 이런 종목은 가치가 엄청나다.
0.4 < PSR ≤ 0.8	좋은 가치를 가진 종목이다.
0.8 < PSR	이런 종목은 가치가 낮으며 매수해서는 안 된다. 만약 보유하고 있다면 매도를 고려하라.

③ 총부채비율

피셔는 부채가 적을수록 위험도 적다고 했다. 그의 책을 기초로 한 모델은 회사의 부채가 40%를 넘지 않을 것을 요구한다.[6)]

④ 주가연구비비율(PRR)

피셔의 투자법에 따르면 기술 분야나 의료 분야에 있는 기업은 연구개발이 필요하기 때문에 다른 기업과는 다른 방식으로 보아야 한다. 이러한 분야의 기업을 살펴보기 위해 피셔는 주가연구비비율(PRR)을 개발했다. 이 비율로 기업의 연구개발에 대해 시장에서 매기는 가치를 측정했다. 기술 관련이나 의료 관련 기업 이외에는 이 특별한 지표를 강조할 필요가 없다.

주가연구비비율을 산정하려면 시가총액[7]을 지난 12개월간 연구개발에 쓴 금액으로 나누면 된다. 주가연구비비율이 5 이하인 기술회사, 의료 회사는 드물기 때문에 반드시 매수해야 한다. 이런 종목은 매우 저평가되어 있기 때문에 대형기업이 이 기업을 노리기도 한다.

주가연구비비율이 5~10이라면 이 종목은 헐값인 셈이며 따라서 매수해야 한다. 주가연구비비율이 10~15인 종목은 경계선상에 있다. 주가연구비비율이 15 이상인 종목은 절대 매수해서는 안 된다. 연구개발에 쓰는 돈이 거의 없거나 또는 지나치게 고평가되어 있기 때문이다.

2| 초우량주 기준

만약 어떤 종목이 앞에 나와 있는 테스트를 잘 통과해서 우선 관심을 얻게 된다면, 초우량주가 되기 위해 다음 기준을 더 통과해야 한다.

⑤, ⑥ 초우량주가 되기 위한 주가매출액비율

피셔는 초우량주가 되려면 위 기준보다도 주가매출액비율이 더 낮아야 한다고 했다. 비경기순환주는 주가매출액비율이 0.75 이하여야 하

---

6) 금융기관은 사업 성격상 부채가 많을 수밖에 없으므로 이 기준을 충족시키지 않아도 된다.
7) 1주 가격에 유통주식수를 곱한 것 – 옮긴이

며 경기순환주라면 0.4 이하여야 한다.

⑦ 인플레이션 조정 후 주당순이익(EPS) 성장률

초우량주가 되려면 인플레이션 조정 후 주당순이익 성장률이 15%를 넘는 기업이어야 한다.

⑧ 주당 잉여현금흐름

초우량주가 되려면 잉여현금흐름이 플러스여야 한다. 3년간 마이너스 잉여현금흐름을 떠받치기에 충분한 현금을 보유하고 있어야 한다. 현금이 부족한 기업은 머지않아 파산할 것이라는 전제를 깔고 있는 것이다.

⑨ 3년 평균 순이익률

피셔는 주식이 이익 같은 결과로 평가를 받아서는 안되며, 그러한 결과를 가져오게 한 근본원인으로 평가를 받아야 한다고 생각했다. 매출과 마찬가지로 이익률도 일종의 원인이며, 초우량주가 되려면 과거 3년간 연간 순이익률이 적어도 5%는 되어야 한다고 말했다.

케네스 피셔의 투자수익률

다음 표는 케네스 피셔가 1996년부터 2006년까지 실제 투자한 수익률이다.

:: 케네스 피셔의 실제 투자수익률 ::

연도	케네스 피셔	S&P500	연도	케네스 피셔	S&P500
1996	28.6%	23.0%	2002	–5.7%	–22.1%
1997	33.6%	33.4%	2003	–7.3%	26.7%
1998	21.4%	28.6%	2004	20.5%	10.9%
1999	17.2%	21.0%	2005	5.3%	4.9%
2000	15.6%	–9.1%	2006	17.7%	15.8%
2001	–10.2%	–11.8%			

케네스피셔의 기준으로 현재까지 투자한다면?

10개 종목으로 구성된 피셔 포트폴리오는 첫 5년간 157.4%로, 같은 기간 S&P500의 21.4%의 7배를 기록했다. 시작으로는 좋았다. 2003년 중 일부 기간과 2004년 내내 S&P500 수익률의 거의 3배를 기록했다. 2005년에는 약간 주춤해서 -2.7%를 기록했지만 2006년 다시 40.0% 수익률을 기록했고 반면 S&P500은 13.6%였다. 2007년에는 수익률이 19.0%였고 S&P500은 3.5%였다. 2008년 상반기에도 좋은 성과가 이어져서 S&P500이 17% 이상 하락한 데 비해 피셔 포트폴리오는 3.7% 하락에 그쳤다.

20개 종목으로 구성된 포트폴리오는 천재투자자들의 20개 종목 포트폴리오 중 2위를 차지해서 2003년 7월 설정 이후 127.5% 수익을 올렸다. 재미있는 사실은, 피셔의 포트폴리오는 매년 시장을 가볍게 이겼다는 것이다. 가장 성적이 나쁜 해는 2007년으로 6.7%였다. 그래도 S&P500의 3.5%에 비해서는 거의 2배였다. 2008년 상반기에 20개 종목 포트폴리오는 고전하는데, S&P500이 17.3% 하락을 경험한 데 비해 7.8% 하락을 기록하고 있다.

변동성에 대해서는 피셔 모델은 중간 정도다. 10개 종목, 20개 종목 포트폴리오의 베타는 각각 1.23, 1.19이다.

가장 큰 수익을 기록한 것과 더불어 피셔 모델은 가장 정확하게 종목을 선정한 모델 가운데 하나였다. 10개 종목 모델은 60.6%의 수익률을 기록했으며 20개 종목 모델은 60.5%의 수익률을 올렸다. 이 포트폴리오의 종목선정은 소매업 종목에서 에너지 종목, 제조업 종목에서 금융주에 이르기까지 광범위한 업종과 섹터를 망라한다.

:: 케네스 피셔의 투자법으로 투자할 경우 예상수익률 ::

	10개 종목 포트폴리오	20개 종목 포트폴리오	S&P500
설정일	2003.7.15	2003.7.15	2003.7.15
2003	30.7%	24.5%	11.1%
2004	26.0%	25.0%	9.0%
2005	−2.7%	12.5%	3.0%
2006	40.0%	32.0%	13.6%
2007	19.1%	6.7%	3.5%
2008.07	−3.7%	−7.8%	−17.3%
총수익률	157.4%	127.5%	21.4%
연수익률	20.8%	17.8%	4.0%
최고의 해	40.0% (2006)	32.0% (2006)	13.6% (2006)
최악의 해	−2.7% (2005)	6.7% (2007)	3.0% (2005)
베타	1.23	1.19	1.0
정확성	60.6%	60.5%	N/A

케네스 피셔의 주요투자원칙

- 저PSR일 것
- 부채가 없을 것(금융기관 제외)
- 주가연구비 비율을 살펴볼 것(의료회사, 기술회사)
- 이 기준을 모두 통과할 경우, 이 종목이 초우량주인지 보기 위해 다음 테스트를 계속한다.

이 종목이 초우량주인가?

- 비경기순환주라면 주가매출액비율이 0.75 이하일 것
- 경기순환주라면 0.4 이하일 것
- 인플레이션 조정 후 주당순이익 성장률이 15% 이상일 것
- 주당 잉여현금흐름이 플러스일 것
- 3년 평균 순이익률이 5% 이상일 것

CHAPTER 09

보수적인 성장투자자 마틴 즈웨이그 Martin Zweig

올바른 정신으로 목표를 성취할 때 나를 막을 수 있는 것은 아무것도 없다.
비뚤어진 정신으로 목표를 성취할 때 나를 도울 수 있는 것은 이 세상에 없다
– 토머스 제퍼슨 –

:: 마틴 즈웨이그의 투자전략 ::

투자실적	15년간 모니터한 결과, 즈웨이그의 주식 추천 뉴스레터인 〈즈웨이그 예측〉의 연평균수익률은 15.9%였으며 〈헐버트 파이낸셜 다이제스트〉의 위험조정후수익률 기준으로 1위를 차지했다.
위험	중간 또는 약간 중간 이하. 성장투자자이기는 하지만 즈웨이그는 광범위하게 다각도로 이익을 분석해서 기업이 계속 성장해나갈 것인지 보았고, 위험을 줄이기 위해 주가수익률과 부채비율 같은 가치투자 지표도 사용했다.
투자기간	중기 또는 장기
노력	무척 낮음

마틴 즈웨이그, 그는 누구인가?

주식시장의 모든 것을 배우려는 천부적인 야망

앞에서 위대한 투자자는 타고나는 것이 아니라 만들어진다는 벤저민 그레이엄의 말을 접했다. 마틴 즈웨이그 역시 타고나지는 않았을지 몰라도 우리가 살펴본 다른 어느 천재투자자들 못지않게 짧은 기간에 위대한 투자자가 되었다.

열세 살 나던 해 즈웨이그는 삼촌이 생일선물로 준 GM(General Motors) 주식 6주로 주식시장에 발을 들여놓았다. 처음 GM 등 몇 개 종목으로 시작했지만 얼마 지나지 않아 주식투자에 푹 빠지고 말았다. 즈웨이그는 고등학생 때 이미 백만장자가 되기로, 그것도 주식투자로 그 꿈을 이루기로 다짐했다. 이런 다짐은 누구나 다 한다. 대부분의 사람은 다짐으로 끝나고 말지만 즈웨이그는 처음 마음먹은 것을 끝까지 밀고 나갔다. 주식시장에 차츰 더 관심을 두게 되었고, 얼마 지나지 않아 해박한 주식 지식으로 학교 선생님들을 놀라게 했다. 대학 재학시에는 본격적으로 주식거래를 했으며 대학원생 때는 증권분석 분야에서 선구적인 연구를 했다.

즈웨이그가 고등학교 때 세운 목표를 달성하는 데는 오랜 시간이 걸리지 않았다. 지금 즈웨이그는 백만장자가 되었을 뿐 아니라 맨해튼 피에르 호텔 꼭대기에 뉴욕에서 가장 비싸고 전 세계적으로 여덟 번째로 비싼, 7,000만 달러짜리 펜트하우스를 소유하고 있다.

어릴 적부터 시장을 이기려고 노력해온 것을 보면, 즈웨이그는 역시 세계 최고의 투자자가 될 운명을 타고난 것 같다. 그는 이렇게 말했다. "아주 오래전부터 가능하면 주식시장의 모든 것을 배워서 성공적으로 투자해야겠다는 거의 강박에 가까운 욕심이 있었다. 산이 거기 있으니 오른다는 등산가의 말이 있다. 나도 어렸을 적부터 주식시장의 정상을 정복하고 싶었다. 나 자신도 누르지 못한 도전이었다."

즈웨이그의 원대한 욕심과 야망은 아마 타고난 것인지도 모른다. 그러나 시장에서 거둔 즈웨이그의 성공[1]은 단지 천부적인 재능 때문이라고만 하기는 어렵다. 즈웨이그가 위대한 투자자가 된 것은 수년간의 연구와 노력, 그리고 투자전략을 엄격하고 철저하게 지켰기 때문에 가능했다. 이 장에서 노력과 신념을 통해, 어떻게 하면 즈웨이그의 전략을 여러분 것으로 만들 수 있을지 알아보자.

그렇게 검소하지는 않은 백만장자

벤저민 그레이엄, 워런 버핏, 존 네프는 엄청난 부자임에도 아주 검소한 생활을 하는 데 비해 즈웨이그는 돈 쓰는 것에 그리 인색하지 않다. 결국 돈을 버는 것과 쓰는 것은 별개란 말인가? 지금 즈웨이그가 살고 있는 펜트하우스는 재미있고 값비싼 장난감으로 가득 차 있다. 1999년 3월 29일자 〈월스트리트저널〉에 따르면 즈웨이그는 할리우드 스타,

1) 〈헐버트 파이낸셜 다이제스트〉가 15년간 모니터한 위험조정후수익률 결과를 보면 즈웨이그의 뉴스레터는 1등을 기록했다.

스포츠 스타, 로큰롤 스타의 기념품을 수집한다고 한다. 버디 홀리[2]의 기타, 《더티 해리》[3]의 총, 영화 《이지 라이더》에 나오는 오토바이, 시카고 불스 신인왕 시절 마이클 조던이 입었던 셔츠, 우디 알렌의 영화 《당신이 섹스에 관해 알고 싶은 모든 것》에 나오는 의상까지, 없는 것이 없다.

몇 년 전 〈파이낸셜 월드〉에 실린 기사에 따르면 즈웨이그는 5만 2천 달러짜리 당구대를 구입하기도 했으며, 그의 사무실은 '부자 어른들이 낮에 놀 만한 장소로 아주 제격'이라고 한다. 커다란 신호등, 환하게 불을 밝힌 창틀, 자주 이를 닦고 치실을 사용하는 즈웨이그의 습관을 놀리려고 친구가 보낸 5피트짜리 칫솔, 동전을 넣으면 겉에 얇은 사탕으로 싸인 둥그런 껌이 나오는 기계, 밤늦은 시간에 큰 소리를 내는 1950년대의 주크박스도 있다. 즈웨이그의 수집벽은 향수에 젖은 물건(클리블랜드에서 자랄 때 모빌 주유소에서 본 것과 거의 비슷한 구식 석유 펌프)부터 역사적인 물건(옛날 주식 증서. 그중 하나는 코모도어 밴더빌트의 사인이 들어 있다)에 이르기까지 다양하다.

스스로 독자를 확보해 뉴스레터 발행

마틴 즈웨이그의 전략을 깊숙이 파고 들어가기 전에 먼저 월가에서 가장 부자이면서 우리가 살펴본 천재투자자들 가운데 가장 다채로운 마틴 즈웨이그가 어떤 사람인지 자세히 알아보자.

---

2) 미국의 가수이자 작곡가로서 로큰롤의 개척자 중 한 명 – 옮긴이

3) 클린트 이스트우드 주연의 경찰 영화 – 옮긴이

1942년생인 츠웨이그는 짓궂은 면이 있지만 열심히, 그것도 아주 열심히 일한 덕분에 호화로운 취미 생활을 즐길 수 있었고 그가 받은 교육도 역시 화려했다. 츠웨이그는 명문 펜실베이니아대학 와튼스쿨에서 경제학을 전공했는데, 그 학교가 미국에 있는 가장 훌륭한 경영대학이라서 오직 그 대학에만 지원했다고 한다. 그리고 증권시장 관련 강의는 모두 수강했다. 와튼스쿨을 졸업하고 마이애미대학에서 MBA를 받았고, 몇 년 후에는 주식시장 전공으로 미시간주립대학에서 재무관리 박사학위를 받았다.

학위를 밟는 중에도 통찰력 있는 연구로 주목을 받았다. 미시간주립대학에서 박사논문을 쓰면서 츠웨이그는 '풋/콜비율' 을 고안해냈다. 풋/콜비율은 대표적인 시장지표 가운데 하나로, 풋옵션 거래대금을 콜옵션 거래대금으로 나눈 값이다. 시장의 고점과 저점을 판단하는 데 쓰이는 지표다. 이 연구를 비롯해 츠웨이그는 경제지표를 사용해 시장의 다양성과 시장 전체 움직임을 예측하는 광범위한 연구를 시작했다.

공부를 마친 츠웨이그는 몇 개의 직업을 거친다. 뉴욕시립대학에서 금융 관련 과목을 가르치기도 했으며, 나중에 '시카고 옵션 거래소'로 바뀐 곳에서 컨설턴트로 근무하기도 했고, E. F. 휴튼에서는 신입 브로커를 대상으로 잠시 옵션 업무를 강의하기도 했다. 친구 부탁으로 소규모 증권 중개회사에서 컨설턴트로 일하기도 했다. 하지만 이런 직업들은 그에게 성공의 문을 활짝 열어주지 못했다.

박사학위를 마치고 1년 후인 1970년, 츠웨이그는 한 증권회사가 AT&T 주식을 팔라고 추천하는 것을 보고 이를 비판하는 내용의 편지를 투자전문지 〈배런스〉에 보냈다. 흥미를 느낀 〈배런스〉는 그의 글을 게재했는데, 결국 즈웨이그가 옳은 것으로 판명이 났다. 즈웨이그는 "시장도 바닥이었고 AT&T 주식 역시 바닥 상태였기에 이는 매수 적기라는 것을 알려주는 것"이었다고 했다.[4] 즈웨이그는 이 밖에도 몇 건의 칼럼을 더 〈배런스〉에 게재했는데, 모두 시장을 제대로 예측한 내용이었다.

〈배런스〉에 기고한 것이 계기가 되어 당시 컨설턴트로 일하고 있던 증권회사에서 즈웨이그에게 고객 대상으로 뉴스레터를 써달라고 부탁했다. 주로 기관투자가를 대상으로 한 그 뉴스레터에 글을 쓰기 시작한 지 얼마 되지 않아 회사의 파트너가 수백만 달러를 횡령한 혐의가 드러나면서 증권회사는 망했다. 뉴스레터에 계속 글을 쓰고 싶었던 즈웨이그는 〈배런스〉에 실린 그의 글을 읽고 독자편지를 보내온 사람들에게 뉴스레터를 계속 받고 싶은 생각이 있는지 물어보았다. 몇 달 사이에 40명의 독자를 확보했으며, 이렇게 해서 그의 뉴스레터 〈즈웨이그 예측〉이 탄생했다.

뉴스레터가 자리를 잡아가자 즈웨이그는 평소 원하던 가르치는 일도 병행해서 7년간 이오나대학에서 부교수로 근무했다. 한편 〈즈웨이그 예측〉은 유행을 일으키며 미국에서 가장 정평 있는 뉴스레터가 되었고, 〈헐버트 파이낸셜 다이제스트〉가 15년간 위험조정후수익률을 모니터한 결과 최고의 수익률을 기록한다. 이 기간 연평균수익률은 15.9%였다.

4) AT&T 주식을 매도하라고 권한 증권회사는 몇 달 후 파산했다.

주식시장 침체기인 2007년에도 놀라운 성적

즈웨이그는 뉴스레터와 더불어 펀드도 열심히 운용했다. 1986년, 그는 생애 첫 뮤추얼펀드인 '즈웨이그 펀드'를 설정했다. 1988년에는 두 번째인 '즈웨이그 토털 리턴 펀드'를 설정했다. 1998년 말에 뮤추얼펀드 일부를 피닉스 투자 파트너에게 팔았다. 그 후에는 즈웨이그 컨설팅의 회장 겸 즈웨이그 펀드, 즈웨이그 토털 리턴 펀드의 자산배분전략가로 일했다.

Stockpick.com에 따르면 즈웨이그는 뉴욕에 있는 운용규모 수십억 달러의 헤지펀드 '즈웨이그 디메나 파트너'의 설립자이기도 하다. 이 회사의 국제펀드는 〈배런스〉의 '2008년 4월 세계 최상위 75개 헤지펀드 리스트'에 15위로 올라 있으며, 3년 평균수익률은 37.4%이다. 이 펀드는 2007년에는 79.1%라는 수익률을 기록해 주식시장이 침체한 해였음에도 놀라운 성적을 기록했다.

마틴 즈웨이그의 투자철학

보수적인 성장 전략 : 이익, 이익 그리고 또 이익

이제까지 살펴본 바와 같이 즈웨이그는 통이 큰 매수 성향을 가지고 있으며, 그의 성장주 전략은 때로는 반짝하는 종목을 골라 히트를 치고 홈런을 기록하게 해주기도 했다. 그렇다고 즈웨이그의 투자법이 실질보다는 형식을 앞세운다고 오해하지는 마라. 그가 종목을 고르는 법은 무척 까다롭고, 따라서 투자하는 회사는 일정수준 이상으로(특히 높은 이익을 기록하고 이를 유지해나간다는 측면에서) 상당히 튼튼하다. 사실 즈웨이그 모델에 나오는 13가지 판단기준 가운데 10가지가 이익과 관련이 있다. 확신을 가지고 다양한 시각으로 이익을 철저하게 따지는 즈웨이그를 보면 왜 그를 '보수적 성장투자자'로 분류하는지 잘 알 수 있을 것이다.

즈웨이그의 실적 위주의 사고방식은 주가수익률(PER)에서 시작하는데, 주가수익률은 앞에서 여러 천재투자자들을 살펴보면서 이미 들여다본 지표다. 하지만 즈웨이그가 주가수익률을 보는 방법은 다른 천재투자자들과 다르다. 즈웨이그는 주가수익률에 절대최저치를 정해서 주가수익률이 5 이하인 기업에는 투자하지 않았다. 이유는 주가수익률이 5보다 낮은 기업은 재무적으로 취약한 기업이며 투자자의 투자금을 제대로 활용하지 못한다고 보았기 때문이다.

성장투자자로서 즈웨이그는 고PER주를 매수하기는 했지만 주가수익률이 너무 높은 기업은 매수하지 않았다. 주가수익률이 시장평균의 3배 이상이거나 시장평균 주가수익률에 관계없이 43 이상인 주식 역시 매수하지 않았다.

주가수익률이 즈웨이그 투자법에 결정적인 부분이기는 하지만, 그것은 이익이라는 지표에 비하면 작은 부분에 지나지 않는다. 즈웨이그는 단기이익 추세도 주시했으며 이를 통해 이번 분기에 주당순이익(EPS)이 발생했는지, 이익성장률이 플러스인지도 따져보았다.[5] 장기적인 측면에서 이익을 따져보기도 했다. 장기 주당순이익 성장률이 최소한 매년

15%는 되어야 하며 30% 이상이면 더 좋다고 보았다. 그리고 이익이 지속적으로 성장하는 기업을 찾았다. 그래서 지난 5년간 매년 주당순이익이 성장한 기업을 골랐다.

또 즈웨이그는 단순히 어떤 기업의 이익이 늘어난다고 좋아하지 않았다. 늘어나는 속도에 가속이 붙어야 한다. 그래야 성장률이 둔화된 후에 모르고 투자하는 결과가 되지 않기 때문이다. 당 분기의 이익성장률(역시 1년 전 같은 분기와 비교)이 장기성장률보다, 그리고 지난 3분기의 평균 성장률보다 커야 한다.[6]

주식 사냥, 권총으로 할까? 장총으로 할까?

즈웨이그는 주식 종목선택에는 '권총 투자법'과 '장총 투자법' 두 가지가 있다고 했다. 권총 투자법은 일반적인 방법으로, 여러 종목에 대해 얻을 수 있는 공개자료를 많이 모아서 나름대로 정한 투자기준으로 거른 다음 어떤 종목이 기준을 통과하는지 보는 것이다. 이와 달리 장총 투자법은 몇 개 소수 종목만을 대상으로 펀더멘털뿐 아니라 회계관행, 경영진 교체, 세제개편 등 수많은 경제요소를 모두 정밀하게 살펴보는 방법이다.

투자자에게는 시간이 많이 걸리는 장총 투자법은 적합하지 않다.

5) 전년도의 같은 분기와 비교한다. 즈웨이그는 계절적 변동요인을 제거하기 위해 전 분기가 아니라 1년 전 같은 분기의 이익과 비교했다.

6) 주당순이익 성장률이 30% 이상이라면 이번 분기 주당순이익 성장률은 지난 3분기 평균성장률보다 낮아도 괜찮다. 왜냐하면 주당순이익 성장률 30% 자체도 대단한 것이기 때문이다.

즈웨이그는 수많은 기업을 시스템적으로 연구할 수 있는 권총 투자법이 더 바람직하다고 여겼다. 시간도 덜 걸리고, 이렇게 펀더멘털 판단기준을 통과한 종목이 장기적으로 보면 통계적으로 일정비율로 승리주를 내놓더라고 했다. 그리고 즈웨이그는 그의 시스템적인 권총 투자법이 3/8 정도의 오차율을 보여준다고 말했다. "이 말은 내가 고르는 종목 8개 가운데 3개, 즉 38%가 시장보다 성과가 못하다는 말이다. 즉 62%는 시장보다 성과가 좋다는 것이다. 그리 나쁘지 않은 타율이다. 장총 투자법이 이보다 더 좋은 성과를 내놓을지는 의문이다."

물론 어떤 전략이 62% 정확성이 있다고 해서 여러분이 고르는 종목 10 개중 6개가 늘 승리주가 되리라는 것을 보장하지는 않는다. 어떤 때는 그보다 더 많은 종목이 승리주가 되기도 하고, 또 어떤 때는 승리주가 되는 종목이 훨씬 적을 것이다. 하지만 즈웨이그와 우리가 발견한 사실은 적정 종목수를 정한 다음 나름대로 좋은 전략이라고 생각하는 것을 장기간 고수한다면 성과가 좋게 나타날 확률이 높다는 것이다.

오로지 숫자에만 초점을 맞추는 시스템을 채택하면 비펀더멘털적인 요소로 종목이 휘청거릴 때는 헛스윙을 할 때도 있지만 장총 투자법을 채택한 투자자가 스윙도 못해보는 것보다는 나을 것이다. 특정기업의 개별 사안을 세세하게 따져보지 않기 때문에 투자결정을 내릴 때 주도권을 상실한 것같이 느낄지도 모르지만 사실은 정반대다. 의사결정을 감정적으로 하는 대신 수년간에 걸친 냉정하고 엄격한 데이터를 토대로 결정하는 것이다. 사실 오랜 기간 고수하기만 한다면 이 방법이 돈을 지키는 데는 더 믿을 만한 방법이다.

매출이 오르지 않으면, 차에 올라타지 마라

이익에 대한 즈웨이그의 철저함은 기업이 발표하는 이익규모를 넘어서 그러한 이익을 내는 방법으로까지 이어진다. 즈웨이그 투자철학의 핵심은 이익증가가 오래가려면 매출증가가 따라주어야 한다는 점이다. 즈웨이그는 비용절감 노력이나 매출 외적인 부양책으로 이익이 늘어나는 것은 오래가지 못하기 때문에, 기업이 계속 이익을 늘려나가려면 매출이 늘어나야 한다고 생각했다.[7] 또한 매출을 통해 이익이 늘어나되 가속도가 붙어야 한다고 한 것처럼 매출증가도 계속 가속도가 붙어야 한다고 했다. 즈웨이그는 최근 분기 매출증가가(1년 전 같은 분기와 비교해) 전 분기 매출증가보다(역시 1년 전 같은 분기와 비교해) 커야 한다고 했다.

이익과 관련해 즈웨이그가 중시한 부분이 또 있다. 부채비율이다. 부채가 이익을 낸다는 것은 잘못된 것이라고 즈웨이그는 말한다. 부채가 많다는 것은 고정 이자지출이 상당하다는 말이고, 사업이 부진하다면 이러한 이자지출은 이익이 줄어들게 한다. 여기서 즈웨이그는 아주 날카롭게 지적한다. 즉 부채 수준이 업종마다 다르다는 점이다. 즈웨이그 투자법을 근거로 한 우리의 모델은 기업의 부채비율이 업종평균보다 낮아야 한다는 것을 분명히 밝힌다. 이러한 부채 판단기준은 왜 즈웨이그를 '보수적인 성장투자자'라고 하는지 보여주는 또 하나의 예다.

종목을 검토할 때 즈웨이그가 보는 또 다른 영역은 이익과 관련이

7) 즈웨이그는 이익의 몇 %가 매출에서 나와야 한다고 명시하지는 않았지만, 우리 모델에서는 나름대로 해석해 매출증가가 이익증가의 적어도 85%는 되어야 한다고 본다.

없는 회사 임직원 관련 사항이다. 회사 임직원이야말로 그 기업이 하는 사업을 가장 잘 안다. 만약 회사 내부자가 주식을 팔기만 하고 사지 않는다면 뭔가 문제가 있다는 의미다. 반대로 내부자가 주식을 사들이고 팔지 않는다면 잘 된다는 의미다. 그래서 회사 내부자 중 적어도 3명 이상이 자기 회사 주식을 매수하는 반면 매도하는 사람은 아무도 없는 회사를 찾았다.

지표에 관한 모든 것

즈웨이그는 개별종목을 고르는 데 펀더멘털을 폭넓게 적용했지만 경제적, 기술적 지표에도 상당한 비중을 부여했다. 그중에서도 가장 중요한 것이 금리인데, '중앙은행과 맞서 싸우지 마라'는 말은 즈웨이그가 가장 강조한 부분이다. 즈웨이그는 중앙은행이 자금공급을 줄이기 시작해 금리를 올리는 것은 약세장이 올 것이라는 신호로 보았다. 약세장이 오기 전에는 정서지표도 마이너스로 돌아선다. "고점이나 고점 부근에 다다르기 직전 장기 정서지표(사모시장, 주식발행, 공동구매, 투기 대부분)가 마이너스로 돌아선다. 시장은 과대평가되어 있을 수도 있고 그렇지 않을 수도 있다. 만약 과대평가되었다면 도움이 된다. 시장을 막기에 투기만으로는 부족하다."

여러 가지 지표에 대한 해석을 토대로 즈웨이그는 시장에 투자하는 비율을 조절했다. 여기 즈웨이그가 자신의 책에서 소개한 중요한 지표 3가지를 소개한다.

① 재할인율(연방준비은행의 대출금리)

즈웨이그는 재할인율이나 법정지급준비율[8]을 올리는 것은 약세장을 의미하며, 내리는 것은 강세장이 오는 것이라고 한다. 금리를 올리는 것은 일반적으로 주가에 부정적인 영향을 주고, 금리를 내리는 것은 주가가 올라가게 한다. 즈웨이그는 재할인율은 몇 가지 심리적인 중요성 때문에 후행하는 금리지표라고 말한다. 연방준비은행이 재할인율을 조정하면 연방펀드의 비율이 이미 같은 방향으로 움직였기 때문이다. 그래서 재할인율은 연방준비은행의 현재 정책을 확인하는 데 도움이 된다.

② 할부채무액

즈웨이그가 선호한 지표 가운데 하나다. 할부채무액이 빠르게 늘어나면 소비자들은 더 많이 빌리게 되고 이는 금리를 올리는 압력으로 작용한다. 경기상승에서 이것은 상승의 마지막 단계에 있음을 나타내며, 주식에 마이너스 요인이 된다. 할부채무액이 줄어드는 것은 대출이 줄어서 금리에 대한 압력이 줄어드는 것을 의미하기 때문에 긍정적이다. 대개 경제가 순조롭고 경기저점을 통과하는 상황에서 일어난다. 즈웨이그는 이렇게 썼다. "할부채무액이 9% 이하로 내려간다면 매수 신호다. 9% 이상으로 올라가는 것은 매도 신호다. 그 이상은 안 된다."

8) 은행들이 예금액 중에서 의무적으로 보유해야 하는 지급준비금의 최저비율 – 옮긴이

③ 우대금리

우대금리는 은행이 주거래기업 등 우수고객에게 제공하는 금리다. 우대금리를 기초로 해서 은행은 여러 가지 형태의 대출금리를 결정한다. 우대금리가 8%를 넘을 경우 은행이 추가로 금리를 인상하면 이것은 즉각적인 매도 신호다. 우대금리가 8% 이하일 경우, 금리가 조금만 하락해도 주가는 상승한다.

즈웨이그는 위의 3가지 지표로 금융 모델을 만들었다. 주식시장의 추세와 연동시켜 시장의 모멘텀을 측정하는 모델인 밸류 라인 기하지수(value line geometric index)도 있다. "추세는 여러분의 친구다. 시장 전체의 추세는 1년에 몇 번 바뀌지 않는다." 즈웨이그가 가장 좋아하는 말이다.

시장을 조화를 이루어야 한다

가끔 즈웨이그의 '중앙은행과 맞서 싸우지 마라'는 원칙이 '추세는 너의 친구'라는 말과 갈등을 일으킨다. 답은 1992년 뉴스레터에서 찾을 수 있다. 즈웨이그는 이렇게 말했다. "시세 테이프(추세)는 중앙은행에 선행한다."

즈웨이그는 지표를 굉장히 강조한다. "큰돈을 버는 것은 큰 흐름 편에 섰을 때다. 나는 흐름을 거슬러 헤엄치는 것을 믿지 않는다. 나의 매매시점 모델이 약세장에서 주식을 매수하라고 추천한 적은 거의 없었다. 시장과 조화를 이루어야 한다는 것이 골자다. 추세에 맞서 싸우는 것은 자살행위다."

여기서 중요한 점은, 폭넓은 시장에 동조하는 것에 초점을 맞추는 것과 별개로, 시장의 고점과 저점을 정확하게 예측하려는 노력을 즈웨이그가 경고했다는 것이다. "그것(고점과 저점을 정확하게 예측하는 것)은 아무도 할 수 없는 일이다."

필자는 투자자가 매매시점을 포착하려는 노력이 헛되다는 입장이지만, 즈웨이그는 자신의 매매시점 전략을 수립하는 데 수많은 자료와 연구결과의 뒷받침을 받았다. 예감이나 추측만으로 시장에 뛰어들거나 시장에서 뛰쳐나오지 않았다. 즈웨이그는 과거 자료로 뒷받침되는 상세한 시스템을 가지고 있었다. 즈웨이그를 따라하는 것은 엄청난 시간과 에너지가 들어가기 때문에 일반투자자는 엄두도 못 낸다. 이러한 이유와 펀더멘털에 근거해서 오랜 기간 전략을 고수하는 것이 투자에 성공하는 최선의 방법이라는 필자의 믿음에 따라, 우리의 즈웨이그 모델에서는 즈웨이그의 방법 중 종목에 고유한 부분만 그대로 따라한다.

60% 맞출 수 있으면 성공

즈웨이그의 전략에서 마지막으로 강조하고 싶은 부분은 모든 투자자의 사고방식과 관련된 것이다. "여러분이 편안하게 생각하는 시스템을 반드시 가지고 있어야 한다. 나도 그렇게 하지는 못했다. 워런 버핏은 오래도록 그렇게 해왔고 그래서 누구보다 돈을 많이 벌었다. 하지만 나는 그렇게 할 수 없었다. 여러분은 자신만의 편안한 시스템 또는 방법을 가지고 있어야 한다. 그리고 일단 그것을 가졌으면 끝까지 고수해야 한다. 자신이 아닌 다른 무엇이 되려고 할 필요가 없다."

즈웨이그는 기대에 대해서도 강조했다. 흔히 위대한 투자자는 늘 승리주만 고른다고 생각하겠지만 즈웨이그는 주식시장에서 늘 제대로 들어맞기를 기대하는 것은 현실적이지 않다고 강조한다. 지구상의 어느 누구도 시장에 대해 모든 것을 알고 있는 사람은 없기 때문이다. 모든 기간, 혹은 상당 기간 들어맞을 것이라고 기대할 수 있는 사람도 없다. "그러나 여러분이 틀릴 경우보다는 맞을 경우가 더 많다. 전체 중에서 60% 정도 맞추어서 이익을 내고 손실을 통제할 수 있다면, 이는 맞출 때는 크게 맞추고 틀릴 때는 조금 틀리는 셈이다. 결국 60%의 성공은 엄청난 이익을 뜻하며, 50%는 그런대로 탄탄한 이익을 뜻하고, 40% 정도면 시장을 이기는 것이라고 본다." 즈웨이그의 전략이나 다른 증명된 방법을 따르든 따르지 않든 이 말은 기억해둘 만하다.

마틴 즈웨이그의 투자노트

13개의 판단기준을 사용한 즈웨이그의 투자법은 우리가 살펴본 방법 중 비교적 자세한 방법이다. 이 판단기준의 대부분은 즈웨이그가 관심을 기울인 기업의 이익에 초점이 모아진다. 하지만 이러한 영역 외에도 즈웨이그는 부채에서 내부자거래까지 고려했다. 그의 책에 나와 있는 내용을 토대로 만든 이 모델이 얼마나 잘 들어맞는지 살펴보자.[9)]

---

9) 성장주를 사서 몇 년 보유하고 싶다면 즈웨이그가 제공한 전략을 참고하라. 사실 그는 피터 린치를 대신할 수 있는 투자자다. 즈웨이그와 피터 린치를 구분하는 중요한 차이는 즈웨이그가 좀더 신중한 스타일이라는 점이다. 필자가 연구한 모델에 따르면, 즈웨이그 모델을 통과하는 종목은 별로 없는 반면 린치 모델을 통과하는 종목은 많다.

:: 마틴 즈웨이그의 종목선정 체크리스트 ::

		통과		탈락	
1 이익	① PER	5 이상, 43 이하, 시장평균의 3배 이하		시장평균의 3 배 초과	5 미만이거 나 43 초과
	② EPS 성장과 관련한 매출액증가	매출액증가 ≥ EPS 성장의 85%	매년 30% 이상 매출액증가	매출액증가 < EPS 성장의 85%, 매년 30% 미만	
	③ 매출성장	Q5~Q1 증가 ≥ Q6~Q2 증가		Q5~Q1 증가 < Q6~Q2 증가	
2 이익 안정성	④ 당기 EPS	Q1 EPS > 0		Q1 EPS ≤ 0	
	⑤ 1년 전 당기 EPS	Q5 EPS > 0		Q5 EPS ≤ 0	
	⑥ 당 분기의 이익 성장	Q5~Q1 증가 > 0		Q5~Q1 증가 ≤ 0	
	⑦ 연간이익영속성	Y1 > Y2 > Y3 > Y4 > Y5 (1년 정체는 허용)		그 외의 경우	
	⑧ 과거 몇 개 분기의 이익성장	Q8~Q4 증가 , Q7~Q3 증가 , Q6~Q2 증가, Q5~Q1 증가 ≥ 과거 증가의 50%		그 외의 경우	
	⑨ 장기EPS 성장	EPS 성장 ≥ 15%	EPS 성장 ≥ 30%(가장 좋음)	EPS 성장 < 15%	
	⑩ 당 분기의 EPS 성장을 이전 3개 분기와 비교	Q5~Q1 성장률 ≥ Q8~Q4, Q7~Q3, Q6~Q2 평균성장률 (가장 좋음)	Q5~Q1 성장률 ≥ 30%	그 외의 경우	
	⑪ 당 분기의 EPS 성장과 과거 성장 비교	Q5~Q1 EPS 성장 > 과거 성장률		Q5~Q1 EPS 성장 ≤ 과거 성장률	
	⑫ 부채비율	업종평균 미만		업종평균 이상	
	⑬ 내부자거래	내부자가 매도 = 0, 매수 ≥ 3		내부자가 매수 = 0, 매도 ≥ 3 (최악)	그 외의 경우

1| 이익 : 비용과 원천

즈웨이그는 기업의 이익과 성장에 매우 큰 관심을 기울였지만 이러한 요소들을 공허하고 아무 알맹이 없는 상태에서 들여다보지는 않았다. 즈웨이그는 기업의 이익에만 집착한 것이 아니라 이익이 꾸준히 증가하려면 매출증가가 뒷받침되어야 한다는 것을 분명히 했다. 여기에 딱 들어맞는 종목을 고르는데 사용한 기준은 다음과 같다.

① 주가수익률(PER)

주가수익률이 적어도 5는 되어야 한다. 그래야 허약한 기업을 골라낼 수 있다. 이것은 즈웨이그만의 중요한 차이다. 다른 천재투자자들의 그 어떤 전략도 주가수익률에 절대최소한도를 정해놓지는 않았다. 즈웨이그는 실제적인 의미에서 주기수익률이 낮으면 허약한 기업이라고 생각했다. 그렇다고 주가수익률이 시장평균의 3배를 넘으면 절대 안 된다. 그보다 크면 너무 위험한 것이다. 그리고 시장평균 주가수익률과 관계없이 절대적 기준으로 주가수익률이 43을 넘으면 절대로 매수해서는 안 된다.

② 주당순이익(EPS) 성장과 관련한 매출액증가

매출액증가가 이익증가보다 상당히 작아서는 안 된다. 시간이 가면서 이익이 계속 늘어나기 위해서는 매출증가가 따라주어야 한다. 비용절감 등 기타 매출 외적인 조치를 통해 수익률을 떠받치는 것은 장기적으로 가능하지 않다. 매출액증가가 주당순이익 성장의 85% 이상이 되어야 하며, 매년 30% 이상 매출액이 성장해야 한다.

③ 매출 성장

매출 관련해서 중요한 부분은 분기별 매출증가율이 상승추세에 있어야 한다는 점이다. 이것을 보기 위해 1년 전 분기 Q5에서 가장 최근 분기 Q1까지의 변화를 살펴본다. 1년 전 분기의 바로 한 분기 전 Q6과 바로 직전 분기 Q2를 비교한다. 일단 이것을 마치면 2가지를 비교한다. Q5~Q1까지 매출증가율이 Q6~Q2까지 매출증가율보다 커야 한다. 즉 매출증가가 가속화되어야 한다. 즈웨이그는 여기서 연속되는 분기들 간의 가속도를 비교하지는 않았다는 사실을 주목하라. 그는 늘 계절성을 제거하기 위해 1년 전 같은 분기와 비교했다. 우리 모델에서도 그렇게 한다.

2| 이익안정성

즈웨이그는 기업의 이익을 여러 각도에서 검토했다. 이 가운데 이익추세, 이익영속성, 이익가속도 3가지를 안정성 측면에서 검토했다.

:: 이익안정성을보기위한 3가지 지표 ::

이익추세	기업의 최근 이익이 양호한 것은 물론 예전부터 계속 상승추세를 보여야 한다. → ④, ⑤, ⑥
이익영속성	최근 이익이 양호할 뿐 아니라 장기적으로 꾸준히 증가해야 한다. → ⑦, ⑧, ⑨
이익가속도	이익성장률 역시 늘어나야 한다. 즉 이익증가에 가속도가 붙어야 한다. → ⑩, ⑪

④ 당기 주당순이익(EPS)

당기 주당순이익이 플러스여야 한다.

⑤ 1년 전 당기 주당순이익

1년 전 분기(Q5)의 주당순이익이 플러스여야 한다.

⑥ 당 분기의 양호한 이익성장

당 분기의 이익(Q1)을 1년 전 같은 분기(Q5)와 비교했을 때 플러스가 되어야 한다.

⑦ 연간 이익영속성

즈웨이그는 기업은 계속 매년 이익증가를 보여야 한다고 말했다. 이러한 요구조건을 충족시키려면 지난 5년간 기업의 이익이 매년 늘어나야 한다. 우리의 즈웨이그 모델에서는 다른 모든 해에서 증가율이 점점 늘어났다면 한 해 정도 정체였던 것은 허용하기로 했다.

⑧ 과거 몇 개 분기의 이익성장

지난 2년간 기업의 이익이 꾸준했음을 확인하기 위해 과거 4개 분기의 이익증가율을 장기 주당순이익 성장률과 비교한다. 과거 4개 분기 각각의 이익증가가 장기 주당순이익 성장률의 적어도 절반은 되어야 한다. 1개 분기 혹은 2개 분기가 과거 증가율의 절반에 못 미치는 빈약한 이익을 보인다면 그런 종목은 대상에서 제외된다.

⑨ 장기 주당순이익 성장

장기 주당순이익 성장률이 매년 적어도 15% 이상이어야 하며 30%

이상이면 더 좋다.

⑩ 당 분기의 주당순이익 성장을 이전 3개 분기와 비교

이익이 가속도가 붙었는지 알아보기 위해 즈웨이그는 당 분기의 이익성장률을 1년 전 같은 분기와 비교했다. 이 비교결과가 이전 3개 분기의 이익성장률(3개 분기 평균)보다 크다면 이 종목의 이익성장은 가속도를 내는 것이므로 테스트를 통과한다. 한 가지 예외가 있다. 만약 당 분기와 1년 전 같은 분기의 이익성장률이 모두 30% 이상이라면 이는 매우 높은 성장률이기 때문에 당연히 테스트를 통과한다.

⑪ 당 분기의 주당순이익 성장과 과거 성장 비교

즈웨이그 모델에서는 당 분기 주당순이익 성장률이 과거 성장률보다 더 커야 한다. 즉 Q5~Q1 성장이 과거 성장률을 초과해야 한다. 이는 이익이 빠르게 성장한다는 또 다른 표시다.

3| 튼튼한 재무상태, 낙관적인 직원들

이제 이익에 기반을 둔 즈웨이그 모델을 마무리한다. 그전에 이익 외에도 두어 가지 더 검토해야 할 것이 있다.

⑫ 부채비율

즈웨이그는 금융회사를 제외하고는 모두 부채비율이 높아서는 안 된다고 했다.[10] 부담해야 할 이자가 많아서 부채비율이 높으면 사업이

하향세로 돌아섰을 때 이익에 상당히 부정적인 영향을 미치게 된다. 부채비율이 높은 회사는 투자자의 외면을 받게 된다. 즈웨이그는 부채비율은 업종에 따라 다르다고 했으며, 다른 천재투자자들과 달리 부채비율을 절대적인 숫자가 아닌 업종평균과 비교해서 높은지 낮은지 알아보았다.

⑬ 내부자거래

즈웨이그 모델에서는 3개월간 3명 이상의 내부자가 자기 회사 주식을 사고, 반대로 파는 사람은 없다면 해당종목에 매력을 보태는 것이라고 본다. 3개월 동안 3명 또는 그 이상의 내부자가 주식을 팔기만 하고 사는 사람은 없다면 종목의 매력도를 떨어뜨리는 표시다. 매수하려는 내부자가 없는 반면 매도하려는 사람만 있다면 즈웨이그는 린치와는 달리 그 매도 이유가 무엇이든 아주 바람직하지 않은 것으로 보았다.[11] 어쨌든 즈웨이그와 린치 모두 내부자가 자사 주식을 매수하는 것은 좋은 신호로 보았다.

---

10) 금융회사는 속성상 부채가 많을 수밖에 없어서 이 테스트에서 제외한다.

11) 린치는 내부자가 그럴만한 이유 때문에 주식을 피는 것에는 아무런 중요성도 부여할 수 없다고 보았다.

마틴 즈웨이그의 투자수익률

다음 표는 마틴 즈웨이그가 1983년부터 1996년까지 실제로 투자한 수익률이다.

:: 마틴 즈웨이그의 실제 투자수익률 ::

연도	마틴 즈웨이그	S&P500	연도	마틴 즈웨이그	S&P500
1983	17.4%	22.4%	1990	5.1%	−3.1%
1984	5.9%	6.1%	1991	34.9%	30.5%
1985	29.8%	31.6%	1992	6.1%	7.6%
1986	28.9%	18.6%	1993	6.5%	10.1%
1987	14.0%	5.1%	1994	2.8%	1.3%
1988	3.5%	16.6%	1995	17.9%	37.6%
1989	22.7%	31.7%	1996	11.7%	23.0%

마틴 즈웨이그의 기준으로 현재까지 투자한다면?

10개 종목으로 구성된 즈웨이그 포트폴리오는 설정 이후 114.0%의 수익을 거두었으며 (S&P500의 21.4%에 비하면 무려 5배다.) 천재투자자의 포트폴리오 중 2003~2007년까지 매년 시장보다 성과가 좋은 2개 중 하나다. 최고로 성과가 좋은 해는 2004년으로 54.8%라는 놀라운 성과를 거두었으며, 이는 그해 S&P500의 9.0% 수익보다 6배나 좋은 성적이다. 가장 성적이 나쁜 해는 2007년이었지만 그래도 5.2% 수익을 거두어

S&P500의 3.5%보다 나았다.

성장에 초점을 맞춘 전략이라서 즈웨이그 모델은 다른 투자법보다 변동성이 컸다. 10개 종목으로 구성된 포트폴리오의 베타는 1.24였으며 20개 종목으로 구성된 포트폴리오의 베타는 1.23이었다. 하지만 이들 모델이 올린 수익을 고려하면 변동성이 늘어났다고 치러야 할 대가가 컸던 것 같지는 않다.

:: 마틴 즈웨이그의 투자법으로 투자할 경우 예상수익률 ::

	10개 종목 포트폴리오	20개 종목 포트폴리오	S&P500
설정일	2003.7.15	2003.7.15	2003.7.15
2003	32.1%	32.5%	11.1%
2004	54.8%	41.5%	9.0%
2005	5.8%	6.7%	3.0%
2006	17.3%	11.0%	13.6%
2007	5.2%	1.1%	3.5%
2008.07	−19.8%	−15.2%	−17.3%
총수익률	114.0%	90.2%	21.4%
연수익률	16.4%	13.7%	4.0%
최고의 해	54.8% (2004)	41.5% (2004)	13.6% (2006)
최악의 해	5.2% (2007)	1.1% (2007)	3.0% (2005)
베타	1.24	1.23	1.0
정확성	57.1%	55.5%	N/A

즈웨이그 모델은 몇 가지 다른 분야에서 의미를 찾을 수 있다. 예를 들어 금융회사와 에너지 관련 회사에서는 최근 높은 성적을 거두었다. 성장 전략에서 기대할 수 있는 바와 같이 즈웨이그 포트폴리오는 장기적으로 오래 보유하는 경향은 아니다. 대개 몇 개월만 보유하는데, 그 주식이 성장 가능성이 있다면 장기보유해도 나쁘지는 않았을 것이다.

마틴 즈웨이그의 주요 투자원칙

- PER가 적정한 종목을 찾을 것. 즉 너무 높지도 너무 낮지도 않을 것
- 3년간 EPS 성장률 대비 매출액이 증가할 것
- 과거 몇 년간 매출액성장률이 늘어날 것
- 이번 분기의 이익증가가 플러스일 것
- 과거 몇 개 분기의 이익증가가 장기성장률의 적어도 절반 이상일 것
- 지난 3개 분기와 당 분기의 EPS 성장을 비교해서 성장이 작은 종목은 피할 것
- 과거의 성장과 당 분기 EPS 성장을 비교할 것
- 과거 5년간 이익영속성을 살펴볼 것
- 장기 EPS 성장률이 적어도 15% 이상일 것
- 부채가 없을 것. 있다 하더라도 동종업종의 다른 종목과 비교해 부채비율이 낮을 것
- 내부자들이 매수하고 매도하지 않을 것
- 중앙은행의 동향을 예의 주시할 것. 중앙은행이 금리를 올릴 때는 더 위험회피형 투자를 할 것

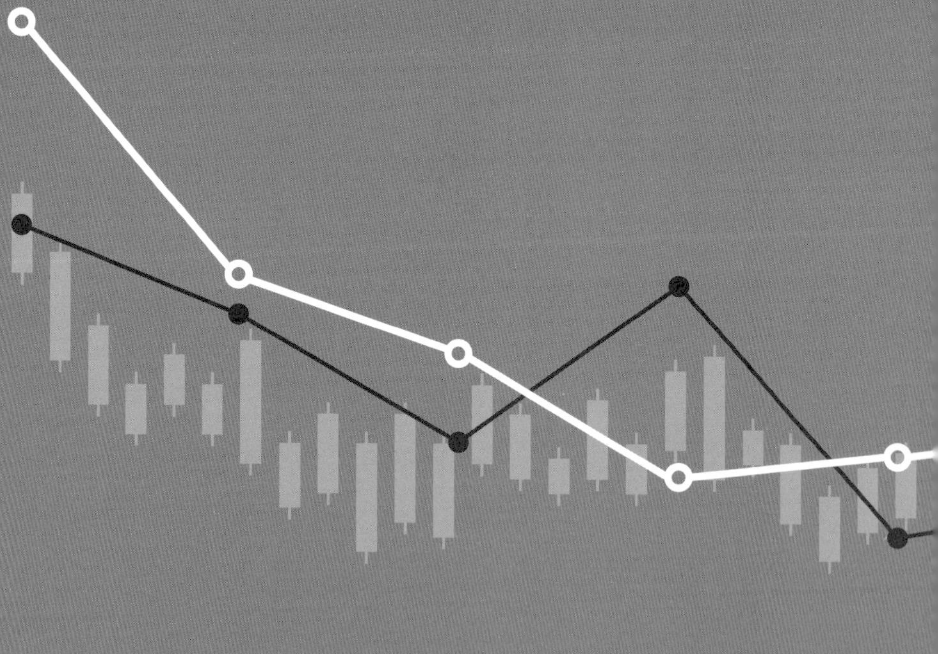

PART 4

순수한 분석가들

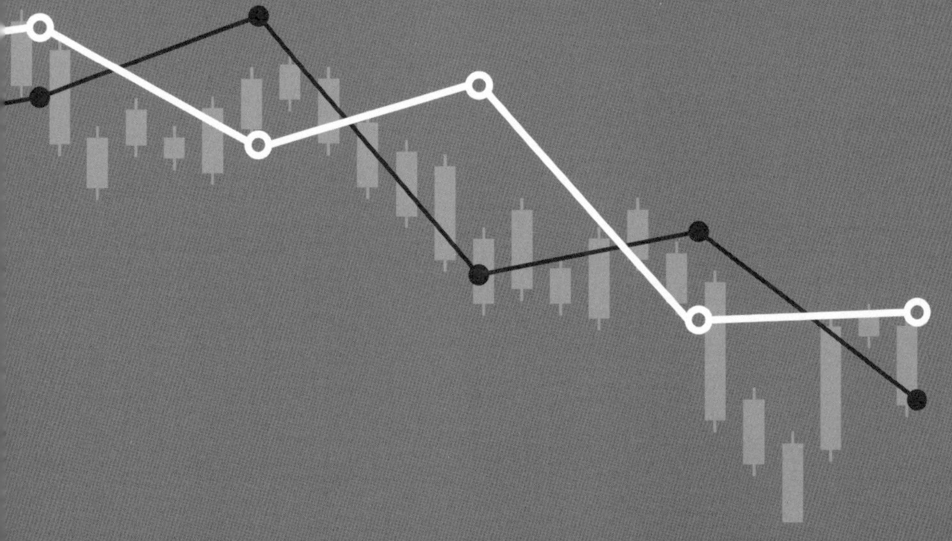

“

‘숫자는 안전하다’는 말은 제임스 오쇼너시, 조엘 그린블라트, 조셉 피오트로스키에게는 의미가 새롭다. 이들 3명의 천재투자자는 투자할 때 애널리스트의 보고서, 경제동향 그리고 기업의 제품과 서비스에 대한 자신의 주관적 느낌은 배제하고 오직 숫자(즉 펀더멘털)에만 철저하게 매달렸다. 종목을 고를 때 감정은 배제하고 냉정하고 엄격한 사실만을 토대로 결정을 내림으로써 다른 투자자들보다 훨씬 안전한 길을 택했다. 이들에게서 육감, 예측, 투기 같은 것은 찾아볼 수 없다. 오랜 기간 믿기 어려울 정도로 성공적임을 보여준, 이미 검증된 정량적인 시스템에 대한 확신을 발견할 수 있다. 이들의 전략은 그리 매력적이지 않고 사람들의 눈길을 확 사로잡는 그런 인물은 아니다. 하지만 주식시장에서 이들이 거둔 수익률만큼은 이주 인상적이어서 타의 추종을 불허한다.

”

CHAPTER 10

전형적인 금융분석가 제임스 오쇼너시 James O'Shaughnessy

수학의 본질은 단순한 것을 복잡하게 만드는 것이 아니라
복잡한 것을 단순하게 만드는 것이다.
– 스탠리 거더(수학자) –

:: 제임스 오쇼너시의 투자전략 ::

투자실적	1954년 말부터 1996년 말까지 오쇼너시의 전략을 백테스트해본 결과 연복리수익률은 '오쇼너시 성장주'가 18.52%, '오쇼너시 가치주'가 15.06%를 기록한 반면 같은 기간 S&P500은 11.51%를 기록했다. 한편 '오쇼너시 혼합주'의 수익률은 17.1%로서 오쇼너시가 테스트한 모든 전략 가운데 위험조정후수익률이 최고였다.(후에 '오쇼너시 혼합주' 투자법을 변형한 새로운 버전의 수익률을 측정한 결과 1963~2003년까지 매년 20.17%의 수익률을 기록했다.)
위험	중간. 오쇼너시의 성장주 전략은 가치주 전략에 비해 변동성이 상당히 큰 것으로 나타났다. 하지만 성장주 전략이 가치주 전략에 비해 훨씬 수익이 좋다.
투자기간	오쇼너시 투자법으로 최고의 성과를 얻으려면 시장 전체 사이클을 돌면서 몇 년간 그의 전략을 사용할 필요가 있다. 하지만 오쇼너시는 매년 한 번씩 포트폴리오를 재조정하며, 그런 측면에서 개별주식을 보유하는 그의 투자기간은 대개 1년이다.
노력	서류작업은 많지만 연구는 많지 않다.

제임스 오쇼너시는 누구인가?

뛰어난 성공을 거둔 오쇼너시 혼합주 전략

예전에는 대형 투자회사에서나 가능하던 일을 요즘은 놀라운 기술 덕분에 일반투자자도 쉽게 증권회사 홈페이지에 접속해 처리할 수 있다. 마우스 클릭 한 번으로 이익, 부채, 자본수익률, 이익률, 그리고 여러 가지 펀더멘털 지표를 한눈에 볼 수 있고, 이를 토대로 수많은 종목 가운데 기준에 맞는 것을 쉽게 찾을 수 있다.

그러나 이러한 기술을 통해서도 알 수 없는 것이 한 가지 있다. 어떤 전략이 세월이 흘러 어떤 성과를 거두었는가 하는 점이다. 어떤 종목의 이익성장률이 1 미만, 이익률은 적어도 5%, 부채비율이 10% 미만이면 대단한 것인지는 모른다. 그러나 이러한 종목의 수익률이 진짜 장기적으로 시장을 이겼는가?

여러 가지 가능한 것을 모두 차례로 넣어보아도 컴퓨터 모니터를 통해 실적을 들여다볼 수 있는 방법은 당연히 없다. 이것을 잘한 사람이 있다면 바로 제임스 오쇼너시다. 오쇼너시는 역사상 가장 심층적이고 정량적으로 증권시장을 연구했다. 이 연구에서 오쇼너시는 스탠더드앤푸어스의 고성능 컴퓨스태트(compustat) 컴퓨터의 데이터베이스를 활용해 열두어 가지에 이르는 종목선정 투자법으로 1950년대부터 1990년대 중반까지 40여 년에 걸쳐 성과를 백테스트해보았다. 오쇼너시는 대형주, 소형주, 고PER, 저PER, 양호한 현금흐름, 빈약한 현금흐름 등 갖가지 요소와 이러한 요소들을 결합해 제2차 세계대전 이후 이것들이 주식성과에 어떤 영향을 미쳤는지 연구했다.

오쇼너시는 장기간 수익 측면에서 특정전략이 어떤 성적을 거두었는지 알아본 것과 함께 각 전략이 얼마나 위험하고 변동성이 큰지도 함께 연구했다. 모든 종류의 투자법을 알아본 후에 최고의 위험조정후수익률을 낳은 전략을 하나 찾았으며, 이것이 바로 '오쇼너시 혼합주' 전략이다. 이것은 성장투자 전략과 가치투자 전략을 하나로 합친 것으로, 우리가 오쇼너시 모델을 만들 때도 사용한 것이다. '오쇼너시 성장주'가 '오쇼너시 가치주'보다 수익은 좋은 반면 위험은 더 컸다. '오쇼너시 가치주' 전략은 수익은 좀 떨어지는 반면 변동성이 조금 낮았다.

이 둘을 합친 '오쇼너시 혼합주' 전략은 이례적인 원투펀치로 1954~1996년까지 17.1%의 평균 복리수익률을 기록해 S&P500의 11.5%를 가볍게 뛰어넘은 반면 위험은 상대적으로 더 작았다. 5.6% 차이를 42년간 복리로 계산하면 엄청난 차이다. 오쇼너시 연구대상 기간의 첫날 1만 달러를 투자했다면 '오쇼너시 혼합주' 투자법을 사용해 1996년에는 760만 달러로 늘어났을 것이고, 이런 수익은 같은 기간 S&P500의 660만 달러보다 훨씬 많다. 이것은 효율적 시장가설 지지자들이 주장하듯 주가가 '랜덤 워크'로 움직이는 것이 아니라 '의도된 행보'대로 움직인다는 강력한 증거라고 오쇼너시는 말했다.

투자전략에 관한 특허 취득

미네소타 세인트폴에서 출생한 오쇼너시는 조지타운대학에서 국제

경제학과 경영학을 공부하고 미네소타대학에서 학위를 받았다. 현재 그는 오쇼너시 자산운용사의 회장이자 CEO, CIO로 일한다. 이 회사는 코네티컷에 있으며 기관투자가와 개인 고액자산가를 고객으로 하고 있다. 2008년 3월에 이 회사는 오쇼너시의 연구를 토대로 만들어놓은 15개 정량적인 전략을 사용해 90억 달러가 넘는 자산을 운용한다.[1] 오쇼너시 자산운용사는 설립 이후 첫 1년간은 베어스턴스 자산운용사에 속해 있다가 2008년 4월 1일 독립했다. 오쇼너시 자산운용사 설립 전까지 오쇼너시는 베어스턴스 자산운용사의 주식운용역 겸 수석 전무이사였다. 2008년에 오쇼너시는 코네티컷에 거주했으며 결혼해 3명의 자녀를 두었다.

오쇼너시는 자산운용사와 더불어 미국 주식시장에 투자하는 캐나다 뮤추얼펀드도 몇 개 운용하고 있다. 모닝스타에 따르면 2008년 4월 현재, 오쇼너시의 'RBC 오쇼너시 미국 성장주펀드 '의 10년 평균수익률은 6.4%로서 비교 대상인 'Russell 2000 TR CAD' 에 비해 4배나 높다. 'RBC 오쇼너시 미국 가치주펀드'의 10년간 수익률은 4.5%이며 비교 대상인 'S&P500 TR CAD'는 매년 0.2% 수익률을 기록했다.

혁신적인 연구가 보여주듯이 오쇼너시에게는 창조적인 면이 있다. 1996년 출간한 《What works on Wall Street(월가에서 효과 있는 것)》[2]을 비롯해 《Invest like the best(최고처럼 투자하라)》, 《How to retire rich(부자로 은퇴하기)》, 《Predicting the markets of tomorrow(내일의 시장 예측)》 등의 저서가 그 예다. 몇 년 전 인터넷 붐이 한창이었을 때는 웹사이트(www.Netfolio.com)를 만들어 투자자가 직접 자신의 뮤추얼펀드를 디자인할 수 있도록 하기도 했다. 하지만 기술주 거품이 꺼지면서 이 사이트도 문을 닫았다.

오쇼너시는 1999년 월가에서는 최초로 투자전략에 관한 특허를 취득한 것으로 더 유명하다. 특허 제목은 '투자관리를 위한 자동화전략'으로 미국 특허번호 5,978,778번이다. 그만큼 통계분석과 검증시스템에 일가견이 있다는 말이다.

제임스 오쇼너시의 투자철학

한번 정한 전략을 끝까지 고수하라

오쇼너시의 투자법은 순수하게 정량적이지만 그의 가장 중요한 가르침은 특정한 판단기준과 숫자에 관한 것이라기보다는 일반투자자가 당연히 지녀야 하는 일반적인 사고방식에 관한 것이다. 아마 다른 무엇보다도 오쇼너시가 반복해서 강조하는 부분은, 시장을 이기기 위해서는 전략을 잘 택해야 하며 일단 선택한 전략은 무슨 일이 있어도 고수해야 한다는 점일 것이다. 오쇼너시는 시장을 이기기 위해서는 신념이 중요하다고 했다. "자신이 채택한 전략이 다른 전략에 비해 수익률이 낮게 나

1) 각각의 전략들은 다시 소형주 가치투자, 중형주 성장투자, 해외투자 등 유형별로 분류되어 있다.
2) 오쇼너시는 2005년에 《What works on Wall Street》 개정판을 냈다.

오더라도 지속적으로, 참을성 있게, 노예처럼 비굴하다 싶을 정도로 한 번 정한 전략을 고수해야 한다."

우리가 살펴본 다른 천재투자자들과 마찬가지로 오쇼너시도 투자자의 가장 큰 적은 투자심리라고 믿었다. 왜냐하면 공포, 염려, 흥분 등 심리적 요인은 투자자가 장기계획을 세울 수 없도록 하고, 급등주만 찾아다니게 해 결국 허황된 꿈으로 끝나게 만들기 때문이다. "우리 인간은 모순 덩어리이다. 그런 점이 우리를 재미있게도 하지만 우리 돈을 성공적으로 투자할 능력에 재앙을 가져오게도 한다. 적극적인 전략을 규칙에 따라 지켜나가는 것이야말로 성과를 내는 핵심이다."

10여 년이 지난 지금도 한번 정한 전략을 고수해야 한다는 오쇼너시의 생각에는 변함이 없다. 오쇼너시의 회사가 베어스턴스 자산운용사에서 갈라져 나오면서 오쇼너시는 정량적인 전략도 함께 가지고 나왔다. 2007년 10월 '베어스턴스 매니저, 전략과 함께 떠나다' 라는 제목의 기사에서 오쇼너시는 이런 말을 했다. "월가에 항상 들어맞는 것은 여러 가지 다양한 시장상황에서 검증이 된 기본전략을 철저하게 고수하는 것이다."

전략에 기반한 자산배분과 장기투자 전략

오쇼너시에게 신념은 개별종목을 고르는 방법일 뿐 아니라 종목 유형을 고르는 데도 결정적 인 요소다. 2008년 4월 자신의 자산운용사 홈페이지에 올린 '조용한 폭풍'이라는 글에서 오쇼너시는 자신의 강점인 백테스트를 통해 시스템적이고 신념에 찬 투자법이 1900년대 이후 대형주에게는 두 번째로 최악의 기간이며 대형성장주에게는 1930년대 이후 최악이었던 2000년 이후 10년간 어떻게 탄탄한 수익을 낼 수 있었는지 보여준다.

지난 110년 주식시장 역사에서 시장이 가장 안 좋았던 기간 중 하나인 지난 8년간, 간단한 자산배분 계획을 충실히 따르기만 했어도 투자자는 괜찮은 수익을 거두었을 것이다. 새해 첫날, 1시간만 할애해 애초 목표로 삼은 배분에 맞게 포트폴리오를 재조정했다면 시장붕괴에서 한 발 비켜날 수 있었을 것이다. 간단하고 쉽게 들리지만 이렇게 간단한 조언조차도 제대로 따라하는 투자자가 거의 없다. 우리는 바로 지금, 바로 여기에 산다. 신문 머리기사는 우리에게 경고한다. 소위 전문가라는 사람들은 지금 바로 이 순간에도 무엇이 유행하는지 계속 떠든다. 그런 이야기를 듣고 우리는 거기에 현혹되어 정작 아무 행동도 하지 않거나, 아니면 최악의 시기에 성급하게 행동으로 옮기곤 한다.

오쇼너시는 이런 문제를 피해갈 해답을 아래와 같이 제시했다.

나는 시장의 전체상황에 상관없이 일관된 신념으로 간단한 자산배분 계획을 실천함으로써 자신의 감정을 조절할 수 있는 투자자야말로 그렇지 못한 투자자에 비해 무척 좋은 성과를 거둔다는 것을 확신한다. 지난 108년간의 자료를 보면(지금 TV나 인터넷에서 전문가가 떠드는 소리를 듣는 대신에) 시장이 어떻든 간에 간단하고 솔직하며 세월의 검증을 거친 투자전략이 최고의 결과를 낳았음을 알 수 있다.

투자자는 검증된 전략 중에서 자신에게 적합한 전략을 골라서 끝까지 고수해야 한다. 이것이 필자 역시 동의하는 가장 기본적인 투자원칙 가운데 하나다. 사실 전략을 따를 것인지 말 것인지 결정하는 것은 어떤 전략으로 할 것인지 결정하는 것보다 더 어려울지도 모른다. 언론에서 더 이상 전략은 없다는 식의 기사를 써대는 침체기에도 평범한 전략을 내내 고수한 투자자가 아무 전략 없이 투자한 투자자보다 이익을 더 많이 낼 수 있다.

오쇼너시 투자철학의 핵심 사항 중 또 한 가지는 그가 장기투자를 철저하게 신봉하는 사람이라는 것이다. 2001년 초 PBS TV로 방송된 한 인터뷰에서 오쇼너시는 이렇게 말했다. "그것(장기투자)은 두말하면 잔소리지요. 많이 거래하면 할수록 수익은 줄어들 수밖에 없습니다. 전략을 정했으면 그 전략이 수익을 낼 때까지 내버려두어야 합니다."

오쇼너시는 워런 버핏처럼 매수 후 몇 년씩 보유하는 장기투자자는 아니다. 대략 1년 정도 보유하고 자신의 포트폴리오를 재조정한다. 이렇게 하면 자기가 정한 기준을 충족하지 못하는 주식은 보유하지 않는 셈이다. 매년 재조정을 하지만 일부 포트폴리오는 더 자주 재조정한다. 오쇼너시 자산운용회사의 홈페이지에는 이 회사가 구사하는 15가지 전략 가운데 8가지가 자세하게 설명되어 있는데, 이 8가지 중 5가지는 매년 재조정하고 1개는 6개월마다, 나머지 2개는 분기마다 재조정한다.

극히 단순한 오쇼너시 투자법

오쇼너시 투자법에서 중요한 점은 그의 투자법이 극히 단순하다는 것이다. 열몇 가지 전략과 수십 년간의 자료로 주식시장의 수익률을 연구하고 나서 등장했기 때문에 오쇼너시가 최고의 수익을 거두기 위해 매우 복잡하면서 처음 보는 공식을 가지고 있을 것이라고 생각하기 쉽지만, 사실은 정반대다.

오쇼너시는 투자에 관해 '가장 간단한 이론이 최선의 이론'이라는 오컴의 면도날 이론[3]을 예로 들었다. 오쇼너시가 폭넓은 연구를 거쳐 개발한 '오쇼너시 혼합주' 투자법의 내용은 단 2가지다. '오쇼너시 가치주' 투자법은 5개 기준을 가지고 있으며 '오쇼너시 성장주' 모델은 겨우 4개의 기준을 가지고 있을 뿐이다.

이 전략들은 간단히 시가총액을 알아보는 것으로 시작한다. '오쇼너시 가치주'는 시가총액이 10억 달러 이상인 대형종목을 대상으로 하는데, 이들 종목이 가치주가 펼치리라고 기대하는 견고하고 안정적인 이익을 내기 때문이다. '오쇼너시 성장주' 투자법은 소형주 위주다. 그러나 유동성에 문제가 있는 종목을 골라내기 위해 적어도 시가총액이 1억 5천 달러 이상은 되어야 한다.

'오쇼너시 가치주' 투자법을 사용할 때 오쇼너시는 소위 마켓 리더(market leaders)[4]를 목표로 했는데, 이 종목이 시장 전체보다는 훨씬 변동성이 작기 때문이다. 그는 젊은 투자자는 물론 거의 모든 연령의 투자

---

3) = 경제성의 원리. 영국의 논리학자 오컴이 주장한 이론. '같은 현상을 설명하는 2개의 주장이 있다면 간단한 쪽을 선택하라'는 뜻이다. 여기서 면도날은 필요하지 않은 가설을 잘라내버린다는 뜻으로 사용한 단어다. – 옮긴이

4) 매출이 업종평균 이상인 대형, 유명회사 – 옮긴이

자가 가치주를 보유해야 한다고 생각했다.

대형, 유명 가치주를 고르기 위해 오쇼너시는 단지 시가총액만 요구하지는 않았다. 이들 회사의 유통주식수가 시장평균보다 많을 것, 최근 12개월 매출이 시장평균보다 적어도 1.5배는 될 것 등을 요구했다.

그러나 오쇼너시에게 매력적인 가치주가 되기 위해서는 규모나 시장에서의 지위만으로는 부족하다. 그는 종목의 미래를 예측하게 해주는 뛰어난 지표가 바로 현금흐름이며, 현금흐름이 원활할수록 더 좋다고 보았다.

대형주, 시장주도주를 대상으로 오쇼너시가 주당 현금흐름보다 더 중요하게 생각한 것이 있다. 바로 배당수익률이다. 소형주는 높은 배당수익률이 그리 중요하지 않지만[5] 대형, 시장주도주가 좋은 성적을 냈으며 약세장에서도 다른 종목에 비해 하락폭이 크지 않았다. '오쇼너시 가치주' 모델은 앞에서 이야기한 4가지 기준(시가총액, 유통주식수, 매출, 현금흐름)을 통과한 종목으로만 구성했으며, 배당수익률에 따라 순위를 매겼다. 그리고 배당수익률이 높은 종목 순으로 50개 종목을 최종선정했다.

재미있는 사실은, 오쇼너시가 연구한 성공적인 투자전략 거의 전부, 심지어 성장투자 전략조차도 가치투자 관련 판단기준을 적어도 하나 이상은 포함하고 있다는 점이다. 특히 오쇼너시는 '오쇼너시 성장주' 전략의 가치투자 요소로 주가매출액비율(PSR)을 중요시해서 월가를 놀라게 했다. "증시분석에 사용되는 모든 재무비율 중에서 주가매출액비율이 가장 확실하다. 이를 통해 특정종목의 주가가 미래에 상승할 것인지 여부를 정확히 알 수 있다." 그전까지 종목의 가치를 평가하는 데 주가수익률(PER)이 절대적이라고 믿어온 월가에 이 내용은 충격 그 자체였다.

저PSR(1.5 미만)은 오쇼너시의 성장주 투자법에 큰 부분을 차지하지만, 그렇다고 오쇼너시가 저PSR만 고려한 것은 아니다. 쓸모없는 종목을 확실하게 골라내기 위해 과거 5년간의 이익을 살펴보기도 했는데, 이때 과거 5년간 주당순이익이 매년 증가해야 한다.

오쇼너시는 주가가 오르는 종목은 계속 오르며 떨어지는 종목은 계속 떨어진다는 사실도 알아냈다. 그래서 최근 12개월간 모든 종목에 비해서 해당기업이 어떤 성과를 냈는지 알아보는 상대강도[6]를 즐겨 사용했다. 가치투자법에서 배당수익률이라는 방법을 썼듯이 성장투자법에는 상대강도라는 판단기준을 사용했다. 성장 모델 테스트 3가지(시가총액, 주당순이익 영속성, 주가매출액비율)를 통과한 기업을 상대강도 순으로 나열해 상위 50개 종목을 골랐다.

오쇼너시는 성장주 모델이 성과가 좋은 가장 큰 이유는 높은 상대강도와 저PSR을 적절하게 조합했기 때문이라고 말한다. 상대강도가 높은 종목은 시장이 선호하는 기업이다. 어떤 회사의 주가매출액비율이 낮다는 것은 성장주라기보다는 가치주가 갖는 특징인데, 이 종목의 가격이 너무 올라 매수하기에 시기가 늦어버린 것은 아니라는 사실을 확인해준다. 이 전략을 따르면 주가가 이익의 165배인 넷스케이프나 진텍, 폴라

---

5) 연구결과 고배당의 소형회사 투자수익률은 시장평균에 미치지 못했다.

6) 어떤 주식의 가격은 강세장에서 다른 주식보다 빠른 속도로 상승하고 약세장에서는 더욱 빠른 속도로 하락한다. 이처럼 개별주식의 가격이 시장 전체의 움직임에 대해 반응하는 정도를 상대강도라고 한다. – 옮긴이

로이드 등을 매수하지는 않게 될 것이다. 오쇼너시는 역사적으로 유명한, 모멘텀이 이끈 과대평가 종목을 언급하면서 이렇게 말했다. "이 전략은 시장이 눈치채기 전에 소외주를 매수하게 해준다."

오쇼너시의 일반적인 전략 가운데 또 하나. 고위험이 늘 고수익을 가져온다는 철칙을 오쇼너시는 믿지 않았다. 최악의 성적을 거두는 전략이 오히려 최고 성적을 거두는 전략보다 더 위험하다는 사실을 발견했다. 따라서 위험이 큰 전략이 궁극적으로 더 많은 수익을 가져다줄 것이라는 가정은 오쇼너시에 따르면 결코 올바른 것이 아니다.

계속해서 전략을 업데이트하다

처음 '오쇼너시 혼합주' 전략을 발표하고, 이 전략은 이례적일 만큼 우수한 성적을 냈지만 오쇼너시는 거기서 멈추지 않았다. 전략을 계속 업데이트해서 더 많은 수익을 거두었다.

오쇼너시는 '오쇼너시 가치주'에 주주수익률 지표를 추가했다. 배당수익률에 자사주매입을 더해서 주주수익률을 산출한다.[7] 자사주재매입을 이해하기 위해 오쇼너시는 회사의 전년도 초와 전년도 말의 주식수 차이로 비율을 냈다. 연초에 어떤 종목의 주식수가 100만 주였고 연말에 90만 주였다면 자사주재매입 비율은 10%다. 이 숫자를 배당수익률에 더해서 주주수익률을 산출한다.

7) 오쇼너시는 자사주재매입이 결국 유통주식수를 줄임으로써 남은 주식의 가치를 올리는 것이라고 말한다.

한편 오쇼너시는 '오쇼너시 성장주' 전략에 각각 3개월, 6개월 상대강도 판단기준을 추가했다. 오쇼너시는 1년 상대강도 변수를 사용하는 것은 그 자체로 문제가 있다고 보았다. 어떤 종목은 1년간 주가상승이 커서 상대강도가 높다. 하지만 1년 중 일시적으로는 주가가 엄청나게 내려갈 수도 있다. "이것은 주가가 낮은 종목을 고른다는 전략과 들어맞지 않는다. 그래서 단기가격 모멘텀 기준도 추가한 것이다." 오쇼너시는 이렇게 해서 해당기간에 주가가 오르는 종목에 초점을 맞추는 전략을 확고히 할 수 있었다.

제임스 오쇼너시의 투자노트

오쇼너시의 연구에서 통계적으로 유의미한 결과를 얻는 데 알맞은 종목수는 25~50종목이다. 이러한 투자법은 상당한 금액을 투자하려는 투자자에게 더 적합하다.

1| '오쇼너시 성장주' 전략

오쇼너시의 성장주 전략부터 알아보자. 마틴 즈웨이그처럼 오쇼너시도 괜찮은 성장주를 원했지만 그렇다고 너무 비싸게 사고 싶어하지는 않았다. 오쇼너시 성장주에 알맞은 판단기준은 4개다.

:: '오쇼너시 성장주' 종목선정 체크리스트 ::

	통과	탈락
① 시가총액	1억 5천만 달러 이상	1억 5천만 달러 미만
② EPS 영속성	EPS Y1 > EPS Y2 > EPS Y3 > EPS Y4 > EPS Y5	그 외의 경우
③ PSR	1.5 미만	1.5 이상
④ 상대강도	위 3개의 판단기준을 통과한 상위 50개 주식	그 외의 경우

① 시가총액

'오쇼너시 성장주' 전략이 요구하는 첫 번째 사항은 해당기업의 시가총액이 적어도 1억 5천만 달러 이상이어야 한다는 점이다. 이러한 요구조건을 고수하면 유동성이 부족한 기업도 걸려들 수 있지만, 여전히 소형 성장기업을 포함시킬 여지가 충분하다.

② 주당순이익(EPS) 영속성

'오쇼너시 성장주' 전략은 크기에 관계없이 일관성 있는 이익성장을 보이는 기업을 발굴하기를 요구한다. 이러한 요구를 충족시키기 위해 기업의 특별손익(extraordinary items)[8] 이전의 주당순이익이 최근 5년간 매년 반드시 올라야 한다.

8) 발생빈도가 낮고 특이한 사건 등으로 발생한 수익과 손실 – 옮긴이

③ 주가매출액비율(PSR)

오쇼너시는 주가매출액비율이 1.5 미만인 종목을 골랐다. 성장 판단기준과 더불어 가치 판단기준은 여전히 가격이 싼 성장주를 고른다.

④ 상대강도

'오쇼너시 성장주' 전략에 대한 마지막 판단기준은 위의 3가지 판단기준을 통과한 종목 중 상대강도 순으로 상위 50개 종목을 골라내는 것이다. 오쇼너시는 주가매출액비율 기준과 상대강도 기준을 조합하는 것이 무척 중요하다고 생각했다. 상대강도 테스트를 통해 시장이 원하는 성장주를 매수할 기회를 찾을 수 있다고 생각했다. 반면에 저PSR 조건은 너무 비싸지기 전에 유명 주식을 늦지 않게 손에 넣을 수 있도록 해준다.

2| '오쇼너시 가치주' 전략

오쇼너시 투자법의 또 다른 축이다. 가치면에서 오쇼너시는 현금흐름이 좋고 견고한 배당을 지급하는 대형기업을 목표로 했다.

⑤ 시가총액

'오쇼너시 가치주' 전략은 시가총액이 10억 달러를 초과하는 대형, 유명 기업이 대상이다. 오쇼너시는 이러한 회사 주식이 단단하고 안정적인 이익을 보인다는 것을 알았다. '오쇼너시 가치주' 전략은 유틸리티 회사 주식은 포함시키지 않는데, 이러한 종목은 일반적으로 높은 배당을 보여서 적격기업(eligible companies) 리스트를 석권하기 때문이다.

:: '오쇼너시가치주' 종목선정 체크리스트 ::

	통과	탈락
⑤ 시가총액	10억 달러 초과	10억 달러 이하
⑥ 주당 현금흐름	시장평균 현금흐름 초과	시장평균 현금흐름 이하
⑦ 유통주식수	시장평균 유통주식수 초과	시장평균 유통주식수 이하
⑧ 최근 12개월 매출	시장평균의 1.5배 초과	시장평균의 1.5배 이하
⑨ 배당수익률	위 4개의 판단기준을 통과하고 배당수익률 상위 50개 회사	상위 50개 회사 이외

⑥ 주당 현금흐름

오쇼너시는 주당 현금흐름이 시장평균을 상회하는 기업을 찾아다녔다. 오쇼너시 모델을 통과하기 위해서는 주당 현금흐름이 시장평균보다 높아야 한다.

⑦ 유통주식수

오쇼너시는 유통주식수가 시장평균을 넘는 주식을 찾았으며, 이는 가치주 측면에서 그가 고르고자 한 대형기업을 판단하는 또 다른 방법이었다. 이러한 회사는 이름 있고 거래가 많은 회사다.

⑧ 최근 12개월 매출

오쇼너시가 대형가치주를 찾는 또 다른 방법은 최근 12개월 매출이 많은 기업이었다. 기업의 최근 12개월 매출이 시장평균의 1.5배를 초과해야 한다.

⑨ 배당수익률

'오쇼너시 가치주' 전략의 마지막 단계는 앞의 4개 판단기준을 통과한 시장 선도기업 가운데 배당수익률이 가장 높은 50개 기업을 고르는 것이다. 이 기준을 통과하는 회사는 마지막 기준을 통과하는 것이다.

제임스 오쇼너시의 투자수익률

다음 표는 제임스 오쇼너시가 1964년부터 1996년까지 실제 투자한 수익률이다.

:: 제임스 오쇼너시의 실제 투자수익률 ::

연도	제임스 오쇼너시	S&P500	연도	제임스 오쇼너시	S&P500
1964	25.1%	16.5%	1971	23.9%	14.6%
1965	30.8%	12.5%	1972	16.8%	18.9%
1966	−5.1%	−10.1%	1973	−16.7%	−14.7%
1967	53.5%	24.0%	1974	−20.7%	−26.4%
1968	38.5%	11.0%	1975	47.9%	37.2%
1969	−21.5%	−8.4%	1976	35.8%	23.6%
1970	4.3%	3.9%	1977	14.8%	−7.4%

1978	20.8%	6.4%	1988	28.1%	16.6%
1979	32.1%	18.2%	1989	3.7%	31.7%
1980	41.5%	32.3%	1990	−5.1%	−3.1%
1981	1.9%	−5.0%	1991	44.1%	30.5%
1982	28.3%	21.4%	1992	18.6%	7.6%
1983	35.6%	22.4%	1993	25.3%	10.1%
1984	1.3%	6.1%	1994	−0.3%	1.3%
1985	38.8%	31.6%	1995	22.4%	37.6%
1986	19.1%	18.6%	1996	26.7%	23.0%
1987	3.1%	5.1%			

제임스 오쇼너시의 기준으로 현재까지 투자한다면?

'오쇼너시 혼합주' 투자법처럼 우리의 오쇼너시 모델도 '오쇼너시 성장주'와 '오쇼너시 가치주' 2개를 합쳐서 만들었다. 10개 종목 포트폴리오는 2003년 7월 설정 이후 90.2%라는 수익을 기록해서 S&P500의 21.4%보다 무려 4배나 높다. 20개 종목 포트폴리오는 성과가 더 좋아서 설정 이후 96.1%를 기록했다.

오쇼너시는 종목수가 적정할 때 가장 좋은 성적을 낸다고 했기 때문에 50개 종목 포트폴리오의 실적도 조사해보았다. 과연 10개 종목, 20개 종목으로 구성된 포트폴리오보다 성적이 더욱 좋아서 설정 이후 109.1% 의 수익을 거두었다. 반면 비교 대상인 S&P500은 21.4%였다. 이 3가지 포트폴리오는 변동성도 작아서 베타가 1.10에서 1.11 사이였다.

:: 제임스 오쇼너시의 투자법으로 투자할 경우 예상수익률 ::

	10개 종목 포트폴리오	20개 종목 포트폴리오	S&P500
설정일	2003.7.15	2003.7.15	2003.7.15
2003	51.6%	40.1%	11.1%
2004	1.0%	11.9%	9.0%
2005	22.4%	27.9%	3.0%
2006	24.0%	19.4%	13.6%
2007	−3.9%	−2.7%	3.5%
2008.07	−14.9%	−15.8%	−17.3%
총수익률	90.2%	96.1%	21.4%
연수익률	13.7%	14.4%	4.0%
최고의 해	24.0% (2006)	27.9% (2005)	13.6% (2006)
최악의 해	−3.9% (2007)	−2.7% (2007)	3.0% (2005)
베타	1.11	1.10	1.0
정확성	52.7%	54.8%	N/A

제임스 오쇼너시의 주요 투자원칙

성장주

- 시가총액을 봐서 유동성이 충분한지 확실히 확인할 것
- EPS 영속성 확인
- 주가매출액비율이 낮을 것
- 위의 3개 기준을 모두 통과한 종목 중 상대강도가 높은 순서로 50개 종목을 고른다.

가치주

- 시가총액이 충분히 커야 한다.
- 주당 현금흐름을 확인할 것
- 유통주식수를 확인할 것
- 최근 12개월의 매출을 확인할 것

CHAPTER 11

마법공식의 사나이 조엘 그린블라트 Joel Greenblatt

단순한 것이 가장 세련된 것이다

– 레오나르도 다 빈치 –

:: 조엘 그린블라트의 투자전략 ::

투자실적	1988~2004년까지 그린블라트의 간단한 '마법공식'으로 백테스트한 실적은 연평균 30.8%를 기록했는데 이는 같은 기간 S&P500의 12.4%보다 2배 이상이다. 이 전략으로 17년 가운데 14년이 S&P500보다 좋은 실적을 거두었다.
위험	중간. 그린블라트는 자신의 전략에서 오직 2가지 변수만 썼기 때문에 단기성적만 보면 시장을 하회하는 것으로 받아들일 수도 있다. 그래도 여전히 이 공식은 10여 년간 잘 들어맞고 있다.
투자기간	그린블라트의 연구는 보유 기간을 1년으로 잡는다. 하지만 명심해야 할 것은 반드시 3년 또는 그 이상 계속해서 결과에 신경 쓰지 말고 마법공식을 고수해야 결국 시장을 이기는 성적을 낸다는 것이다. 마법공식이 매년 시장을 이기는 것은 아니기 때문이다.
노력	미미함. 오직 2가지 변수만 다루기 때문에 이 투자법은 상당히 직설적이다.

조엘 그린블라트는 누구인가?

단 2개의 변수만으로 시장을 이기는 마술사

앞에서 여러 천재투자자들의 전략을 살펴보았듯이 종목을 고를 때는 여러 측면에서 검토하는 것이야말로 장기적으로 시장을 이기는 방법이다. 맞다. 피터 린치는 이익성장률, 제임스 오쇼너시와 케네스 피셔는 주가매출액비율, 존 네프는 주가수익률을 중시했다. 하지만 이 지표들을 모두 해당종목의 재무건전성을 나타내주는 다른 변수와 함께 측정했다. 상대적으로 간단한 오쇼너시의 성장주 전략에 나오는 4가지 지표나 조금 더 깊이 들어간 데이비드 드레먼의 13가지 지표는 모두 한 가지 측면으로만 종목을 검토했다. 우리는 아직 변수를 단 하나만 사용한 장기전략을 접한 적이 없다. 잭 바우어[1]나 슈워제네거 캘리포니아 주지사조차도 총 한 방으로 시장을 쓰러뜨릴 수는 없듯이 말이다.

하지만 2개의 변수라면 가능하다. 2005년 베스트셀러 《주식시장을 이기는 작은 책》에서 헤지펀드 매니저 조엘 그린블라트는 오직 2개의 펀더멘털 변수만으로 시장을 이길 수 있는 놀라울 정도로 단순한 방법을 소개했다. 그린블라트는 이를 '마법공식'이라고 이름 붙였다. 하나는 기업이 자본을 투자해 얻는 수익인 자본수익률(ROC), 그리고 또 하나는 회사의 이익수익률(earnings yield)이다.

---

1) 미국 드라마 《24》의 주인공 – 옮긴이

너무 간단해서 믿기 어려운가? 그렇지 않다. 그린블라트가 이 전략을 백테스트해보니 1988~2004년까지 매년 평균수익률 30.8%를 기록했는데, 이것은 S&P500의 12.4%보다 2.5배나 좋은 성적이다. 2005년 12월에 마법공식 전략의 실적을 알아보기 시작한 이후 시장을 상당한 차이로 앞섰다.

그린블라트의 책은 투자업계에 상당한 충격을 주었다. 아주 쉽게 이해할 수 있도록 대화체로 쓴 이 '작은' 책은 간편하고 빨리 읽을 수 있도록 176쪽으로 되어 있다. 열한 살짜리 어린이도 이해할 수 있는 주제로 주식시장의 음모를 깬다. 사실 그린블라트는 원래 자신의 다섯 아이들에게 어떻게 하면 스스로 돈을 벌 수 있는지 가르쳐주기 위해 이 책을 썼다고 한다. 《주식시장을 이기는 작은 책》에서 그린블라트는 몇 가지 간단한 설명을 통해 주식시장의 원리를 설명해나간다. 그린블라트의 막내아들과 같은 반 친구인 제이슨이 초등학교 6학년 친구들에게 껌을 파는 것을 예로 들었다. 제이슨의 단순한 '사업'을 예로 들면서 수요와 공급, 세금 그리고 수익률 개념을 설명한다.

이처럼 사람들에게 친근하게 다가간 투자법에는 그린블라트가 하고자 하는 이야기 2개가 나온다. 우선 '진짜 시장을 이기고 싶으면 전문가나 학자는 전혀 도움이 되지 않는다.'는 것과 '그러면 방법은 하나밖에 없는데, 그것은 바로 자기 스스로 해봐야 한다.'는 것이다.

그린블라트의 마법공식 설명은 간단하지만, 그렇다고 그의 투자법을 그대로 따라하는 것이 쉬울 것이라고 생각하지는 마라. 1장에서 투자에는 성공을 가로막는 심리적인 장벽들이 놓여 있다고 한 것을 기억하는가? 그린블라트의 전략은 심리적인 장벽들이 출몰하는 전략 가운데 하나다.

하지만 그린블라트 투자법의 골자는 '시장을 이기는 것이 쉽지 않을지는 몰라도 그렇다고 복잡할 필요는 없다.'는 것이다. "그렇게 힘들지는 않아요. 몇 개월간 하루 몇 분만 할애하면 돼요. 어려운 것은 마법공식이 왜 타당한지 여러분 스스로 이해할 수 있어야 한다는 점입니다. 친구나 전문가, 언론 그리고 시장지표가 다 다르게 나오더라도 마법공식이 여전히 타당하다는 사실을 계속 믿어야 합니다."

그렇다면 왜 마법공식이 맞는 것일까? 2가지 변수, 즉 자본수익률과 이익수익률을 결합하면 적당한 가격으로 튼튼한 종목을 살 수 있다. 그린블라트는 이 전략이 들어맞는 가장 큰 이유, 그리고 모든 사람이 이 전략에 대해 알게 되더라도 계속 잘 들어맞을 수밖에 없는 이유는 역설적이게도 "이 전략이 가끔 잘 들어맞지 않기 때문"이라고 말한다.

헷갈리는가? 걱정하지 마라. 이 장의 뒷부분에서 자세히 설명하고 있다. 하지만 그전에 이처럼 간단하게 시장을 이기는 공식을 개발한 월가의 마술사에 대해서 좀 더 알아보자.

고담 캐피털의 설립자

1957년생인 그린블라트는 우리가 살펴본 천재투자자들 가운데 가장 젊은 편이다. 그럼에도 불구하고 그린블라트는 나름대로 업적을 거둔 인물이다. 펜실베이니아 와튼스쿨을 졸업[2)]한 그린블라트는 뉴욕시에 있는 헤지펀드 회사 '고담 캐피털'의 설립자이자 파트너로 일한다. 1985년 설정 이후 이 책을 쓰고 있는 현재까지 이 펀드는 연평균 40%라는 놀라운 수익률을 기록하고 있다.

2006년 여름 〈부동산 포트폴리오〉라는 잡지에 실린 그린블라트의 인터뷰 기사에는 고담 캐피탈이 외부에서 들어온 자금을 모두 돌려주고 현재는 파트너의 자금만으로 운용한다는 내용이 있다. 그리고 이 기사에 따르면, 그린블라트와 파트너들은 2002년 고담 캐피탈을 설립해 나름대로 자산운용을 하는 한편 자산운용 인력을 별도로 채용해 이들에게도 펀드 운용을 맡기고 있다고 한다. 이를테면 '펀드가 투자하는 펀드'인 셈이다.

공식적으로 그린블라트는 항공우주·방위산업체인 알리안트 테크시스템의 회장이다. 그는 컬럼비아대학의 겸임교수로서 투자 관련 과목을 십수 년째 강의하고 있으며 '가치투자 클럽' 이라는 웹사이트를 만들어 회원끼리 여러 가치투자 관련 아이디어를 교환할 수 있도록 하고 있다.

그린블라트는 교육세계도 흔든다

그린블라트의 관심과 공헌은 투자세계에만 국한되지 않는다. 그린블라트는 학생들에게 자신이 가르쳐주는 기술은 극히 제한적이라고 강조한다. "배움을 통해 돈을 많이 벌 수 있는 잠재력을 키울 수 없다는 사실이 중요한 것이 아닙니다. 중요한 것은 학생들의 시간과 지적 능력을 더 고귀하고 더 좋은 일에 쓸 수 있다는 것입니다. 학생들을 가르치면서

---

2) 1979년 학부 졸업과 더불어 1년 후에는 이 명문대학에서 MBA도 땄다.

저는 늘 학생들에게 되돌려줄 것을 찾으라고 이야기합니다."

실제로 그린블라트는 자신의 이런 생각을 실천에 옮기고 있는데 그 중 하나가 교육에 관심을 기울이는 것이다. 로버트 콜커가 2006년 2월 〈뉴욕 매거진〉에 기고한 '헤지펀드가 학교 같다고?'라는 기사를 보면, 2002년 그린블라트는 뉴욕시 퀸즈에서 어려움에 부닥친 한 초등학교의 운영에 참여했다고 한다. 그 초등학교는 가난한 남미, 동남아시아 출신 이민자들이 늘어나면서 이들의 자녀에게 무언가 도움을 주자는 취지로 세워졌다. 500여 명 정도 되는 학생들의 읽기 능력을 향상시키기 위해 그린블라트는 이 학교에 200만 달러를 기부했다. 결과는 놀라웠다. 로버트 콜커는 이렇게 썼다. "조엘 그린블라트의 우호적인 인수 덕분에 초등학교는 하버드 경영대학원의 연구대상에 오를 정도로 성공적인 예가 되었다. 뉴욕에 있는 어느 학교도 절망적인 실패에서 완전한 성공으로 그렇게 빨리 흐름이 반전된 예를 찾기는 어려울 것이다."

하지만 그린블라트가 어느 한 학교만 도우려고 한 것은 아니다. 그는 이렇게 말한다. "효율적이고 적합한 공립학교 본보기를 만들어서 뉴욕시 전체로 빠르게 확산시키고 싶었다. 나는 투자자다. 어떤 비즈니스 모델이 잘될지 안될지 알아내려고 많은 시간을 보낸다. 잘되는 모델을 찾아서 이를 확산시키고 싶다."

그린블라트의 이런 바람은 어느 정도 달성된 듯하다. 그린블라트가 회장으로 있는 '할렘 석세스 아카데미 차터 스쿨'이 2006년 문을 열었다. 이 학교 홈페이지에는 학사관리가 엄격한 차터 스쿨(charter school)[3)]40개 중에서 이 학교가 가장 먼저 개교한 학교라는 내용이 나온다. 아마 그린블라트는 어려움에 빠진 학교를 강력한 성과를 내는 학교로 변모시키는 또 다른 마법공식을 발견한 것 같다.

조엘 그린블라트의 투자철학

마법공식 투자 : 그냥 2가지만 있으면 된다

'마법'이라는 말에는 초자연적인 무언가가 숨어 있는 것 같지만 그린블라트의 마법공식은 신비하게 피어오르는 연기나 마법거울이 아니다. 사실 매우 단순하고 건전한 투자조언이다. '좋은 회사 주식을 싸게 사는 것이 중요하다'가 핵심원칙이다. 물론 다들 동의하는 말이다.

그린블라트 투자법 2가지 중 첫 번째가 자본수익률(ROC)인데, 이 지표를 통해 '좋은 회사 주식'을 판단한다. 본질적으로 자본수익률은 기업이 자본으로 돈을 얼마나 버는지 보여준다. 워런 버핏이나 피터 린치가 금융회사에 적용하던 총자산수익률(총자산이익률)과 비슷하다. 그린블라트는 자본에 대한 수익이 높은 회사일수록 경쟁자를 누를 수 있는 특별한 강점이 있음을 알았다. 이러한 강점은 코카콜라처럼 훌륭한 브랜드명일 수도 있는데, 이것으로 경쟁자보다 더 비싼 가격을 매길 수 있다. 또 이베이처럼 강력한 경쟁력일 수도 있는데, 다른 경매 사이트는 넘볼 수

3) 공적자금을 받아 교사·부모·지역단체 등이 설립한 학교 – 옮긴이

없을 정도로 구매자와 판매자가 압도적으로 많아서 경쟁자가 비슷한 혜택을 제공하기가 어렵다.

총자산수익률은 기업의 순이익을 총자산으로 나눈 것이다. 그린블라트의 자본수익률은 이것과는 약간 다르다. 그린블라트는 주로 기업이 현재 사업을 얼마나 잘하는지 보고자 했다. 총자산수익률을 계산할 때처럼 기업에서 발표한 이익을 사용하지 않고 이자 비용과 세금을 차감하기 전 수익(세전영업이익)을 사용했다. 그럼으로써 부채상환이나 세금 때문에 판단에 왜곡이 생기지 않도록 했다.

또 다른 점은 총자산수익률 계산처럼 방정식의 이익 부분을 총자산으로 나누지 않는다는 것이다. 대신 순운전자본에 순고정자산을 더한 고용된 유형자본으로 나누었다. 그의 설명을 들어보자.

기업이 사업하는 데 실제로 필요한 자본이 얼마나 되는지 알아보기 위한 것이다. 채권(매출채권, 미수금, 대여금 등)과 재고자산(사업하는 데 필요하지 않은 잉여현금은 이 계산에서 배제)을 유지하기 위한 자금을 조달해야 하기 때문에 순운전자본이 사용되었지만, 지급채무를 위한 자금을 투자할 필요는 없다. 이것은 사실상 무이자 대출이기 때문이다.(이 계산에서는 단기 이자부 부채는 당기부채에서 배제했다.) 고정 자산의 상각된 순비용을 이미 계산된 순운전자본에 더했는데 순운전자본 + 순고정자산을 추정해보기 위해서다.

여기서 중요한 점은 일상적인 사업을 운영하는 데 필요한 돈이 얼마인지, 이익을 내기 위해 투자한 것을 얼마나 잘 사용하는지 알아보고자 한 것이다.

그린블라트의 마법공식 두 번째는 이익수익률인데, 이것은 시가총액과 비교해 해당기업이 돈을 얼마나 버는지를 나타내주는 지표다. 전형적으로 이익수익률은 기업의 최근 12개월 주당순이익을 주가로 나누는 것으로, 주가수익률(PER)과는 반대 개념이다. 그린블라트는 여기도 약간 조정을 했다.

우선 이익 대신 세전영업이익을 사용했다. 그리고 세전영업이익을 가격으로 나누는 대신 기업가치로 나누었다. 기업가치는 회사의 주가뿐 아니라 이익을 내기 위해 사용한 부채규모도 포함한다. 그린블라트는 사업 전체를 산다면 투자자가 기대할 수 있는 수익, 배당수익률, 부채가 얼마나 되는지 측정한 것이다. 단순히 수익주가비율만 보는 것은 부채를 고려하지 않은 것이기에 잘못된 것이라고 그는 말한다.

그리고 이 두 단계 마법공식의 가중치는 똑같다. 연구를 통해 그린블라트는 3,500개 대형 종목의 순위를 매겼다. 2가지 공식을 합쳐서 최하위에 오는 종목이 그의 '매수 리스트'에 가장 먼저 오른다. 예를 들어 어떤 종목이 자본수익률은 80위, 이익수익률은 50위라면 합계 순위는 130위다. 이 종목은 자본수익률이 200위이고 이익수익률이 10위여서 합계 순위가 210위인 종목보다 더 낫다.

참고로, 그린블라트가 자신의 마법공식 연구에서 배제한 업종이 있다. 유틸리티, 금융업종, 외국계 회사, 데이터베이스에 있는 정보가 시기적절한지 또는 완전한지 확신할 수 없는 회사 등이다. 〈부동산 포트폴리오〉에서 그린블라트는 유틸리티나 금융회사에 대해 이렇게 말했다. "이런 회사에 문제는 없습니다. 자금을 조달하는 방법이 다를 뿐이죠. 일반기업보다 이들 기업의 자본구조는 레버리지가 높은 편입니다." 그래서 우리 역시 금융회사, 유틸리티, 외국계 기업을 그린블라트 모델에서 배제했다.

단기가 아니라 장기간 들어맞는 공식

이제 중요한 문제, 마법공식이 어떻게 작동하는지 알아보자. 앞에서도 잠깐 마법공식이 장기간에 걸쳐 작동하는 이유 가운데 중요한 것은 (마법 공식이) 늘 들어맞는 것은 아니기 때문이라고 말했다. 사실 그린블라트에 따르면, 17년이라는 기간을 대상으로 연구해보니 평균적으로 12개월에 5개월은 성적이 시장보다 못했다. 4년에 1년 꼴로 시장에 뒤졌으며 6번에 1번 꼴로 연속 2년 이상 시장에 미치지 못하는 기간도 있었다.

이상하게 들릴지 모르지만 그린블라트에게 이것은 희소식이다. 우선 그는 매달, 혹은 1년이나 2년 단위로 수익을 보지 않았다. 그의 목표는 3~5년 등 장기간에 걸쳐 돈을 버는 것이었기에 몇 개월 혹은 몇 년 성적이 나쁘다고 걱정하지 않았다. 결국 장기적으로는 자신의 공식이 시장을 이길 것이라는 것을 알았고 그래서 그 공식을 고수했다.

사람들은 대부분 이렇게 하지 못한다. 하기야 그럴 만도 하다. 사실 그린블라트를 비롯해 그의 공식을 고수하는 사람들은 장기적으로는 돈을 번다. 그린블라트는 말한다. "마법공식이 영원히 들어맞는다면 누구나 다 사용할 것이다. 그렇게 되면 더 이상 전혀 들어맞지 않게 될 것이다. 왜냐하면 사람들이 마법공식을 통해 저가종목을 매수하기 시작하면 이 종목의 가격이 치솟게 된다. 만약 모든 사람이 마법공식을 사용하고 이로 말미암아 저가종목이 사라지면 마법공식은 더 이상 존재하지 않게 되는 것이다!"

그래서 그린블라트에게는 이런 침체기가 실망스럽거나 괴로운 기간이 아니라 오히려 필요한 기간이다. 사람들은 자신의 포트폴리오가 몇 개월 또는 1년을 고전하고 있는 것을 보면 걱정이 되고 두려워서 마법공식을 장기간 고수하지 못한다. 그래서 마법공식을 전폭적으로 신뢰하는, 상대적으로 소수의 투자자만이 우량주를 싼 가격에 매수할 수 있다. 심지어 전문 펀드매니저조차도 매 분기 혹은 매달 기준으로 성과를 내야 하는 엄청난 압박에 시달리기 때문에 어려운 시기에는 전략을 버린다고 그린블라트는 말한다. 만약 이들이 이렇게 하지 않으면 고객이 떠나거나 실업자 신세가 되기 때문에 다른 사람들이 하는 대로 할 수밖에 없다. 그래서 가장 유명한 회사, 몇 분기 혹은 1, 2년 이후의 전망이 좋아 보이는 회사의 주식을 살 수밖에 없다. 이 책에서 내내 보았듯이 대개 이처럼 초인기주는 지나치게 부풀려져 있거나 주가가 지나치게 높은 경우다.

그린블라트는 마법공식이 영원히 작동하는 것은 아니고 부분적으로만 작동한다고 말했다. 사실 이 책에 소개된 전략들은 모두 (그리고 여러분이 우연히 마주치는 성공적인 장기전략도 모두) 영원히 들어맞지는 않는다. 그린블라트의 공식이나 이 책에 자세하게 나와 있는 다른 전략을 따른다면 다른 투자자들이 단기적인 부진을 참지 못할 때 여러분은 장기적으로는 썩 괜찮은 보상을 거둘 것이다. 바로 이 점이 핵심이다.

만약 여러분이 그린블라트의 마법공식을 선택했다면 최적의 포트폴리오 운용을 위해 그린블라트는 몇 가지 팁을 제시한다. 우선 20개나 30개 종목으로 포트폴리오를 구성하라고 추천하기는 하지만, 이 종목들을 한꺼번에 매수하는 것이 아니라 몇 개씩 천천히 매수하라고 말한다. 특히 2개월, 3개월에 한 번씩 5~6개 종목씩 매수하라고 한다. 이렇게 하면 매번 첫해에 투자하기로 마음먹은 돈의 20~33%를 투자하는 셈이 된다.

두 번째, 그린블라트의 연구는 1년 동안 보유하는 조건이지만 세금을 줄이기 위해 이 기간을 조금씩 조정할 수 있다고 한다. 그린블라트는 주가가 올라간 종목은 1년간 보유한 후라도 팔아버리고 주가가 내려간 종목은 1년이 되지 않았더라도 팔아버리라고 한다. 이렇게 하면 거두어들인 시세차익은 전부 장기시세차익으로 간주되어 단기시세차익보다 세율이 낮아진다.

조엘 그린블라트의 투자노트

그린블라트의 원투펀치를 어떻게 적용할지 생각해보자. 2가지 변수 모델은 상대적으로 단순한 투자법이기는 하지만, 이 방법이 다른 것과는 약간 달라서 이 2가지 변수를 어떻게 계산하는지 주의 깊게 살펴보아야 한다. 이 2가지 판단기준을 설명한 다음에, 마법공식의 수익률에 가장 근접하게 갈 수 있는 방법으로 그린블라트가 제안한 전통적인 변수를 대안 삼아 제시할 예정이다. 하지만 대안으로 제시하는 투자법이 비슷한 수익률을 내기야 하겠지만, 그린블라트가 이것을 확인한 데이터를 제공하지는 않았기 때문에 실적은 알 수 없다는 것을 참고하라.

:: **조엘 그린블라트의 종목선정 체크리스트** ::

	통과	탈락	
① 시가총액	미국의 3,500개 대형회사	미국의 3,500개 대형회사 이외	외국계 회사, 유틸리티 회사, 금융회사 주식
② 자본수익률과 이익수익률 순위 합치기	자본수익률 + 이익수익률 → 순위가 가장 낮은 20개 종목	자본수익률 + 이익수익률 → 순위가 가장 낮은 20개 종목 이외	

① 시가총액

그린블라트는 자신의 연구에서 미국의 대형기업 3,500개를 대상으로 했다. 여기에는 유틸리티 회사, 금융업계, 외국계 회사, 재무정보가 시기적절하거나 완전하지 않은 회사는 제외되었다.

② 자본수익률과 이익수익률 순위 합치기

먼저 자본수익률을 알아보자. 그린블라트는 세전영업이익을 순운전자본과 순고정자산으로 나누었다. 그는 이익 대신 세전영업이익을 사용했는데, 이는 기업마다 부채와 세율이 다르기 때문이라고 설명했다. 세전영업이익을 사용하면 세율이나 부채 수준이 달라서 왜곡되지 않고 여러 기업의 영업이익을 서로 비교할 수 있다.

여기에 덧붙여 총자산이나 총지분 대신 '순운전자본 + 순고정자산'을 활용함으로써 기업이 사업하는 데 실제로 돈이 얼마 필요한지 더 잘 계산할 수 있다고 했다. 그린블라트는 시가총액 테스트를 통과한 3,500개 종목의 자본수익률을 높은 순서대로 순위를 매겼고 우리도 그 방법을 그대로 따랐다.[4)]

자본수익률 = 세전영업이익 ÷ (순운전자본 + 순고정자산)

다음 이익수익률을 구한다. 이익수익률을 구하려면 세전영업이익을 기업가치로 나눈다. 기업가치는 주식의 시장가치(우선주 포함해서)를 순이자부 부채에 더하면 된다. 이익수익률 구하는 데 좀 더 보편적으로 쓰는 수익주가비율은 영업이익을 내는 데 도움이 되는 부채를 통한 자본조달은 고려하지 않은 것이다.

그린블라트는 미래 예상되는 이익이 아니라 전년도 이익을 사용해서 이익수익률을 구했으므로 우리도 같은 방법으로 한다. 이익수익률이 높을수록 좋다. 기업이 비즈니스 구매 가격에 비해 이익을 더 많이 낸다는 의미이기 때문이다.[5)]

이익수익률 = 세전영업이익 ÷ 기업가치

4) 그린블라트는 이러한 자료가 없으면 자본수익률 대신 총자산수익률을 사용해도 된다고 말한다.
5) 이런 자료가 없으면 그린블라트는 주가수익률이 낮은 기업을 찾으면 된다고 한다.

이제 2가지의 순위를 합친다. 그린블라트는 시가총액 테스트를 통과한 종목들의 자본수익률과 이익수익률을 합해서 순위를 냈다. 합산한 순위가 낮을수록 더 좋다.

조엘 그린블라트의 투자수익률

아래 표는 조엘 그린블라트가 1988년부터 2004년까지 실제 투자한 수익률이다.

:: 조엘 그린블라트의 실제 투자수익률 ::

연도	조엘 그린블라트	S&P500	연도	조엘 그린블라트	S&P500
1988	27.1%	16.6%	1997	40.4%	33.4%
1989	44.6%	31.7%	1998	25.5%	28.6%
1990	1.7%	−3.1%	1999	53.0%	21.0%
1991	70.6%	30.5%	2000	7.9%	−9.1%
1992	32.4%	7.6%	2001	69.6%	−11.8%
1993	17.2%	10.1%	2002	−4.0%	−22.1%
1994	22.0%	1.3%	2003	79.9%	26.7%
1995	34.0%	37.6%	2004	19.3%	10.9%
1996	17.3%	23.0%			

조엘 그린블라트의 기준으로 현재까지 투자한다면?

10개 종목 포트폴리오는 10.2%를 기록했고 같은 기간 S&P500은 -4.0%를 기록했다. 한편 20개 종목 포트폴리오는 같은 기간 괜찮은 성적으로 9.6%를 기록했다. 10개 종목 포트폴리오는 한결같이 시장을 이겼는데 2006~2008년 동안 S&P500을 앞질렀다. 한편 20개 종목 포트폴리오는 2006, 2007년에는 시장에 약간 뒤처졌지만 2008년 상반기에는 인덱스에 앞서는 수익을 기록했다. 이 공식은 매년 들어맞는 것이 아니라 장기전략이라는 그린블라트의 말을 기억하라.

:: 조엘 그린블라트의 투자법으로 투자할 경우 예상수익률 ::

	10개 종목 포트폴리오	20개 종목 포트폴리오	S&P500
설정일	2005.12.2	2005.12.2	2003.7.15
2005	-2.8%	-2.2%	3.0%
2006	14.4%	13.4%	13.6%
2007	9.1%	2.5%	3.5%
2008.07	-9.2%	-3.6%	-17.3%
총수익률	10.2%	9.6%	-4.0%
연수익률	3.8%	3.6%	-1.5%
최고의 해	14.4% (2006)	13.4% (2006)	13.6% (2006)
최악의 해	9.1% (2007)	2.5% (2007)	3.5% (2007)
베타	1.8	1.11	1.0
정확성	48.0%	48.6%	N/A

다른 모델들에 비해서 그린블라트의 방법은 변동성 측면에서 매우

낮다. 10개 종목 포트폴리오는 베타가 1.08, 20개 종목 포트폴리오는 1.11이다. 한 가지 재미있는 사실은, 이 2가지 포트폴리오 모두 시세차익이 상당하고 시장을 앞섰지만, 10개 종목 포트폴리오는 가장 좋았을 때 48.0%까지 시세차익을 거두었고 20개 종목 포트폴리오도 한창 잘나갈 때 48.6%까지 올라갔다는 점이다. 이것이 무슨 이야기인가? 잘나가는 주식은 못 나가는 주식이 못 나가는 것 이상으로 훨씬 잘나간다는 의미다.

그린블라트의 연구에서처럼 금융회사, 유틸리티 회사, 외국계 회사는 모델에서 아예 배제했다. 하지만 포트폴리오는 상당히 광범위한 구색을 갖추고 있다. 2008년 5월을 예로 들면 10개 종목 포트폴리오는 달걀회사(칼 메인 식품), 원유정제회사(홀리 코퍼레이션), 부동산관리 산업회사(존스랑라살르), 그리고 사무용 가구 제조회사(크놀) 등 상당히 다양한 회사를 포함하고 있다.

조엘 그린블라트의 주요 투자원칙

- 미국 대형기업 3,500개를 대상으로 금융회사나 유틸리티 회사는 포함시키지 않는다.
- 자본수익률에 따라 순위를 매겨서 가장 높은 종목에 1위 부여
- 이익수익률에 따라 순위를 매겨서 가장 높은 종목에 1위 부여
- 순위를 합산해서 가장 순위가 낮은 종목을 고른다.(자본수익률이 80위고 이익수익률이 50 위면 합산 순위는 130위다. 이것은 자본수익률이 90위며 이익수익률이 65위여서 합산이 155위인 종목보다 더 좋다.)

CHAPTER 12

재야에 숨은 고수 조셉 피오트로스키 Joseph Piotroski

성공은 여러분이 잘할 수 있는 것을 하되,
명예욕을 버리고 지금 하는 것을 묵묵히 할 때 찾아온다.
성공은 애써 찾아다닌다고 오는 것이 아니라
성공할 만한 자격을 갖추면 어떻게든 찾아온다.
– 헨리 W. 롱펠로우 –

:: 조셉 피오트로스키의 투자전략 ::

투자실적	펀더멘털 테스트를 통과한 장부가액 대비 시가총액이 작은 종목으로 1976~1996년까지 S&P500의 2배에 해당하는 23% 연수익률을 거두었다.
위험	낮음. 피오트로스키는 장부가액 대비 시가총액이 작은 종목, 즉 사업의 내재가치에 비해 주가가 싼 종목을 골랐다. 여기에 덧붙여 재무 테스트를 통해 이들 종목이 재무적으로 취약해서 저평가된 것은 아니라는 사실을 확인했다.
투자기간	1~2년. 이 기간은 피오트로스키가 자신의 연구에서 시험해본 보유기간이다.
노력	중간. 다른 천재투자자들의 전략보다 좀 많은 10가지 재무 테스트를 사용해 종목의 재무안정도를 측정했다.

조셉 피오트로스키는 누구인가?

대학에 몸담고 있는 회계사

'주식시장의 위대한 전략가'라고 하면 어떤 이들은 영화 《월스트리트》에 고든 게코 역으로 나오는 마이클 더글러스를 떠올릴지도 모른다. 교활하면서 극단적으로 자기중심적인 성격과 아르마니를 입은 그런 이미지 말이다. 느릿느릿 말하는 능수능란한 수완가, 가진 돈이 얼마나 되는지도 모르고 어디에 써야 할지도 모르는 사람, 그리고 큰 위험을 떠맡는 성향이면서 그 위험을 통해 대박을 터뜨리는 사람을 떠올릴 수 있겠다.

하지만 앞에서도 보았듯이 천재투자자들은 제각기 개성과 성향이 모두 다르며, 그런 점에서 조셉 피오트로스키도 약간 특이하다고 할 수 있다. 그는 빈틈없는 월가의 거물도 아니며 그렇다고 전문투자자도 아니다. 피오트로스키는 대학에 몸담고 있으며 숫자를 다루는 회계사다. 주중에 언론의 머리기사나 수십억 달러의 거래가 이루어지는 객장에서 그의 모습을 찾을 일은 전혀 없다. 대신 스탠포드대학의 회계학 교실에서 그를 찾을 수 있다. 그의 홈페이지에는 주요 관심 분야가 '재무 보고'라고 나와 있다. 고든 게코하고는 멀어도 한참 멀다. 우리가 알아본 투자전략가 중에서 피오트로스키는 지명도가 가장 떨어지지만, 주식시장 분석 분야에 끼친 그의 공헌을 고려하면 천재투자자 지위를 줄 만하다. 피오트로스키는 시카고대학에서 강의하면서 2000년에 주식투자 관련 주제로 월가에 당당히 내놓을 만한 아주 유명한 학술논문을 발표했다.

그의 연구는 주로 장부—시장가치 비율에 초점을 맞추어 가치투자자들이 가치를 부여하는 것, 즉 시가총액 (주가에 주식수를 곱한 것)에 비해 장부가치(총자산에서 총부채를 뺀 것)가 훨씬 높은 비인기주에 맞추어져 있다.

피오트로스키는 대차대조표를 활용해서 장부가액 대비 시장가치가 낮아서 급등주가 될 만한 기업을 골라내는 방법론을 개발해 논문으로 발표했다. 그의 논문은 횡단면회귀분석 등 수학과 회계학 용어로 가득 차 있으며 'Δ 총자산수익률 분석 : 자산회전율과 매출총이익의 변화' 등의 제목이 붙은 표로 가득 차 있다. 따라서 린치나 드레먼의 책을 읽을 때처럼 재미있지는 않다. 하지만 중요한 것은 이 전략이 잘 들어맞고 그것도 적절한 시기에 들어맞는다는 점이다. 피오트로스키는 연구를 통해 그의 테스트를 통과한 장부—시장가치가 높은 기업의 1976~1996년까지 연평균수익률이 23%로서 S&P500의 수익률을 2배 이상 앞질렀다고 한다.

그리고 앞으로 보게 되겠지만 피오트로스키 전략이 요즘도 여전히 잘 들어맞는다는 것을 알 수 있다.

장부·시장가치 전략

피오트로스키는 워런 버핏이나 피터 린치, 데이비드 드레먼처럼 유명인사가 아니기 때문에 '조셉 피오트로스키가 누구인가?'라는 질문에 대답하기가 어렵다. 또 인터뷰도 자주 하지 않고 CNBC나 CNN 등에 나와서 투자조언을 하는 일도 거의 없어서 그의 성격이나 언행에 대해 알려진 것이 없다. 그래서 피오트로스키가 자신의 투자전략에서 했듯이 우리는 냉정하고 엄격한 사실에 매달릴 수밖에 없다.

피오트로스키는 성년기를 미국 중서부에서 보냈다. 스탠포드대학과 시카고대학의 홈페이지를 통해 살펴본 그의 이력은 1989년 일리노이대학에서 회계학으로 학부를 마쳤고 시카고에 있는 '쿠어스 앤드 라이브랜드사'에서 세무 컨설턴트로 일했다. 1994년 인디애나대학에서 MBA를 땄으며 1999년 회계학 분야 상위 10대 대학으로 꼽히는 미시간대학에서 회계학 박사학위를 받았다. 같은 해 시카고대학의 경영학과 대학원에 교수로 임용되었다.

피오트로스키는 강의를 시작한 다음 해에 선구적인 논문을 발표해 학계에 큰 영향을 미친다. '가치투자 : 폭등주와 폭락주를 구별하기 위해 과거 재무제표 정보 이용하기'라는 논문을 2000년에 〈회계 연구 저널〉에 게재했으며 이 논문의 내용인 '장부—시장가치 전략'이 투자세계에 충격을 준다. 그의 연구결과는 〈스마트머니〉 같은 주요 금융 간행물에도 게재되었다.

피오트로스키의 연구는 거기서 멈추지 않는다. 흥미를 자아내는 학술논문을 몇 개 더 쓴다. 2004년 '무엇이 기업 투명성을 결정하는가?'라는 논문을 공동집필했는데, 이 논문에서 미 증권거래위원회의 새로운 정보 공개 규정이 주식시장에 어떤 영향을 미치는지 고찰했다. 또 2005년 '내부자거래 제한과 회사 방침을 따르려는 애널리스트의 인센티브'를 공동 집필했다.

피오트로스키는 극히 이례적으로 2002년 〈시카고 GSB 매거진〉과 인터뷰를 했는데 자신의 장부-시장가치 연구가 성공을 거둔 것에 만족한다고 말했다. 그리고 학생들이 자신의 연구를 적용하는 것을 보면 흐뭇하다고 말했다. "이것은 제가 좋아하는 분석형태입니다. 제가 학생들에게 가르치는 투자법이기도 하지요. 심정적으로 저는 가치투자자입니다. 예전에 제 강의를 들은 학생들이 지금 인턴이나 정규직원으로 많이 근무합니다. 그런데 제 것과 비슷한 모니터를 보고 있더라고요. 그들은 제 연구를 통해 현실 세계에서 무슨 일이 일어나는지 보려고 하는 것이죠. 아주 기분 좋아요."

피오트로스키는 2007년 6월 시카고대학을 떠나 스탠포드대학으로 옮겼으며, 경영학과 대학원 회계학 전공 부교수로 근무를 시작했다.

조셉 피오트로스키의 투자철학

장부가액 대비 시가총액이 작은 주식

장부가액 대비 시가총액이 작은 주식 종목을 처음 연구한 사람이 피오트로스키는 아니지만, 그의 연구는 이전의 연구보다 한 발짝 앞으로 더 나아갔다. 또 이전의 연구들은 단지 괜찮은 수익률을 낼 수 있는 기업을 골라내는 데 그쳤다. 피오트로스키가 깨달은 것은 바람직하지 않은 이유로 이런 기업들은 장부가액 대비 시가총액이 낮더라는 사실이다. 재정적으로 불안한 상태여서 투자자가 이런 회사는 피하는 것이다. 장부가액 대비 시가총액이 작은 주식 전략에 대한 이전의 연구는 주로 매매차익을 크게 얻은 몇 개 종목에만 국한되어 있었다.

피오트로스키는 이런저런 이유로 부당하게 소외된 장부가액 대비 시가총액이 작은 종목을 고른다면 수익을 거둘 수 있다고 보았다. 월가가 외면해왔기 때문에 주가가 뛰면 크게 뛸 수 있으므로 이런 회사는 큰 투자기회가 될 수 있었다.[1] 피오트로스키는 연구를 통해 장부가액 대비 시장가치가 낮은 종목은 B/M 비율이 시장의 상위 20% 이내에 드는 종목이라는 것을 밝혔다.[2]

이것은 쉬운 부분이다. 문제는 장부가액 대비 시가총액이 작은 종목 중 전망이 좋은 종목과 나쁜 종목을 구별해내는 것이다. 그렇게 하기 위해 피오트로스키는 대차대조표 관련 판단기준을 사용했다. 그의 배경이 회계학인 것을 고려하면 그리 놀랄 일도 아니다. 이러한 재무 테스트를 통과한 종목 중에서 장부가액 대비 시가총액이 작은 주식에 집중함으로써 피오트로스키는 이전까지는 무분별하게 투자하던 투자자가 적어도 연간 7.5% 수익을 더 올릴 수 있다는 것을 발견했다.

대차대조표 테스트를 통해 장부가액 대비 시가총액이 작은 종목과 그렇지 않은 종목을 구분하기 위해 피오트로스키는 3개의 주된 영역을 측정했다.

1) 천재투자자들은 여러 가지 평가지표를 사용해 소외주를 대상으로 재무 테스트를 해 이들 종목이 소외된 이유를 따져보았다. 주가수익률을 중시한 존 네프를 떠올려보라.

2) 이 책을 쓰는 현재 1.08이다. 이것은 주가순자산비율(PBR)이 0.93 이하인 것과 같은 의미다.

① 수익성

피오트로스키는 회사가 내부적으로 자금을 조달할 능력을 갖춘 기업을 골랐다. "가치 기업의 과거 이익성과가 빈약한 것을 고려하면, 현재 현금흐름과 이익이 양호한 기업은 영업을 통해 자금을 조달할 능력을 보여준다." 그리고 이것은 좋은 신호라고 그는 말했다.

② 재무 레버리지/유동성

이 항목은 기업의 자본구조와 미래 부채규모를 충족할 능력을 다루고 있다. 피오트로스키는 장부가액 대비 시가총액이 작은 종목이 '재무적으로 압박을 받고 있음'을 알았다. 그래서 그는 레버리지가 올라가거나 유동성이 악화되거나 외부에서 자금조달을 하는 것은 자칫 재무적인 위험을 초래할 수 있는 나쁜 신호로 보았다.

③ 영업효율성

이 변수는 기업이 돈을 벌어들이고 사업을 키워나가기 위해 어떻게 하고 있는지 알아볼 때 사용하는 지표다. 이익률이 늘어나고 있는가? 생산성이 늘어서 동일한 자산을 활용해 돈을 더 많이 벌고 있는가?

피오트로스키가 사용한 9개의 테스트는 무척 간단하다. (워런 버핏과 피터 린치도 사용한) 총자산수익률과 영업활동을 통한 현금흐름, 이 2가지는 이익을 낼 수 있는 능력이 있는지 보여주는 것으로, 2가지 모두 양호해야 한다.

또 영업활동 현금흐름이 순이익보다 많아야 한다. 피오트로스키는 발생주의 적용에 따라 이익을 증가시키는 결산 조정 분개에 의한 이익은 미래 수익성에 나쁜 신호라고 했다. 이것은 특히 가치회사에 중요한데, 그런 회사는 발생주의 적용에 따라 이익을 증가시키는 결산 조정 분개를 통해 이익을 관리하려는 인센티브가 강한 곳이기 때문이다. 본질적으로 이러한 판단기준은 전년도에 돈을 번 회사는 사람들이 그 회사의 재화와 용역을 구입해서 돈을 번 것이지 소송이나 (부채 등의) 탕감, (장부상의) 가격 인하나 기타 영업외적인 사건으로 돈을 번 것은 아니다.

점점 더 좋아져야 한다

피오트로스키의 기타 재무 판단기준은 펀더멘털이 탁월할 것까지는 없어도 점점 더 좋아져야 한다는 것이다. 이것은 상당히 일리가 있다. 총 자산수익률이 10%에서 1%로 떨어지고 영업을 통한 현금흐름이 1천만 달러에서 1만 달러 수준으로 줄어들어도 위의 총자산수익률과 현금흐름 테스트를 통과할 수 있지만, 이런 기업은 피오트로스키가 고르고자 하는 기업이 아니다. 기업의 펀더멘털이 어떻게 바뀌어왔는지를 살펴보면 그 기업의 재무 상황뿐 아니라 그러한 재무 상황이 점점 좋아지고 있는지 아니면 점점 나빠지고 있는지 알 수 있다.

피오트로스키가 재무 변화 중 주시한 것은 총자산수익률이다. 최근연도의 총자산수익률이 전년도보다 좋아야 한다. 결국 피오트로스키는 기업이 점점 더 이익을 많이 낼 수 있기를 바랐다. 또 최근연도의 부채비율이 전년도보다 줄어들어야 한다. 유동자산을 유동부채로 나눈 유동비율은 전년도보다 높아야 한다. 매출액에서 매출원가를 뺀 매출총이익도 전년도보다 커져야 한다. 그리고 매출액을 총자산으로 나눈 총자산회전율도 전년도보다 높아야 한다.

또 하나 재미있는 것은 회사의 유통주식수다. 피오트로스키는 유통주식수를 사업에 필요한 자금을 내부에서 충분히 조달할 수 없다는 표시로 보았다. 그래서 유통주식수가 전년도보다 늘어나지 않아야 했다.

작게 생각하기

피오트로스키의 연구에서 좀 더 재미있는 부분은 종목의 규모와 위험 수준이다. 장부가액 대비 시장 가치가 낮은 종목 중 피오트로스키의 재무 테스트를 통과한 종목이 그렇지 않은 종목보다 훨씬 성과가 좋다는 것과 더불어, 규모가 작은 종목이 규모가 큰 종목보다 수익이 더 높다는 사실을 연구를 통해 알게 되었다. 소형주일수록 애널리스트나 투자자의 레이더를 피해서 날아가기가 더 쉽기 때문이다. 대형주는 대개 갈라진 틈을 빠져나가지 못한다. 따라서 규모가 더 작고 인기 없는 종목을 대상으로 펀더멘털 분석을 한 다음 승리주를 골라야 한다.

거기에 덧붙여 이전의 연구들은 장부가액 대비 시가총액이 작은 종목의 탁월한 성과가 재무적 곤경과 관련 있다고 가정했는데, 피오트로스키는 사실은 정반대라는 것을 발견했다. 장부가액 대비 시가총액이 작은 종목 중 재무상태가 양호할수록 수익도 더 높았다. 위험이 낮은 종목일수록 수익이 높았다.

피오트로스키의 투자법이 조금 익숙하게 느껴진다면 아마도 5장에서 살펴본 데이비드 드레먼의 역발상투자법과 비슷하기 때문일지도 모른다. 피오트로스키와 드레먼은 다 같이 소외주를 찾는다. 주가가 오를 종목과 내릴 종목을 구별하기 위해 드레먼의 역발상지표 가운데 하나가 주가순자산비율(PBR)며 이것은 피오트로스키가 사용한 장부가-시장가 비율의 반대다. 드레먼은 주가순자산비율이 시장의 하위 20%인 종목을 찾았고 피오트로스키는 장부가-시장가 비율이 시장의 상위 20% 안에 드는 종목을 찾았는데, 기본적으로 이것은 동일한 목표다.

피오트로스키와 드레먼의 비슷한 점은 또 있다. 피오트로스키의 연구는 깜짝 놀랄 만한 소식(서프라이즈)이 시장을 움직인다는 드레먼의 생각을 통계적으로 뒷받침한다.

피오트로스키는 투자자는 과거 정보에 미온적인 반응을 보인다는 것을 발견했으며, 그래서 기업의 미래성과(즉 미래이익)를 예측하는 데 어려움을 겪는다는 사실을 알았다. 따라서 드레먼이 시장 서프라이즈라고 언급한 실적 발표가 종목에 큰 영향을 미친다.

조셉 피오트로스키의 투자노트

지금까지 우리가 알아본 몇 가지 전략[3]처럼 피오트로스키의 방법

3) 존 네프의 주가수익률, 케네스 피셔의 주가매출액비율 등.

도 장부가-시장가 비율이라는 가치평가에서 출발한다. 이 비율로 투자 대상 종목을 대폭 줄인 후, 존 네프나 케네스 피셔처럼 피오트로스키도 남은 종목을 대상으로 해당기업이 하는 사업의 안정도를 보기 위해 다양한 펀더멘털 테스트를 했다.

피오트로스키는 대차대조표가 양호한 것보다 대차대조표가 점점 더 좋아지는 것을 중요시했다. 그의 책을 기초로 만든 모델이 어떻게 작동하는지 살펴보자.

:: **조셉 피오트로스키의 종목선정 체크리스트** ::

	통과	탈락
① 장부가 대비 시장가 비율	상위 20% 이내	상위 20% 이외
② ROA	0 초과	0 이하
③ ROA 변화	최근 1년간 ROA > 전년도 ROA	최근 1년간 ROA ≤ 전년도 ROA
④ 영업활동 현금흐름	0 초과	0 이하
⑤ 영업활동 현금흐름 대비 순이익	영업활동 현금흐름 > 순이익	영업활동 현금흐름 ≤ 순이익
⑥ 장기부채비율 변화	최근 1년 장기부채비율 < 전년도 장기부채비율	최근 1년 장기부채비율 ≥ 전년도 장기 부채비율
⑦ 유동비율 변화	최근 1년간 유동비율 > 전년도 유동비율	최근 1년간 유동비율 ≤ 전년도 유동비율
⑧ 유통주식수 변화	최근 1년 유통주식수 ≤ 전년도 유통주식수	최근 1년 유통주식수 > 전년도 유통주식수
⑨ 매출총이익 변화	최근 1년 매출총이익 > 전년도 매출총이익	최근 1년 매출총이익 ≤ 전년도 매출총이익
⑩ 총자산회전율 변화	최근 1년 총자산회전율 > 전년도 총자산회전율	최근 1년 총자산회전율 ≤ 전년도 총자산회전율

① 장부가 대비시장가 비율

피오트로스키 투자법의 첫걸음은 장부가액 대비 시가총액이 작은 종목을 고르는 것이다. 즉 시장가치가 해당사업의 잠재가치를 제대로 반영하지 못하는 종목을 고른다. 이 연구를 통해 피오트로스키는 장부가치 대비 시장가치가 낮은 순으로 상위 20% 이내의 종목을 골랐다. 이 테스트를 통과하지 못하는 종목은 나머지 판단기준과 상관없이 선택하지 않는다.

② 총자산수익률(ROA)

장부가치 대비 시장가치가 낮은 비율로 종목을 고른 다음 피오트로스키는 재무안정도가 높은 기업을 고르기 위해 몇 가지 펀더멘털 테스트를 했다. 그 가운데 하나가 총자산수익률로서, 이를 통해 기업이 얼마나 이익을 내는지 살펴보았다. 피오트로스키는 총자산수익률이 플러스인 기업을 골랐다.

③ 총자산수익률(ROA) 변화

피오트로스키는 종목의 통계숫자뿐 아니라 그런 변수들이 최근 점점 개선되는지도 아울러 살폈다. 총자산수익률도 그중 하나다. 총자산수익률이 줄어들고는 있지만 여전히 플러스인 문제 기업은 앞의 테스트를 통과할 수 있겠지만 피오트로스키는 매수하지 않았다. 피오트로스키 모델을 통과하기 위해서는 어떤 종목의 최근 1년간 총자산수익률이 전년도보다 커야 한다.

④ 영업활동 현금흐름

피오트로스키는 소외주이면서 잠재 사업역량이 큰 종목을 골랐다. 사업의 재무안정도를 측정한 방법 가운데 하나는 영업을 통해 이익을 내는지 여부였다. 영업활동 현금흐름이 양호한 기업은 통과시켰다.

⑤ 영업활동 현금흐름 대비 순이익

영업활동 현금흐름이 순이익보다 더 커야 한다.

⑥ 장기부채비율 변화

외부에서 자본을 끌어들이는 것은 재무적으로 문제가 있는 회사라서 필요한 자금을 내부에서 조달할 수 없다는 신호라고 피오트로스키는 말했다. 장기부채가 늘어나는 것은 기업의 재무 유연성에 제한을 더 추가하는 것이다. 따라서 최근 1년간 장기부채비율이 전년도에 비해 낮은 기업을 고른다.

⑦ 유동비율 변화

유동자산을 유동부채로 나눈 유동비율이 전년도보다 높아야 한다. 유동비율을 통해 유동성이 개선되었다면 이것은 유동부채를 감당할 수 있는 능력을 보여주는 좋은 신호다. 최근 1년간 유동비율이 전년도에 비해 높아야 한다.

⑧ 유통주식수 변화

부채와 마찬가지로 새로운 주식을 발행하는 것도 자본을 늘리는 비영업적인 방식이다. 이는 기업의 영업이 내부적으로 돈을 조달하기에 충분하지 않다는 표시라고 보았다. 최근 1년간 기업의 유통주식수가 전년도 유통주식수에 비해 많지 않아야 한다.

⑨ 매출총이익 변화

기업의 이익이 늘어난다는 것은 더 많은 제품을 판다는 의미이므로 좋은 신호다. "이익이 개선된다는 것은 요소비용 감소, 재고비용 감소, 기업의 제품 가격 인상 등을 의미한다." 최근 1년 매출총이익이 전년도에 비해 크다면 테스트를 통과한다.

⑩ 총자산회전율 변화

총자산회전율은 매출액을 총자산으로 나눈 것이다. "자산회전율이 개선된다는 것은 생산성이 높아진다는 것을 의미한다. 이러한 개선은 영업이 효율적으로 된다거나(동일수준의 매출을 기록하는 데 들어가는 자산이 줄어듦) 매출성장(제품의 시장조건이 개선될 수 있음을 의미)으로 가능하다." 이 마지막 테스트를 통과하기 위해서는 최근 1년간의 총자산회전율이 전년도보다 커야 한다.

조셉 피오트로스키의 투자수익률

아래 표는 조셉 피오트로스키가 1976년부터 1996년까지 실제 투자한 수익률이다.

:: 조셉 피오트로스키의 실제 투자수익률 ::

연도	조셉 피오트로스키	S&P500	연도	조셉 피오트로스키	S&P500
1976	57.3%	23.6%	1987	4.3%	5.1%
1977	12.1%	-7.4%	1988	11.7%	16.6%
1978	2.3%	6.4%	1989	21.8%	31.7%
1979	36.6%	18.2%	1990	24.5%	-3.1%
1980	46.6%	32.3%	1991	62.5%	30.5%
1981	25.7%	-5.0%	1992	34.9%	7.6%
1982	46.3%	21.4%	1993	13.0%	10.1%
1983	32.4%	22.4%	1994	0.5%	1.3%
1984	-0.9%	6.1%	1995	36.0%	37.6%
1985	29.7%	31.6%	1996	29.9%	23.0%
1986	23.7%	18.6%			

조셉 피오트로스키의 기준으로 현재까지 투자한다면?

10개 종목 포트폴리오에서는 설정 이후 33.2%를 기록해 같은 기간 S&P500의 6.0%에 비해 5배 이상의 성과를 거두었다. 2004년 시작 무렵에는 40%에 가까운 놀라운 성과를 기록하기도 했다. 이후 연속 2년간 시장을 이기다 2007년에는 좀 휘청거렸다. 우리가 살펴본 다른 가치 중심 모델처럼 2007년 성과가 나쁜 이유는 그 해에 이례적으로 모멘텀이 움직이는 시장이 펼쳐졌기 때문이다.

한편 20개 종목 포트폴리오도 성적이 좋았는데 22.6%를 기록해 S&P500의 6.0%보다 훨씬 좋았다. 매년 성과는 거의 비슷한데, 2004년에는 그런대로 괜찮았고 2005년과 2006년에는 최고였으며 2007년에는 고전했다.

:: 조셉 피오트로스키의 투자법으로 투자할 경우 예상수익률 ::

	10개 종목 포트폴리오	20개 종목 포트폴리오	S&P500
설정일	2004.2.27	2004.2.27	2003.7.15
2004	39.9%	31.0%	9.0%
2005	9.0%	10.8%	3.0%
2006	17.9%	23.7%	13.6%
2007	−4.9%	−6.9%	3.5%
2008.07	−22.1%	−26.7%	−17.3%
총수익률	33.2%	22.6%	6.0%
연수익률	6.8%	4.7%	1.3%
최고의 해	17.9% (2006)	23.7% (2006)	13.6% (2006)
최악의 해	−4.9% (2007)	−6.9% (2007)	3.0% (2005)
베타	1.19	1.21	1.0
정확성	59.0%	61.6%	N/A

2가지 포트폴리오 모두 변동성 측면에서는 중간 정도를 기록해서

10개 종목의 베타는 1.19, 20개 종목의 베타는 1.21이다. 종목선택도 매우 잘 들어맞아서 10개 종목 포트폴리오는 59.0%가 수익을 거두었고 20개 종목 포트폴리오는 61.6%가 수익을 거두어 20개 종목 포트폴리오 가운데 두 번째로 정확성이 높았다.

피오트로스키 모델은 여러 가지 종목을 골랐으며 특히 산업주와 기술주에 역점을 두었다. 그러나 기술주 기업은 투자자들이 익히 들어본 마이크로 소프트, 구글, IBM 등이 아니었다. 피오트로스키 포트폴리오에서 몇 개 이상은 일반투자자들이 처음 들어보는 기업일 가능성이 컸다. 아마 들어본 적이 있는 기업이라도 그리 재미있는 사업은 아닐 것이다. 장부가액 대비 시가총액이 작은 종목 중 펀더멘털이 든든한 종목은 월가의 레이더에 잘 감지되지 않음을 다시 한 번 확인시켜주는 것이다.

피오트로스키의 전략은 소규모기업에 잘 들어맞는다. 피오트로스키는 2008년 4월 말 현재 시가총액이 7억 달러 이상인 종목 하나에 관심을 기울이고 있다. 이것은 우리가 모델에 시가총액 제한을 포함했기 때문에 그런 것은 아니다. 대신 피오트로스키가 말했듯이, 그의 투자법을 통과한 종목이 월가에서 소외받고 있기 때문이고, 대형주일수록 월가의 관심을 피하는 경우가 드물기 때문이다.

조셉 피오트로스키의 주요 투자원칙

- 장부가액 대비 시가총액이 작은 종목일 것. 이 기준을 맞추지 못하면 나머지 기준을 다 통과하더라도 투자하지 않는다.
- 총자산수익률이 플러스이며 증가할 것
- 영업활동 현금흐름이 플러스이며 순이익보다 클 것
- 장기부채비율이 줄어들 것
- 유동비율이 증가할 것
- 유통주식수가 늘어나지 않아야 할 것
- 매출총이익이 늘어날 것
- 총자산회전율이 늘어날 것

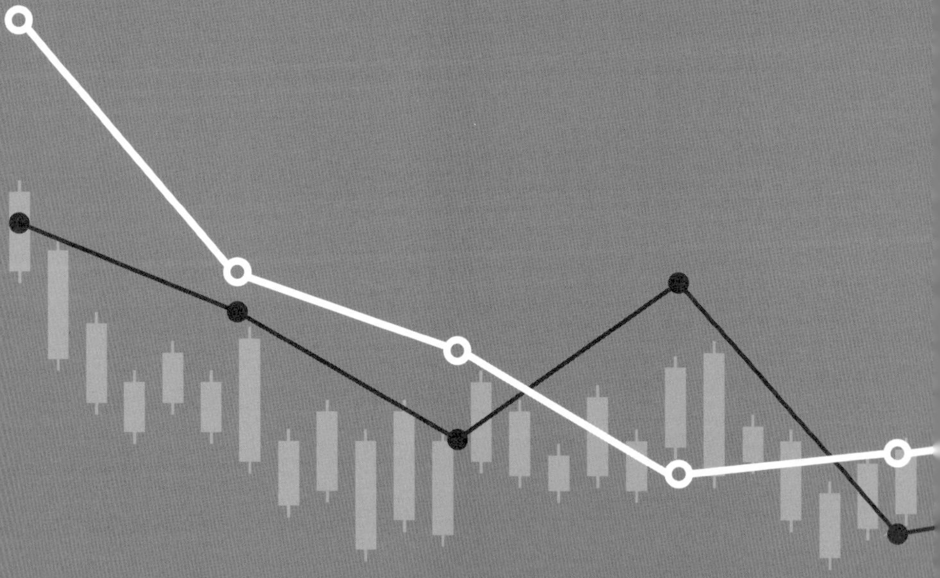

PART 5

이론에서 실제로

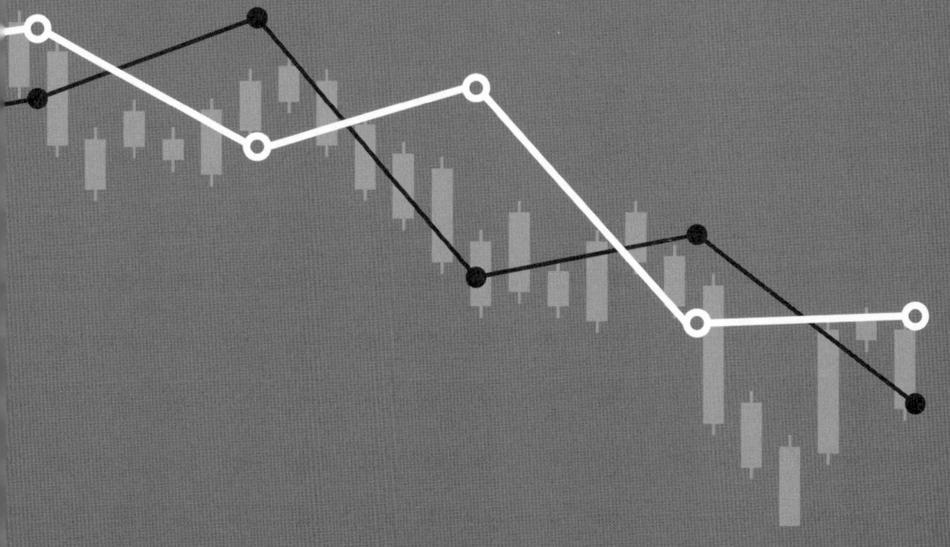

우량주를 잘 고르는 것도 중요하지만 사실 그것이 전부는 아니다. 투자자가 맞닥뜨리게 되는 도전과 풀어야 할 문제가 몇 가지 더 있다. 매수규모는? 보유기간은? 종목을 선정하는 기준으로 한 가지 전략만 써야 하나, 아니면 여러 가지 전략을 써야 하나? 매수, 매도 결정시 세금은 어떻게 되나? 장기적으로 투자에 성공하려면 이런 문제들에 대한 이해가 필수적이다. 5부에서는 이런 문제들을 생각해보고, 천재투자자들로부터 폭넓고 실질적인 투자전략을 들어본다.

CHAPTER 13

한군데로 합쳐라! 천재투자자의 6가지 원칙

전체는 부분의 합보다 크다.
– 아리스토텔레스 –

자, 이제 거의 다 왔다. 이미 검증되었고 또 쉽게 따라할 수 있으며 장기적으로는 시장을 이길 수 있는 천재투자자들의 10가지 전략을 10개 장으로 나누어 소개를 마쳤다. 이제 할 수 있다. 할 수 있을 것 같지 않은가?

아니, 그렇게 서두를 것 없다. 고수익을 추구하는 우리의 여행은 아직 끝나지 않았다. 어떤 면에서는 이제 시작이다. 지금까지 논의한 각 전략은 장기적으로 포트폴리오를 키워나가는 데 좋은 선택이 될 수 있으며, 이러한 전략들을 한군데로 합친다면 최고의 결과를 낼 수 있다. 표준 트랜스미션을 장착하고 엔진 출력을 높인 포르쉐와 비교해 생각해보자. 차는 준비되어 있으니 이제는 그 차를 어떻게 운전해야 하는지, 기어는 어떻게 넣는지 배울 차례다.

먼저 이 장에서는 천재투자자들의 투자법이 잘 들어맞는 이유와, 수익을 극대화하고 위험은 최소화하기 위해 천재투자자들의 모델을 어떻게 사용하면 되는지 알아보겠다. 우리는 이미 투자자의 마음가짐, 즉 1장에서 살펴본 대로 투자성공을 가로막는 심리적인 장벽을 어떻게 해소해야 하는지 충분히 배웠다. 자, 이제 운전석에 앉아 운전하는 방법을 배워보자.

원칙 1.
전략을 합쳐서 위험은 최소화하고 수익은 극대화하라

인플레이션을 고려했을 때 장기적으로 주식보다 고수익이면서 안전한 투자는 없다. 하지만 벤저민 그레이엄이 '미스터 마켓'이라고 불렀듯이 주식시장은 단기적으로는 매우 변덕스럽다. 어떤 때는 성장주를 좋아하고 어떤 때는 가치주를 좋아한다. 어떤 때는 주가매출액비율(PSR)이 낮은 것을 좋아하고 또 어떤 때는 주가매출액비율은 거들떠보지도 않는다. 미스터 마켓을 영원히 만족시켜줄 만한 전략은 어디에도 없다. 이 전략 저 전략을 기웃거리며 미스터 마켓의 변덕을 예측해보려고 하지만 비싸게 사서 싸게 파는 짓만 되풀이한다. 투자원칙을 고수하면서 이처럼 힘든 기간을 어떻게 견디어내느냐 하는 것이 관건이다.

서로 상관관계가 낮기는 하지만 각 천재투자자들의 모델을 한데 합쳐서 사용하는 것이 가장 좋은 방법이다. '상관관계가 낮다'는 것은 무은 의미인가? 간단하다. 비슷한 시장상황에서 각기 성과가 다른 전략 하나로 합친다는 뜻이다. 가장 간단한 사례가 성장주와 가치주다. 성장주가 고공 행진을 할 때 가치주는 바닥이다. 성장주가 바닥일 때 가치주는 뜬다. 성장주 전략과 가치주 전략을 한데 모아서 양날의 투자법을 구사한다면 포트폴리오의 변동성이 현저히 줄어들 것이다. 아마 고점을 찍지는 못하더라도 침체기에 바닥을 경험하는 일은 없을 것이다.[1)]

이처럼 침체기를 완만하게 만드는 것이 왜 그렇게 중요할까? 손실위험을 줄이는 것이 꼭 소극적인 것만은 아니기 때문이다. 예를 들어 1만 달러짜리 포트폴리오를 가정해보자. 첫해에는 25% 수익을, 그다음 해에는 30% 손해를, 3년째에는 14% 수익을 거두었다. 표면적으로는 25, 30, 14를 더해서 3으로 나누면 연평균수익 3%가 될 것 같다. 하지만 실제로 어떻게 수익을 냈는지 더 자세히 들여다보아야 한다.

첫해에 25% 수익이 났으므로 투자금액 1만 달러가 12,500달러로 늘어났다. 그다음 해에 30% 손해가 났으므로 12,500달러가 8,750달러로 줄어든다. 3년째에는 8,750달러로 14% 수익을 냈으므로 최종적으로 9,975달러가 되었다. 즉 투자원금에서 25달러 손해 본 액수다. 그렇다면 우리가 예상한 매년 3% 이익은 어떻게 된 것인가? 원흉은 2년째에 30% 손해가 났다는 사실이다. 너무 큰 손해가 결과적으로 원금을 깎아먹은 것이다.

여기서 반드시 짚어야 할 요점은, 주식시장에서 수익은 복리로 계산된다는 것이다. 즉 첫해 이후부터는 최초 원금이 아니라 전년도에 남은

---

1) 침체기에 바닥을 찍지 않는다는 것이 사실 더 중요하다.

금액부터 시작한다는 것이다. 원금보다 클 수도, 작을 수도 있다. 그래서 침체기는 어느 한 해만 돈을 잃었다는 의미가 아니다. 다음 해에 벌 수 있는 금액도 제한하는 셈이다. 왜냐하면 몇 %를 벌든 작은 금액으로 버는 것이기 때문이다.

이와 달리 돈을 버는 상황에서 복리는 달리는 말에 날개를 다는 격이 된다. 원금에 전년도의 시세차익이 더해진 금액으로 수익을 내기 때문이다. 계곡의 주름을 펴면 펼수록, 그리고 포트폴리오를 천천히 상승추세로 커나가게 하면 할수록 더 좋다. 비록 '큰 장'이 왔을 때는 고점이 낮아지는 것을 의미하기도 하지만 말이다.

손실위험을 줄여라

손실위험을 줄여야 하는 이유가 또 있다. 장이 어려워졌을 때는 기존의 투자법을 버리고 싶은 충동이 줄어든다. 전략을 고수하는 점이 가장 중요하다는 이야기를 이제까지 누누이 해왔기 때문에 다시 꺼낼 필요가 없을 것이다. 하지만 투자금이 눈앞에서 사라지기 시작하면 감정에 흔들려서 노련한 투자자조차 냉정함을 잃고 장에서 빠져나올 수 있다. 그래서 가던 길에서 벗어나지 않고 장기전략을 고수하려면 여러 가지 전략을 합쳐서 침체기에 손해를 줄이는 방법을 모색해야 한다.

전략을 합친다는 말이 낯설지 않은 이유는 앞에서 이미 보았기 때문이다. 우리는 10장에서 오쇼너시가 '오쇼너시 혼합주' 전략을 고안해, 전략을 합쳐서 만든 투자법을 사용하는 것을 보았다. 40여 년에 걸친 주식시장 자료를 토대로 한 연구를 보면 '오쇼너시 혼합주' 투자법이 최고로 절대적인 수익을 내지는 않았다. 주가매출액비율이 1.0 이하이며 높은 상대강도를 가진 종목을 골랐기 때문이다. 하지만 노벨상 수상자 윌리엄 샤프가 개발한 위험조정후수익률 측정방법인 샤프지수로 보았을 때 '오쇼너시 혼합주' 전략의 위험조정후수익률이 가장 좋았다.

샤프지수는 수익뿐 아니라 표준편차도 고려한다.[2] 오쇼너시가 한 말 중에 이런 것이 있다. "일반적으로 투자자는 표준편차 20에 연수익률 15%인 포트폴리오를 표준편차 30에 연수익률 16%인 포트폴리오보다 더 선호한다. 1%라는 절대적인 이점에도 불구하고 큰 폭의 등락이 두렵게 느껴질 만큼 크게 보이기 때문이다." 오쇼너시는 위험은 줄이고 수익을 높이는 최선의 전략은 2가지 전략을 혼합한 '오쇼너시 혼합주' 투자법이라고 했다.

필자의 조사결과도 오쇼너시의 연구결과와 다르지 않다. 이 책에서 자세하게 다룬 10개 전략을 합쳐서 구성한 '토털 블렌드 포트폴리오'는 2003.7~2008.4까지 개별 전략보다 샤프지수가 훨씬 양호했다. 즉 개별 모델보다 위험은 줄어들고 수익은 높았다. 19.89%의 연수익률은 우리 모델을 통틀어서 4번째로 좋은 성적이며, 개별 모델 중에서는 그린블라트 투자법을 제외하고 표준편차가 가장 낮았다.

---

2) 수학 용어 표준편차가 좀 골치 아프더라도 걱정하지 마라. 전략 또는 포트폴리오의 변동성이 얼마나 큰지를 나타내주는 것이다.

프리미엄 블렌드 포트폴리오

하나의 포트폴리오에 여러 가지 전략을 혼합해 사용한다고 해서 수익률이 낮아지는 것은 아니다. 제대로만 하면 장기적으로는 수익을 개선시킬 수도 있다. 앞에서 살펴본 토털 블렌드 투자법은 여러 가지 개별전략의 최고 추천종목만을 단일, 대형 포트폴리오로 모아놓은 것이다. 이에 비해 '프리미엄 블렌드 포트폴리오'는 여러 전략의 공통 관심종목으로 구성된다. 이처럼 변수를 하나만 사용함으로써 각 레벨에서 한 종목씩 재무적으로 가장 건전한 종목만 고르게 된다. 하지만 여러 천재투자자가 동의한 종목을 고르다 보면 엉뚱한 종목을 고를 수도 있다. 아무튼 이렇게 모은 종목을 필자는 '핫 리스트'라고 부른다.

과연 여러 천재투자자들의 전략을 섞어놓은 투자법이 어떤 결과를 냈을까? 아주 인상적인 결과가 나왔다. 5년간 실적을 추적해보니 핫 리스트의 연평균수익률은 케네스 피셔와 벤저민 그레이엄을 제외하고 가장 높았다. 2003년 7월 15일 설정된 이후 2008년 7월 15일까지, 이 포트폴리오의 수익률은 123.4%로서 S&P500의 21.4%에 비해서 무려 5배나 높았다. 더구나 이처럼 놀라운 수익률을 기록하면서도 변동성을 나타내는 표준편차가 우리가 살펴본 개별전략에 비해 크지도 않았다. 위험조정후수익률 기준으로 핫 리스트를 누른 것은 피셔 모델 하나뿐이었다.

기간 설정 여부에 따라 최근 피셔 모델처럼 개별 천재투자자 모델 가운데 핫 리스트 포트폴리오보다 수익이 높은 모델도 있을 수 있겠지만, 장기적으로는 혼합투자법이 가장 좋은 수익을 거두리라 믿는다. 개별전략이 침체기를 걸을 때도 핫 리스트는 내리막길을 걷는 위험을 줄여주기 때문이다.

혼합투자법은 변동성을 유지하면서도 어떻게 각 천재투자자들의 전략을 그처럼 큰 차이로 이길 수 있었을까? 가장 큰 이유는 개별모델의 다양한 그룹의 철저함과 관련이 깊다. 예를 들어 피터 린치의 고성장주 기준과 제임스 오쇼너시의 가치 모델을 둘 다 통과한 종목을 고를 수 있다. 이 종목은 린치의 고성장주 기준을 통과했기 때문에 5년 내내 적어도 20% 정도로 이익이 늘어날 것이며 부채수준도 감당할 만하다. 또 오쇼너시의 가치투자 기준이 요구하는 강력한 배당수익률과 양호한 현금흐름을 보일 것이다. 이러한 요소들을 혼합해 만든 거의 완벽한 종목이기 때문에 이익이 매우 빠르게 늘어나고 자금은 보수적으로 조달할 것이며 배당도 많을 것이다. 장기적으로 이처럼 여러 천재투자자들의 투자법으로 선택한 종목의 실적이 좋지 않을 것이라고 생각하면 그것이 오히려 이상하지 않은가?

■ 천재투자자의 투자원칙 1 ■

전략을 합쳐라

- 복리를 고려하면 손실위험을 줄이는 것이 그리 불편한 것만은 아니다.
- 수익을 들쑥날쑥하게 하고 싶지 않다면, 상관관계가 서로 낮아서 시장상황이 비슷할 때 성과가 달리 나오는 천재투자자 전략을 한데 합쳐서 종목을 골라라.

  ex) 포트폴리오의 절반은 오쇼너시 성장주 모델에서 제시하는 기준을 통과한 종목으로 하고, 나머지 절반은 데이비드 드레먼의 역발상 기준을 통과한 종목으로 채워라.
- 수익을 최대로 하기 위해 천재투자자들에게서 가장 동의를 많이 받은 종목을 골라라. 이때 과거 투자실적이 가장 좋은 모델에 가중치를 부여하라.

원칙 2.

숫자를 고수하라

전략을 혼합하면 수익을 고르게 하고 포트폴리오를 운용할 때도 감정을 배제할 수 있지만 그것이 전부는 아니다. 바하마의 바텐더보다 더 다양하게 혼합하더라도 여전히 감정에 따라 주식을 매매하고 싶은 충동을 억제해야 할 때가 있다. 앞에서도 보았지만 투자자는 종종 우량주를 단기적인 문제를 이유로 팔아버리는데, 이는 바로 나무만 보고 숲은 보지 못하기 때문이다. 분명히 장기전망은 좋은데도 불구하고 해당업종이나 해당기업의 주가가 일시적으로 하락하는 것을 장기적인 문제라고 잘못 판단한다. 두려움 때문이다. 더구나 매수할 때는 가격이 지나치게 높게 매겨져 있거나 부풀려진 인기주, 테마주에 손을 댄다.

매수와 매도 결정에 영향을 미치는 감정을 억제하는 가장 좋은 방법은 이미 살펴본 천재투자자들의 투자법에 나온 대로 정량적인 투자전략을 따르는 것이다. 이렇게 정량적인 투자전략을 따르게 되면 포트폴리오 운용에 감정을 배제한다는 가장 중요한 목적을 이미 달성하는 것이다. 숫자를 고수하는, 즉 해당종목의 펀더멘털을 고수하는 투자법을 사용하기 때문이다. 언론에서 긍정적으로 다루었다고, 관련 잡지에 주가가 2배로 뛴다는 기사가 나왔다고, 친구가 틀림없는 종목이라고 말했다고 주식을 매수하지는 않을 것이다. 마찬가지로 언론에 부정적인 기사가 나왔다고, 앞으로 곧 떨어질 것이라는 소문이 돈다고 매도하지도 않을 것이다. 대신 숫자가 적정할 때, 그리고 그 숫자가 올바를 때 매수, 매도를 하게 될 것이다. 예감이나 추측이 아니라 냉정하고 면밀한 사실과 숫자로 높은 수익을 거둔 전통 있는 전략만 있을 뿐이다.

왜 숫자에만 집착해야 하지? 우리는 아주 현명한 인간이다. 우리 나름의 통찰을 이용해, 혼자 혹은 여럿이서 그처럼 비인간적이고 엄격하며 정량적인 투자법보다 훨씬 더 잘 판단할 수 있다. 그렇지 않은가?

그렇지 않다. 우리 인간이 분명 잘하는 일이 많이 있다. 하지만 투자자인 우리에게는 불행하게도 미래를 예측하는 능력이 없다. 다시 1장으로 돌아가 필립 테트락이 그의 책 《Expert political judgment》에서 다룬 내용을 살펴보자. 테트락은 연구를 통해 소위 전문가조차도 미래를 예측하는 데 있어서 결과로 나타나는 총변동성의 20% 이상은 설명할 수 없다는 것을 발견했다.

통계 모델도 미래를 예측하는 데 완벽하지는 않지만 그래도 인간보다는 훨씬 낫다. 테트락은 복잡한 알고리즘으로 결과의 47%를 설명할 수 있음을 연구결과를 통해 보여주었다. 소위 전문가라는 사람보다 정확도가 2배 정도 높은 것이다.

보험통계 모델이 인간의 판단을 이긴다

10장에서 살펴본 성장주-가치주 천재투자자 제임스 오쇼너시는 이러한 현상에 대해 탁월한 통찰을 몇 가지 제시했다. 오쇼너시는 인간 예지자들은 보험통계의 예측 모델을 따라갈 수 없다는 사실을 알게 되었다고 한다. 예를 들어 입학사정관보다 보험통계의 모델이 특정고교 출신 학생들이 대학에서 더 성공적으로 학업을 마칠 수 있다는 예측을 더 잘한다는 연구결과가 있다. 연구원 잭 소여는 인간과 보험통계의 예측 능력을 비교한 45개 연구를 발표했다. "45개 연구결과 가운데 사람들이 좋아하는 임상적이고 직관적인 방법이 더 낫다는 결과는 단 하나도 없었다. 더구나 인간은 판단에 참고할 정보가 보험통계 모델에 비해 더 많고 예측에 대한 질문을 받기 전 정량적인 결과를 더 많이 가졌는데도 불구하고 보험통계 모델이 인간의 판단을 이겼다!"

어째서 이런 결과가 나오는 것일까? 인간은 감정의 동물이고, 바로 이 감정이 인간인 우리로 하여금 문제를 평가하는 방법에 일관성을 유지하지 못하도록 막기 때문이다. 오쇼너시는 이렇게 설명한다. "모델은 예지자를 이긴다. 모델은 시간이 흘러도 같은 판단기준을 안정적이고 한결같이 적용하기 때문이다. 모델은 절대 변하지 않는다. 늘 똑같다. 결코 감정에 휩쓸리지 않고 배우자와 싸우지도 않으며 밤에는 마을을 배회하지도 않고 결코 지치는 법이 없다. 수백 장의 통계자료로 된 생생하고 재미있는 이야기에도 솔깃해하지 않는다. 개인적으로 무언가를 슬쩍하지도 않는다. 자사도 없고, 무언가를 증명하려고도 하지 않는다."

동의한다. 아무리 객관적이려고 해도 우리는 감정을 완전히 배제할 수 없다. 제2의 애플에 대한 기사나 특정종목에 대한 애널리스트의 분석보고를 읽게 되면 그것을 머릿속에서 떨쳐내기가 쉽지 않다. 여러분의 의사결정에 감정이 미치는 부정적인 영향을 의식하고 있어도 거의 소용이 없다. 부지불식간에, 무의식중에 속으로 스며들어온다. 감정에 쉽게 무릎 꿇지 않으려고 애써도 정반대되는 행동을 하는 것으로 끝나고 만다. 당연히 최선의 방법일 리가 없다.

비록 이미 검증이 끝난 정량적인 전략에 여러분 자신의 것을 합쳐서 변형시키려고 노력해봐야 문제만 일으킬 뿐이다. 이렇게 변형시킨 것은 잠시 작동할지 몰라도 결국 여러분의 수익에 어떤 영향을 미칠지 아무도 모르게 된다. 수북이 쌓인, 일시적인 감정이 아니라 이미 검증되고 순수하게 정량적인 매매시스템을 고수해서 여러분의 머리를 중립화해 수년간의 자료에 의해 지지를 받는 전략을 지켜야 한다.

■ 천재투자자의 투자원칙 2 ■

숫자를 고수하라

- 인간의 예측 능력은 통계나 보험통계적인 모델을 따라갈 수 없는데, 인간의 감정이 의사결정을 왜곡하기 때문이다.
- 검증되고 정량적인 전략을 사용하면 순전히 숫자(종목의 펀더멘털)에만 의존하고 감정은 배제한 채 매매하게 된다.
- 이미 검증된 정량적인 전략을 어설프게 만지작거리는 것은 오늘, 내일 또는 앞으로 몇 개월은 잘 들어맞을 수 있다. 하지만 결국 장기적으로는 어떻게 될지 알 수 없다. 오랜 기간 검증된 실적으로 뒷받침되는 전략을 확고히 고수하는 것이 최선이다.
- 신념을 가져라. 긴 기간에 걸쳐 여유 있고 안정적으로 이익을 실현해서 시장을 이겨야지 특정종목을 가지고 대박을 노려서는 안 된다.

원칙 3.

장기적으로 신념을 고수하라

신념은 특정종목을 매수·매도할 때, 펀더멘털에 근거해 투자할 때 큰 역할을 하지만, 또 다른 측면에서도 중요한 역할을 한다. 비록 여러분의 전략이나 시장 전체가 험난한 침체기를 맞더라도 장기적으로는 여러분의 투자원칙을 고수할 수 있어야 한다. 즉 이 책에서는 정량적인 전략이라고 할 수 있는 숫자에 철저히 매달리지만, 진짜 중요한 것은 장기적으로 반드시 전략에 충실해야 한다는 것이다.

왜 전략에 충실해야 하는지는 주식시장에서 이익을 얻는 본질을 알아본 1장을 다시 펴보면 된다. 잊지 말아야 할 것은, 주식시장에서 거두는 수익 대부분은 불과 며칠 사이에 거두어들이는 것이며, 문제는 그 시기가 언제가 될지 아무도 모른다는 점이다. 게다가 시장이 상승세를 타면 피터 린치가 지적했듯이 매우 가파르게 상승한다. 침체나 약세장에서 상승을 기다리다가 버티지 못하고 매도하고 나오면 큰 폭의 반등을 경험하지 못할지도 모른다.

개별전략에서도 마찬가지다. 여러분이 선택한 전략으로 과소평가된 주식을 골라낼 수 있을지 모르지만, 시장의 나머지 부분을 이해하는 데 몇 달이 걸릴지 몇 년이 걸릴지 알 수 없다. 주식을 사자마자 주가가 내려가서 과연 올바른 선택을 한 것인지 의아해할지도 모른다. 왜 보유종목이 움직이기를 기다리면서 손을 놓지 않는가? 주가가 오를 때까지 기다렸다가 오를 때 뛰어들면 되지 않나? 이유는 확실한 상승 움직임을 보게 될 때까지 매수시점을 기다린다면 다시 돌아올 수 없는 강한 반등 이익을 놓쳐버릴지도 모르기 때문이다.

물론 이것이 전략에 충실하다고 해서 장기적으로 항상 승리주를 낳을 것이라는 의미는 아니다. 과소평가된 주식을 매수할 시기가 오겠지만 어떤 이유가 되었든 그 주식은 그냥 오르지는 않는다. 이것이야말로 믿을 수 없을 정도로 복잡하고 예측 불가능한 주식시장의 세계다. 하지만 성공적인 실적을 통해 이미 검증된 전략에 충실하다면 패자가 되기보다는 승자가 될 가능성이 더 많다. 그리고 장기적으로 여러분의 포트폴리오도 썩 괜찮은 이익을 올릴 수 있다.

유혹이 그처럼 많은데 장기적으로 신념을 지키면서 전략에 충실하는 것이 그렇게 중요하다는 말인가? 그것은 아마 여러분의 성공과 실패 여부를 결정짓는 가장 중요한 단일요소일 것이다. 결코 과장이 아니다. 2008년 4월 투자전문 사이트 '전망에 대한 조언' (www.advisorperspectives.com)과 한 인터뷰에서 마크 헐버트는 "30년 동안 일하면서 꾸준하게 믿을만한 안내자 역할을 해준 뉴스레터에는 어떤 공통요소가 있는가?"라는 질문을 받고 이렇게 대답했다.

뛰어난 성적을 거두는 뉴스레터에 칭찬할 만한 공통점이 있다면 바로 꾸준하게 신념을 지킨다는 것입니다. 괜찮은 전략이기만 하다면, 신념을 지키고 그 전략을 고수하는 것이 좋은 성과를 내더군요. 성적이 바닥권에 있는 뉴스레터는 하나같이 스스로 선택한 전략이 인기를 잃자마자 배에서 뛰어내리고, 결국 비싸게 사서 싸게 파는 것으로 끝나더군요. 늘 하락 직전에 사고 값이 오르기 직전에 팔아서 이중으로 손해를 보더라고요.

헐버트는 이것은 투자에 대한 '깊은 관찰'이라고 말했다. "차이는 전략이 아니라 신념에서 옵니다. 왜냐하면 성장 전략이든 가치 전략이든, 대형주 전략이든 소형주 전략이든 모든 전략에서 성과가 좋은 뉴스레터가 있지만 성과가 나쁜 뉴스레터도 있거든요."[3]

포트폴리오 성적을 자꾸 들여다보지 마라

2008년 2월 '개인투자자 미국협회'(AAII)에 쓴 칼럼에서 헐버트는 어떻게 하면 투자자가 신념을 지킬 수 있는지 조언했다. 포트폴리오 성적을 들여다보는 횟수를 줄이라는 것이다. "행태재무학 연구자들이 말한 바로는, 포트폴리오 성적을 자꾸 들여다보는 것은 바람직하지 않다고 한다. 그렇게 되면 자꾸 단기적인 성적에 연연하게 되고 숲 대신 나무만 보게 된다."

이 칼럼에서 헐버트는 시카고대학 리처드 탈러 교수의 '근시안적인 손실회피의 효과'라는 연구를 인용했다. 1997년 이 연구에서 테일러는 투자결정을 시뮬레이션해보기 위해 학부 학생들을 대상으로 이들에게 실전 투자에 성공하는지 실패하는지에 따라 5달러에서 30달러까지 나누어주겠다고 했다. 학생별로 포트폴리오 시세를 알아볼 수 있는 횟수를 각각 달리했다. 포트폴리오를 가장 자주 들여다볼 수 있도록 허용해준 학생들의 투자성적이 가장 나빴는데, 그들이 주식보다 전통적으로 더 안전한 투자라고 여겨지는 채권에 투자했기 때문이었다. 장기적으로

---

3) 전략에 충실하겠다는 결정이 어떤 전략으로 할까 하는 결정보다 더욱 중요하다. 하지만 또 생각해야 할 점은, 여기 나온 천재투자자들이 개발해낸 전략처럼 어떤 전략은 다른 전략보다 장기수익이 더 높았다는 점이다.

는 주식이 채권보다 확실히 수익이 좋은데도 말이다. "가장 많은 자료를 참고할 수 있는 학생이 돈은 가장 적게 벌었다. 왜냐하면 자료를 많이 참고할 수 있는 학생일수록 주식에는 덜 투자했기 때문이다."

충분히 일리 있는 말이다. 단기적으로 시장은 어쩔 수 없이 오르기도 하고 내리기도 한다. 포트폴리오 시세를 자주 들여다보는 사람은 시세가 오르내리는 것을 보면서 초조해한다. 시세를 자주 들여다보지 않는 투자자는 장기적인 관점에서 추세를 보면서 장기적으로는 주식시장의 과거 이익도 플러스였음을 생각하고는 안심하고 돈을 주식에 더 투자한다.

포트폴리오에서 한발 뒤로 물러서 있음으로써 주식시장에서 신념을 지킬 수 있고 주식시장에 돈을 투자해둘 수 있다. 장기적으로는 주식투자보다 더 좋은 투자대안은 없다.

이 점에서는 명확하게 신뢰와 관련이 있다. 매매시점 선택은 위험한 게임이라는 연구결과를 신뢰해야 한다. 장기적으로 주식시장은 고수하기만 한다면 가장 좋은 투자수단이며, 특히 인플레이션을 고려한다면 더더욱 그렇다는 연구결과를 믿어야 한다. 예전에 시장을 크게 이긴 투자자를 믿어야 한다. 결국 장기적으로 주식시장에서 돈을 벌려면 불안한 등락을 이겨내야만 한다는 사실을 받아들여야 한다. 이러한 등락이 주식투자에서 받는 일종의 프리미엄이다. 등락이 없다면 프리미엄도 없을 것이고 다른 투자수단에 비해 주식시장이 가져다주는 많은 수익도 역시 없을 것이다.

기대가 중요하다

나무 대신 투자의 숲을 보기 위해서는 주식시장에 대한 올바른 마음가짐이 있어야 한다. 포트폴리오를 구성해보면 단기적으로 10%, 20%의 하락을 겪게 되고, 빈도수는 적지만 그보다 더 큰 폭락이 있더라도 참을 수 있어야 한다. 은퇴한 지 6년 후에 피터 린치도 PBS TV와 한 인터뷰에서 이와 비슷한 이야기를 했다. 20세기에는 시장이 10% 이상 하락한 조정은 2년마다, 20% 이상 하락한 약세장은 6년마다 한 번씩 발생했다. 30% 이상 하락한 무서운 약세장은 대공황 이후 5번 찾아왔다.

"늘 있는 일이죠. 시장에 발을 들여놓은 이상 하락이 있을 것이라는 것을 예상해야 합니다. 그리고 올라가기도 하죠. 2년마다 10% 정도 수정이 있을 것입니다. 상당히 큰돈을 순식간에 잃을 수도 있다는 것의 완곡한 어법이죠. 약세장은 20%, 25%, 30% 하락하는 장입니다. 일어날 수 있어요. 언제 시작될지 아무도 모르죠. 여기에 대한 준비가 없으면 주식시장에 발을 들여놓아서는 안됩니다. 여기서는 배짱이 중요합니다. 머리가 아닙니다. 당신은 이러한 하락을 견뎌낼 배짱이 있습니까?"

린치는 시장 전체 차원에서 말하고 있지만, 같은 이야기를 여러분의 포트폴리오에도 적용할 수 있다. 조엘 그린블라트로 돌아가보자. 그는 몇 번이나 반복해서 그의 마법공식이 시장을 매년 이기지는 않는다고 강조한다. 사실 1998~2004년까지를 대상으로 테스트해보았더니 그의 공식이 4년에 1번 정도 시장에 졌다. 하지만 적용기간을 2년으로 해보면 시장에 질 가능성은 6번에 1번 정도로 줄어든다. 그리고 적용기간을 3년으로 한다면 해당기간의 95%에서 시장을 이겼다. 그리고 17년간으로

한다면 결코 돈을 잃지 않는다.[4]

천재투자자들의 전략도 어려운 시기를 겪는다

여러분이 상상할 수 있는 어떤 전략도 마찬가지다. 린치, 버핏, 드레먼, 그레이엄 등 위대한 천재투자자들조차 시장을 이기지 못한 연도가 있었다. 하지만 이들은 자기 전략을 고수했으며, 그로써 놀라운 장기수익을 거둘 수 있었다. 10개 종목 포트폴리오 중 가장 뛰어난 수익을 올린 케네스 피셔의 전략조차도 완벽하지는 않다. 2003년과 2004년 피셔 모델이 시장수익의 3배를 기록했지만 2005년에는 S&P500에 뒤처졌다. 10개 종목 포트폴리오는 −2.7%를 기록했다. 하지만 그때 전략을 포기했다면 2006년에 시장의 3배에 달하는 40% 수익을 거두지 못했을 것이다.

모든 전략, 심지어 위대한 천재투자자의 전략조차도 어려운 시기를 겪는다는 것을 처음부터 인정한다면 여러분의 포트폴리오가 단기적인 바닥을 경험한다고 해서 놀라지는 않을 것이다. 사는 일이 다 그렇듯이 이러한 서프라이즈는 염려와 공포로 이어진다. 어려운 시기에 대한 준비가 되어 있다면 포트폴리오가 단기적으로 곤란을 겪더라도 얼마든지 침착할 수 있다.

불행하게도 투자자들은 이렇게 하지 않는다. 사실 린치는 마젤란 펀드를 운용할 때 투자자들이 하락장에서는 펀드를 환매하고 상승장에서

4) 그린블라트는 17년간 가장 나쁜 3년조차도 이 공식으로 11%의 이익을 냈다.

는 펀드에 다시 들어오는, 싸게 팔고 비싸게 사는 투자를 했기 때문에 돈을 벌기보다는 잃는 때가 많았다고 말한다. 이렇게 하락장에서 준비되어 있지 않으면 상황이 어려워졌을 때 감정에 휘둘리기 쉽다. 감정에 무릎을 꿇게 되면 큰 손해를 보고 팔아버리게 되고, 시장이 고점에 올랐을 때 다시 매수하게 된다.

백문이 불여일견이다. 앞에서 언급한 개인투자자 미국협회 칼럼에서 헐버트는 1980년대 중반 이후 그가 최고의 성적을 낸 뉴스레터로 꼽은 〈신중한 투자자〉가 시장의 상승에 확고한 믿음이 있었기에 결국 톡톡히 재미를 보았다고 말했다. "이 뉴스레터는 내가 모니터해본 뉴스레터 가운데 단기 시장등락에 가장 타격을 많이 받았다. 하지만 이 뉴스레터만큼 이러한 등락을 무시하고 꿋꿋이 버텨낸 뉴스레터가 없었다." 시장의 장기 이익에 대한 신념이 확고했기에 이 뉴스레터는 1987년 대폭락 때 57%의 손실을 기록했다. 그러나 사람들이 공포에 질렸을 때도 투자를 그대로 유지했기 때문에 결국 장기적으로는 큰 이익을 기록할 수 있었다. "장기 투자자는 시장의 단기회전에 너무 걱정할 필요가 없다. 왜냐하면 시장의 장기패턴은 결국 가야 할 방향으로 갈 수밖에 없으니까!"

■ **천재투자자의 투자원칙 3** ■

장기적으로 신념을 지키고 견뎌라

장기적으로는 여러분의 전략을 고수하는 것이 절대적이다. 최고의 전략조차 어려운 시기가 있으며 좋은 투자법도 이익을 내기까지 1년 이상 걸리기도 한다. 전략을 적용할 기회만 엿보다 보면 큰 이익을 거둘 기회를 놓치기 쉽다.

- 기대가 반응을 낳는다. 주식시장에서 단기적으로 10~20% 하락할 것을 준비하고 있어라. 또 흔치 않지만 35~50%의 하락도 경험할 수 있다. 이것이 언제가 될지 예측할 수 없으므로 장기이익을 거두고 싶으면 흔들리지 말고 버텨라.
- 인터넷을 하지 마라. 10분마다 시세를 체크하는 것은 말할 것도 없고 하루에 한 번 포트폴리오를 체크하는 것도 바람직하지 않다. 시세는 체크하면 할수록 더 자주 체크하고 싶어진다. 이것은 결국 장기성과에 좋지 않은 결과를 낳는다.

원칙 4. 분산하라. 그러나 가지고 있기만 해서는 시장을 이길 수 없다

보통 분산투자는 좋은 것이라고 말한다. 달걀을 한 바구니에 다 집어넣는 것, 즉 가진 돈을 전부 특정종목 몇 개에만 투자하는 것은 너무 위험하다. 펀더멘털이 튼튼한 초우량기업조차도 어려움에 처할 수 있다. 스타 CEO가 떠난 자리를 무능력자가 와서 채우기도 한다. 대형공장이 하루아침에 화재로 사라지기도 한다. 위태로운 대규모 차입으로 필요 이상의 도박을 하는 경우도 있다.

어떤 경우든 몇 가지 투자수단으로 돈을 합리적으로 분산시킬 필요가 있다. 하지만 투자자 대다수는 물론이고 프로 펀드매니저들조차도 분산 폭이 너무 얇다. 어떤 뮤추얼펀드는 전 업종에 걸쳐 수백 개 종목으로 분산한다. 폭넓게 다수 종목에 투자해서 시장 전체의 수익과 비슷하게 가려고 한다. 만약 시장수익을 목표로 한다면 S&P500 인덱스펀드나 '뱅가드 토털 마켓 인덱스펀드' 등 수수료가 저렴한 펀드를 사는 것이 더 좋을지도 모른다.

그렇다면 단지 있는 그대로 시장을 반영하는 것이 아니라 위험을 줄이기 위한 적정 보유종목의 수는? '미국 주식시장에서 주식 분산투자'라는 논문에서 캘리포니아 주립대학의 크리스틴 추 교수와 제프리 웨이 교수는 "위험분산 효과는 포트폴리오 종목수가 50개 이상이라면 별 효과가 없다."고 말한다.[5)]

그러나 모든 섹터와 업종의 종목을 보유할 필요는 없지만 유형별로 분산투자해야 한다는 것을 명심해야 한다. 예를 들어 소매업 종목으로만 포트폴리오의 80~90%를 구성하고 싶지는 않을 것이다. 이 업종이 장기간 침체에 빠지면 진짜 해머로 두들겨 맞는 격이 될 테니 말이다. 예를 들어 특정섹터에 속한 종목만으로 보유주식의 40%를 넘지 않게 하겠다는 여러분 나름의 시스템을 세워두는 것이 좋고, 이렇게 세운 시스템을 끝까지 고수해야 한다.

이 책에 나와 있는 모델 포트폴리오의 수익률에서 보았듯이 우리 나름의 경험은 엄격한 펀더멘털 중심의 시스템을 사용하면 10개 종목이나 20개 종목으로 구성된 포트폴리오는 꽤 성공적일 수 있다. 모든 경

5) 추 교수와 웨이 교수의 연구는 실제로 분산투자를 충분히 하지 않는 투자자를 대상으로 하고 있으며, 상대적으로 위험회피 성향이 강한 투자자는 50종목 이상 보유해야 한다고 말한다. 그럼에도 불구하고 50개 종목 이상이면 위험분산이 제한된다는 그들의 연구결과는 상당히 타당하다.

우에 시장을 이길 수는 없겠지만, 역사적으로 우리 모델들은 틀리는 경우보다 맞은 경우가 더 많았다. 10개나 20개 종목을 보유함으로써 좀 더 유리해진다. 이러한 10개 종목, 20개 종목 포트폴리오는 시장보다 변동성이 약간 큰 편이지만 기업에 내재한 위험을 상당폭 제거하기에 충분하며, 또한 규모가 작으면 포트폴리오 운용에 시간이 많이 들지 않는다. 변동성이 큰 만큼 그만한 가치가 있다. 이 책에 자세하게 설명한 전략의 실적을 추적한 결과 10개 종목 포트폴리오는 전부 시장을 이겼으며, 20개 종목 포트폴리오도 10개 가운데 9개가 시장을 이겼다. 사실 대부분의 경우 이러한 포트폴리오는 2배, 3배, 심지어 4배의 수익을 상당히 긴 기간 동안 거두었으며, 투자한 돈을 지나치게 얇게 분산하지 말라는 주장에 상당한 무게를 실어준다.

■ 천재투자자의 투자원칙 4 ■

분산하라. 그렇다고 시장을 가지려 하지는 마라

- 어느 정도의 분산투자는 좋다. 종목에 들어 있는 위험을 줄이기 위해 포트폴리오에 여러 종목을 편입하라. 그러나 너무 많은 종목을 보유해서 시장 수익을 곧이곧대로 반영하지는 마라.
- 엄격한 펀더멘털 중심의 투자시스템에서는 10개 종목 정도의 소규모 포트폴리오가 장기적으로는 시장을 크게 이겼다.
- 모든 섹터와 업종에 걸쳐 종목을 보유할 필요는 없지만 여러분의 포트폴리오 안에 적어도 각 섹터와 업종에 걸쳐 분산해서 투자할 수 있도록 지침을 정하라.

원칙 5.

규모와 스타일에 치중하는 시스템은 투자가능성만 제한할 뿐이다

대표적인 분산투자 계획 중에 '스타일박스 투자'라는 것이 있다. 신문이나 인터넷에서 뮤추얼펀드 목록을 살펴보면 시가총액, 가치주, 성장주 등으로 분류해 펀드 수가 엄청나게 많다. 소형성장주 펀드, 대형가치주 펀드, 중형성장주 펀드 등등, 이러한 펀드는 시장의 특정분야 한 군데서 종목을 고른다. 이것은 전통적인 스타일박스 카테고리에 펀드의 일정비율을 투자해야 하는 기관투자가에게 특히 적합하다.

스타일박스 투자는 대규모 포트폴리오 운용기관에 잘 맞는다. 하지만 개인투자자에게는 이런 투자법이 인기가 있다가 없다가 하는 빈도가 무척 잦다는 점이 문제다. 대형가치주는 6달 동안은 대유행이다가 그다음에는 시합을 포기하는 경우도 있다.

존 몰딘이 2004년에 출간한 《Bull's eye investing(강세론자의 눈으로 투자해서 성공하기)》라는 책에 좋은 예가 나와 있다. 1993~1999년까지 대형성장주가 소형성장주와 소형가치주뿐 아니라 대형가치주보다 성과가 좋아서 21.64%의 수익을 거두었다. 소형가치주는 같은 기간 가장 나쁜 성적을 거두어 13.9%의 수익을 기록했다. 하지만 기간을 3년 더 늘려서 1993~2002년까지로 하면 소형가치주가 넷 중에 가장 성적이 좋아서 15.23%를 기록한다. 대형성장주가 그 뒤를 이어 4% 뒤진 11.08%를 기록한다.

만약 특정 스타일박스 유형으로 한정한다면 그 유형이 인기를 잃게 되었을 때 종목선택 능력에 관계없이 문제가 생겨 버텨낼 재간이 없어진다. 필자는 개인투자자에게는 영원히 전 종목을 배회하도록 허용하는 것이 더 좋은 투자법이라고 믿는다. 어떤 기간에 좋은 가치를 갖는 종목 대다수가 예를 들어 중형 성장주라고 한다면 왜 중형 성장주의 보유 수량을 제한하는가? 펀더멘털에 충실하다면 좋은 가치는 여전히 좋은 가치다. 그것이 스타일박스에서 어느 유형에 속하든 간에 말이다. 스타일박스 유형별로 나누어 투자한다면 투자를 분산하는 것이므로 위험을 줄일 수 있지 않겠느냐고 물을 수도 있을 것이다. 하지만 실제로 이렇게 하는 것은 잠재수익만 줄일 뿐 장기적으로 위험하기는 마찬가지다.

필자만 이렇게 생각하는 것이 아니다. '전략에 근거한 투자'라는 움직임이 늘어나고 있는데, 이것 역시 어딘가 더 나은 투자법이 있다고 생각한다. 전략에 근거한 투자는 시가총액, 성장주, 가치주로 구분하는 전통적인 스타일박스 투자는 진짜 별도의 자산 클래스가 아니라서 그러한 유형에 있는 종목의 선택을 제한한다고 성과 부진을 야기하지는 않는다고 한다. 원래 목적인 위험 또한 그렇게 많이 줄지 않는다고 한다.

전략 위주 투자는 나름의 장점이 있음을 연구결과는 보여준다. 크레이그 칼라한과 토마스 하워드가 2006년 5월 〈투자 조언 매거진〉에 발표한 바에 따르면, 스타일박스 투자는 운용자에게 연간수익률 3%를 돌려주는 것으로 나타났다. 다른 연구도 비슷한 결과가 나왔다.

결국 문제는 시가총액이나 성장주, 가치주 구별이 아니라 펀더멘털과 가격이다. 시장에서 최고 가치가 있는 곳이라면 어디든 가는 자세가 장기적으로 가장 좋은 결과를 얻을 수 있다.

■ **천재투자자의 투자원칙 5** ■

여러분 스스로 한계를 정하지 마라

- 스타일박스 투자는 매년 3% 정도로 여러분의 수익을 제한할 수 있다는 연구결과가 있다.
- 전략 위주 투자는 시가총액, 성장주, 가치주 구분에 상관없이 어떤 시기에도 시장에서 최고의 가치를 고를 수 있도록 해준다.

원칙 6.

장기투자자가 되기 위해 그 주식을 장기보유할 필요는 없다

이 책에서는 장기투자의 중요성에 대해서 누누이 이야기했다. 그러나 여기서 말하는 장기투자는 이전에 여러분이 경험한 장기투자와 개념이 다르다는 사실이 중요하다. 대체로 장기투자를 '매수해서 오래 보유하는 투자'라고 생각한다. 즉 나름대로 연구해서 주식을 매수한 다음 길게는 몇 년 정도 장기간 보유하는 것이라고 생각한다.

부채비율이 낮고 이익이 크며 가치비율이 양호한 종목을 고른다고 가정해보자. 여러분이 점찍어둔 종목이 펀더멘털 기준을 충족한다면 우량주가 장기적으로는 좋은 성과를 낸다는 것을 알기에 그 종목을 매수한다. 하지만 한 달 후 회사의 펀더멘털이 눈에 띄게 나빠졌다면 어떻게 하겠는가? 엄청나게 늘어난 새로운 부채, 전년도 이익이나 매출 결과가 최악이라는 사실이 발표된다면 아마 그 종목은 여러분이 처음 그 종목을 고를 때 사용한 판단기준을 더 이상 충족시키지 못할 것이다. 그래도 계속 보유할 것인가? 결국 훌륭한 장기투자자는 무조건 주식을 오래 보유하는 사람을 의미하는가?

그렇지 않다. 주식을 매수하는 이유를 한번 생각해보자. 여러분의 포트폴리오에 속한 종목이 모두 펀더멘털 판단기준을 충족하기 때문이다. 더 이상 펀더멘털 판단기준을 충족시키지 못하는데도 왜 계속 보유해야만 하는가?

그런데도 투자자 대다수는 계속 주식을 보유한다. 가끔은 합리적인 이유, 즉 나중에 다루겠지만 매도 결정에 영향을 미칠 수 있는 세금 같은 이유도 있을 수 있다. 그러나 이것 이외에는 해당종목을 계속 보유하고 있어야 할 이유가 없다. 투자자들은 시장에서 성공을 거두려면 장기적인 견지로 생각해야 한다는 것을 알기 때문에, 그리고 이 말을 보유종목을 오래 가지고 있어야 한다는 뜻이라고 받아들이기 때문에 그렇게 한다. 그리고 어쩌면 그 종목의 펀더멘털이 나빠지면 주가도 떨어지기 때문에 매도해서 손실이 눈앞에 확연히 드러나는 것을 원치 않기 때문이기도 하다.

이유야 어떻든 펀더멘털이 좋았었기 때문에, 그리고 시간이 지나면 다시 펀더멘털이 좋아져 가격상승으로 보상을 받을 수 있으리라는 낙관적인 전망 때문에 주식을 계속 보유하지만, 이제는 그렇게 좋던 펀더멘털도 나빠지고 따라서 전망도 좋지 않다.

펀더멘털이 더 이상 좋지 않은 주식을 보유하는 것은 해당종목이 성과가 좋지 않을 것이기 때문에 절대 허락할 수 없다. 그리고 주식을 보유하는데 기회비용이라는 것도 있다. 예를 들어 펀더멘털에 문제가 있는 주식을 보유해서 1% 또는 2%의 이익을 얻는다고 가정해보자. 뭐 그런대로 괜찮지 않느냐고 생각할 수도 있다. 어쨌든 이익을 가져다주니까 손해는 아니지 않는가 하고 생각하면서 말이다.

아니다. 손해다. 실제로 여러분에게 피해를 준다. 펀더멘털이 튼튼한 주식은 9%나 10%를 벌어다주기 때문이다. 여러분이 보유한 주식이 1~2% 수익을 가져다줄 동안 실제로 여러분은 8%를 잃고 있는 셈이다. 펀더멘털에 문제가 있는 주식을 팔고 대신 펀더멘털이 강한 주식을 샀더라면 8%를 더 얻을 수 있었을 테니까 말이다.[6)]

장기투자는 맹목적으로 오랜 기간 종목을 보유한다는 의미가 아니라 오랜 기간 전략을 고수한다는 의미다. 오쇼너시의 성장주 모델처럼 저PSR, 강한 상대강도, 그리고 늘어나는 이익 등에 초점을 맞춘 전략을 사용한다면, 그리고 보유종목의 펀더멘털에 변화가 생겨서 더 이상 이러한 판단기준에 미치지 못한다면 매도해서 여러분의 요구사항을 충족시키는 다른 주식으로 갈아타야 한다. 이는 아주 잠깐 주식을 보유했다가 바로 팔아버리는 것을 의미할 수도 있다. 그러나 여러분이 투자할 때

---

6) 물론 늘 그렇지는 않다. 하지만 펀더멘털이 좋은 종목은 성과가 좋으니까 장기적으로는 충분히 있을 수 있는 일이다.

내린 결정은 오랜 기간 고수할 장기전략에 의한 것이기 때문에 여러분은 여전히 장기투자자다.

자, 드디어 여기까지 왔다. 이제 여러분은 전략도 손에 넣었고 그것을 사용하게 해줄 중요원칙 6가지도 손에 넣었다. 위험을 줄이고 수익을 높이기 위해 전략을 어떻게 혼합해야 하는지도 깨우쳤다. 효과를 약화시키거나 선택의 폭을 줄이지 않고 여러분의 포트폴리오를 어떻게 구성해야 하는지도 배웠다. 감정을 어떻게 다스려야 하는지도 배웠다.

하지만 아직 여러분에게 자동차 열쇠를 넘겨줄 때가 아니다. 아직 설명하지 않은 천재투자자 원칙이 하나 더 남아 있다. 매우 중요한 것이다. 사실 너무 중요해서 종종 투자전략에서 빼먹기도 한다. 그래서 필자는 이것에 한 장을 온전히 할애하기로 결정했다. 궁금한가? 다음 장을 넘기면 마지막이면서 가장 중요한 이것이 무엇인지 알게 된다.

■ 천재투자자의 투자원칙 6 ■

종목이 아닌 전략을 고수하라

- 여러분이 매수를 결심했을 때의 펀더멘털 기준을 더 이상 충족시키지 못하는 주식이 있다면 굳이 의무적으로 보유해야 할 이유가 없다.
- 맹목적으로 오랜 기간 개별종목을 보유하고 있어서가 아니라 장기적으로 어떤 전략을 고수하고 있다면 여러분은 장기투자자다.

☑ 천재투자자들의 6가지 원칙

- **원칙 1 :** 전략을 합쳐서 위험은 최소화하고 수익은 극대화하라
- **원칙 2 :** 숫자를 고수하라
- **원칙 3 :** 장기적으로 신념을 고수하라
- **원칙 4 :** 분산하라. 그러나 가지고 있기만 해서는 시장을 이길 수 없다
- **원칙 5 :** 규모와 스타일에 치중하는 시스템은 투자가능성만 제한할 뿐이다
- **원칙 6 :** 장기투자자가 되기 위해 그 주식을 장기보유할 필요는 없다

CHAPTER 14

최후의 승리를 위해 언제 매도할지 정하기

날아가는 것은 어렵지 않다.
그물 속으로 들어가는 것이 어렵다.
– 마리오 자치니 (서커스에서 최초로 '인간탄환'이 된 사람) –

이제 모든 것이 한결 좋아 보인다. 시장을 이기는 10가지 투자전략이라는, 힘이 넘치는 10기통 엔진을 장착한 멋진 차를 손에 넣었고 운전하는 법도 배웠다. 엔진소리가 붕붕거리는 이 차를 타고 이제 풀풀 날리는 먼지 속에서 시장으로 떠날 채비를 마쳤다. 그런데 문제가 하나 있다. 이 차에 브레이크는 어디 있을까?

썩 괜찮은 수익을 가져다줄 종목을 어떻게 고르는지 알려주는 전략은 많은데 주식투자 방정식의 나머지 한쪽, 즉 언제 매도해야 하는지에 관해 설명하는 전략은 없다. 우리 차에 있어야 할 유명한 브레이크 말이다. 투자자에게는 무슨 종목을 사야 할지보다 언제 팔아야 할지 결정하는 것이 더 어렵다. 행태재무학 컨설팅회사인 캐봇 리서치는 최상위권 성적의 뮤추얼 펀드 매니저조차 매도 결정을 잘못해서 매년 1~2%의 수익을 잃는다고 한다. 1장에서 본 것처럼 아마추어 투자자가 전문투자자보다 훨씬 나쁜 성적을 내는데, 특히 매도 결정을 잘못해서 훨씬 더 큰 손실을 볼 때가 많다.

투자자가 매도에 어려움을 겪는 이유 중 하나는 투자세계에서 매도에 관한 조언이 거의 없기 때문이다. 투자전문지 〈인스티튜셔널 인베스터〉의 에이미 펠드먼은 캐봇과 CFA 인스티튜트가 실시한 설문조사에서 밝혀진 바에 따르면 고도의 신념이나 연구, 객관적인 기준 없이 매도에 임하는 전문투자자 비율이 70% 이상이라고 한다. 왜 매도 결정이 그토록 어려울까? 여기에는 오래되고 친밀한 적, 바로 우리의 뇌가 관련되어 있다.

비인기주 말고 인기주를 매수하라고 우리 뇌가 속삭이듯이, 종목을 언제 매도해야 할까 고민할 때 역시 뇌가 파멸을 초래하게 만든다. 시장에 발을 들여놓아본 적이 있는 사람이라면 매도시기를 저울질하는 것이 얼마나 어려운지 잘 알 것이다.

이처럼 매도원칙을 고수하는 것을 어렵게 하는 요인이 몇 가지 있다. 초보자에게는 '후회의 공포'라는 것이 있다. 판단 실수를 하면 기분이 안 좋다. 종종 그때 제대로 하지 못하고 나중에야 이 핑계 저 핑계를 대면서 자기 자신을 책망하는데, 이것은 결코 유쾌한 경험이 아니다. 더구나 주식으로 손해를 보았을 때는 더욱 그렇다. 시간이 흐른 뒤에는 모든 것이 명백해지는 법이라, 훨씬 후에야 잘못된 행동으로 판명된 일을 쉽게 피할 수도 있었을 텐데 하고 후회한다. 이런 느낌을 갖는다는 것 자체가 불쾌하다. 그래서 매도시점을 엉뚱하게 잡는 이유를 다룬 이론 가운데 하나는 '이미 가치가 떨어진 주식을 매도해서 생기는 고통이나 후

회의 감정을 본능적으로 뒤로 미루고 싶어서' 그 종목이 다시 반등할 가능성이 그리 크지 않은데도 매도를 미룬다는 것이다.

앞에서 본 '근시안적인 손실회피' 개념과 비슷하다. 1999년 리처드 탈러 교수는 〈행태재무학의 마지막〉이라는 논문에서 손실회피에 대해 이렇게 말했다. "의사 결정자에게 손실은 이익보다 더 크게 느껴진다. 손실 때문에 입는 상처가 이익으로 얻는 기쁨보다 거의 2배나 강하다." 그처럼 상처를 입히는 손실 때문에 우리는 이 상처를 뒤로 미루기 위해 더 이상 전망이 좋지 않은데도 매도를 꺼린다.

손실이 왜 그처럼 뼈아픈 것일까? 우리 자아를 뾰족한 바늘로 찌르는 것 같다는 것이 이유 가운데 하나다. 1999년 켄트 다니엘 교수와 세리단 티트먼 교수는 〈불합리한 세상의 시장효과〉라는 논문에서 사람은 자존심을 상하게 하는 정보를 무시하거나 과소평가하는 경향이 있다고 말한다. "예를 들어 투자자는 손해 본 주식을 매도하려 하지 않는데, 그 이유는 손해 본 주식을 매도하는 것은 실수를 받아들인다는 뜻이고, 또 신뢰의 상실로 이어져 심신에 해로운 결과를 미치기 때문이다. 비슷한 이유로 투자자는 자신이 과거에 내린 결정을 지지하는 경향이 있고, 과거에 내린 결정이 실수였다는 것을 보여주는 정보를 피하려는 경향이 있다." 본질적으로 실수를 인정하는 것을 회피함으로써 사실을 왜곡해 우리 자신에 대해, 우리의 종목선택 능력에 대해 기분 좋게 생각하려고 한다. 이렇게 하면 기분이 나쁜 것은 막을 수 있지만 실수에서 배우는 일은 없다.

투자자가 흔히 저지르는 일반적인 실수로 또 꼽을 수 있는 것은 승리주를 지나치게 오래 보유하는 것이다. 2001년에 나온 책 《Navigate the noise(금융 뉴스가 넘쳐나는 시대에 흔들리지 않고 투자하기)》에서 리처드 번스타인은 성장주 펀드매니저들이 그렇게 하는 것은 "기업의 전망이 좋다는 소식으로 고무되기 때문"이라고 지적한다. 딱 들어맞는 예가 1990년대 말 기술주 붐이었다. 전문투자자든 아마추어든 많은 투자자가 인터넷 버블로 돈을 많이 벌었다. 문제는 이 기술주들이 합리적인 수준 이상으로 가격이 올랐고, 가격이 오른 후에도 아주 오랫동안 버블이 계속 커졌다는 점이다. '인터넷 시대'가 왔다고 다들 열광했고 주식시장을 근본적으로 변화시킬 것이라고 호들갑을 떨었다. 월드와이드웹이 도래하면서 이러한 이론은 힘을 받았고, 무한한 가능성은 곧 무한한 수익을 의미했다. 과대선전에 눈이 멀어서 엄청난 돈을 번 사람은 논리를 무시하고 보유주식을 너무 오래 붙들고 있었으며 그 끝은 폭락이었다.

이러한 문제 가운데 일부라도 피하기 위해 어떤 사람은 사들인 종목에 목표가격을 정해둔다. 만약 주가가 30% 이상 오르면 종목을 팔아 이익을 실현한다. 그럴듯하게 들리지만 또 다른 문제를 일으킨다. 이익을 낸 종목이 모두 똑같지는 않다는 점이다. 30% 올랐다가 떨어지는 종목도 있는 반면 어떤 종목은 30% 오르고 계속 올라서 200% 더 오른다. 이처럼 목표매도가를 임의로 정해두는 것은 도움이 될 때도 있지만 피해를 줄 때도 있다.

어떻게 하면 매도를 잘할 수 있을까?

이런 문제에도 불구하고 감정을 억제하면서 훌륭하고 감각 있는 매도 결정을 하려면 어떻게 해야 할까? 어떤 주식을 살까 결정할 때 감정을 자제하던 바로 그 방법으로 하면 된다. 감정에 따른 예감, 자의적인 가격목표가 아니라 냉정하고 엄격한 펀더멘털에 기초해 매도 결정을 하겠다는 신념을 지키는 것이다. 투자운용업계뿐 아니라 우리 모델 포트폴리오에서도 이렇게 했으며, 우리 모델의 결과가 좋은 이유도 바로 펀더멘털에 기초해 매도 결정을 했기 때문이다.

우리의 매도시스템이 어떻게 작동하고, 왜 작동하는지 이해하기 위해 우리의 매수전략에 숨어 있던 기본적인 전제로 되돌아갈 필요가 있다. 장기적으로 투자자는 강력한 펀더멘털을 가진 종목에 자연스럽게 끌린다. 왜냐하면 펀더멘털이 좋은 회사는 가장 튼튼한 회사고 그래서 시간이 흐르면 주가가 오르기 때문이다. 우리는 펀더멘털로 매수하는 것이지 주가가 높거나 낮거나 오르거나 떨어진다고 해서 매수를 하는 것이 아니다. 매수가격으로 접근하는 것은 해당주식의 주가매출액비율(PSR)이나 주가수익률(PER) 같은 펀더멘털과 관계가 있다.

그래서 포트폴리오를 구성할 때 가장 펀더멘털이 좋은 종목을 고르고 싶어한다. (고장난 레코드처럼 자꾸 반복해서 미안하지만) 장기적으로 펀더멘털이 강한 기업이 가장 강한 회사이기 때문에 투자자는 해당주식으로 자연스럽게 끌리게 된다. 좋다. 대단하다고 이야기할지 모른다. 그러나 그것이 주식을 사는 방법이다. 이미 다루었다. 그러면 이것이 주식을 매도하는 것과 무슨 관계가 있는가?

하나하나가 모두 매도와 관계가 있다. 펀더멘털이 튼튼하다고 주식을 산다면, 그리고 장기적으로 펀더멘털이 튼튼한 주식의 가격이 오른다면 여러분은 그 주식을 고를 때 사용한 펀더멘털 기준을 계속 충족하는 한 해당주식을 계속 보유해야 한다. 매수하자마자 폭락 또는 폭등하는 것은 아무 문제가 되지 않는다. 문제는 해당주식의 현재 펀더멘털이다. 주가는 매수 때처럼 주가수익률이나 주가매출액비율 등의 펀더멘털과 어떤 관계가 있는지의 측면에서만 문제가 된다. 많은 투자자가 가격이 떨어졌다고, 손실을 줄일 필요가 있다고 생각해서 주식을 매도할 것이다. 아니면 주가가 올라서 주가가 다시 내려갈 위험보다는 이익을 실현하는 것이 현명한 판단이라고 생각해서 매도할 것이다. 하지만 그것들은 모두 자의적이고 감정적인 결정이다. 펀더멘털이 계속 튼튼하다면 더 많은 가치를 얻을 수 있는 주식을 팔아야 할 이유가 없다.

만약 해당주식의 펀더멘털이 나빠져 그 주식을 살 때 사용한 판단기준을 더 이상 충족시키지 못한다고 하면 그때가 바로 매도시점이며, 그 종목 대신 판단기준을 충족할 다른 종목으로 바꿀 시점이 된 것이다.

그래서 매도평가는 해당종목이 현재 있는 바로 그 자리에서 계속해서 재평가를 하는 것이다. 1개월 전이 어땠고 6개월 전이 어땠으며 그 주식을 언제 샀는지가 아니라 해당종목의 전망이 어디로 향할지 끊임없이 재평가해야 한다.

그러면 '끊임없이 재평가한다'는 것이 무슨 의미인가? 보유주식이 여러분의 판단기준에 맞는지 확인하기 위해 하루 한 번씩 체크하는가? 아니면 일주일에 한 번? 한 달에 한 번? 1년에 한 번? 2003년 중반 이후 우리는 천재투자자들 각 전략의 모델 포트폴리오를 돌려보았다. 우리는 각 모델에 월간, 분기 간, 연간 등 각기 다른 재조정 기간을 적용했다. 해당 천재투자자를 소개하는 장 마지막에 나와 있는 모델 포트폴리오의 수익률은 월간 재조정 기간을 사용해 10개 종목, 20개 종목 포트폴리오를 낸 것이다. 평균적으로 이 같은 월간 재조정은 최고의 수익을 낳는 경향이 있다. 분기와 연간으로 재조정하는 포트폴리오는 시장보다 수익이 좋기는 하지만 우리가 한 월간 재조정보다는 수익률이 낮다. 2008년 5월 23일 현재 이 책에서 다룬 10명의 천재투자자 전략의 연평균수익률은 포트폴리오가 월간 단위로 재조정되었을 때 16.2%였고 분기 단위로 했을 때는 15.4%, 연간 단위로 했을 때는 10.4%였다.

월간 재조정 투자법은 약간의 노력, 시간 그리고 책임이 필요하다. 만약 여러분이 바쁜 전문직 종사자이거나 여행하고 싶은 은퇴자, 또는 어린아이가 딸린 전업주부라면 재조정을 자주 하지 않는 것이 더 나을지 모르고 전략을 더 일관성 있게 따르는 좋은 기회를 줄지도 모른다. 1개월 단위로 재조정을 하든 아니면 여러분에게 적합한 재조정 기간을 설정하든 여기서 중요한 점은 바로 다음 사항이다.

정해진 기간마다 여러분의 포트폴리오를 재조정할 필요가 있다. 이를 통해 여러분이 해당종목을 매수했을 때의 이유와 현재의 상황을 재평가해야 한다. 처음 고를 때 기준을 충족할 수 없다면 그 종목을 새로운 종목으로 바꾸는 것을 검토해보아야 한다.

보유하고 있는 포트폴리오가 이익을 낳든 손해를 낳든 어느 경우에나, 또 여러분 포트폴리오의 균형이 맞지 않는 부분을 보충하기 위해 재조정 기간을 가져야 한다. 이때 가중치를 동일하게 부여해야 한다. 하지만 완벽하게 되지는 않는다. 만약 어떤 종목이 이익이 나서 다른 종목보다 몇 포인트 이익이 더 난다면 몇 주를 매도할 필요는 없다. 거래수수료가 붙으면 본전으로 그칠지도 모른다. 간단하게 말하면 재조정 목표 퍼센트를 설정하기를 원할지도 모른다. 예를 들어 여러분 포트폴리오에서 보유 비중이 여러분의 목표치보다 10% 내외라고 한다면 그 목표치로 돌아가기 위해 매수하거나 매도한다.

재조정 계획을 고수해서 매도 결정에 감정이나 과대광고가 끼어들지 못하게 해야 한다. 정해진 시간 간격으로 매도하고 펀더멘털에 근거해 매도한다. 주식을 살 때와 마찬가지로 감각으로 찍기, 반사적 반응은 여기에 끼어들 자리가 없다.

그러나 재조정 기간이 돌아오기를 기다리지 말고 주식을 팔아야 할 몇 가지 이례적인 경우가 있다. 기업이 주요 회계 스캔들이나 이익 스캔들에 연루되었거나 연루되었다는 의혹이 제기되면 바로 해당주식을 매도해야 한다. 왜냐하면 공개적으로 발표된 그 회사의 재무자료를 더 이상 신뢰할 수 없기 때문이다. 더구나 어떤 기업이 지난번 재조정 이후 심각한 파산 위험에 처했다면 해당주식을 바로 매도해야 한다.

세금으로 깎이는 수익도 따져보라

매도 결정에는 종목의 펀더멘털이 가장 중요하지만, 매도시점에 미묘한 영향을 미칠 수 있는 요소가 또 하나 있다. 세금이다.[1)]

정부의 주식 양도차익 과세방법은 단기와 장기로 구분된다. 1년 혹은 그 이하 기간 보유에서 오는 단기 양도차익 과세는 액수에 따라 다르지만 대략 35% 정도다. 1년 이상 보유해서 얻게 된 장기 양도차익에 적용되는 세율은 상당히 낮은 편으로 15% 내외다.

주식투자자 대부분은 15% 이상의 고액납세자로 분류되는데, 이는 장기 양도차익에 대한 세금부과보다 단기 양도차익에 대한 세금부과가 더 많다는 뜻이다. 따라서 양도차익을 거둔 종목을 매도할 때는 이 부분을 깊이 고려해야 한다. 재조정을 해보니 양도차익은 났지만 더 이상 펀더멘털 기준을 충족시키지 못한다는 것을 알게 되면 얼마 동안 보유했는지 따져 봐야 한다. 1년 이상 보유했다면 바로 팔아야 한다. 보유기간이 1년 이하라면 양도차익에 얼마나 세금이 부과될지 따져봐야 한다.

1년을 채웠을 때 얻는 세제 혜택이 더 크다면 보유종목의 펀더멘털이 더 떨어지더라도 참아야 한다. 얼마나 참아야 하는지는 여러분에게 달려 있다. 이 부분에서 정답은 없으며, 1년을 채우기 위해 펀더멘털이 떨어지는 종목을 보유하는 데서 오는 위험도 확실히 있을 수 있다. 하지

1) 퇴직연금 등 비과세 대상이라면 이 내용은 해당사항 없다.

만 중요한 사실은 포트폴리오에 어떤 가이드라인을 적용하든 그 가이드라인에 충실해야 한다는 점이다. 1년 기한에 도달했을 때 보유종목이 어떤 상태가 될지 짐작이나 예측에 따라 각각 달리 대하고 싶지 않을 것이다.

누구든 완벽한 사람은 없다는 점을 명심하라

주식 매도시점에 대해 명심해야 할 한 가지는 어떤 투자자도, 세상에서 가장 위대한 천재투자자조차도 늘 올바를 수는 없다는 점이다. 마틴 즈웨이그가 한 말을 기억해보자. 결국 60% 성공은 엄청난 수익이며 50% 수익은 그런대로 괜찮은 수익, 그리고 40% 수익도 시장을 이긴 수익이다.

주식시장에서는 어느 누구도 영원히 옳을 수 없다. 워런 버핏조차 잘못된 투자를 한다. 버크셔 해더웨이 연례 투자보고서를 읽어보면 버핏 스스로 자신의 잘못된 투자에 대해 솔직하게 이야기하는 것을 볼 수 있다.

필자 자신의 경험도 즈웨이그의 주장을 지지한다. 이 책에서 언급한 모든 포트폴리오의 지난 5년간 투자실적을 추적한 결과, 정확성 측면에서 최고인 데이비드 드레먼의 10개 종목 포트폴리오는 설정 이후 해당기간의 62.7% 기간은 수익을 기록했다. 해당기간 중 62.7%의 기간[2] 동안 S&P500의 3배에 달하는 수익률을 기록한 것이다. 대부분 우리 포트폴리오는 정확도가 완벽에서는 한참 먼 50~60%인데도 시장의 2배, 3배, 4배의 수익을 거두었다. 어느 누구도 항상 옳을 수는 없다는 사실을 안다면, 손해를 보고 매도해야 할 때도 마음이 조금은 편해질 것이다.

그러나 영원히 올바를 수는 없지만 잘못되기보다는 훨씬 더 올바를 수 있다. 결국 어떤 일이 있어도 펀더멘털 위주로 매도하고, 재조정 계획을 세우고 이를 충실히 지키는 것이 관건이다. 때때로 포트폴리오에서 손해가 날 때는, 어떤 종목을 팔아버리고 손해를 만회하기 위해 예측이나 짐작으로 투자하는 다른 투자자들을 쫓아가고 싶을 때도 있을 것이다. 하지만 여러분이 확고하면서도 상세한, 정량적인 매도시스템을 제대로 갖추고 있다면 단기적인 감정으로 장기성과를 그르치는 일을 피할 수 있을 것이다.

---

2) 이 기간은 전체 기간의 2/3 정도다.

천재투자자들의 매도 포인트

- 일정 기간, 즉 매달, 매 분기, 매년마다 포트폴리오를 재조정하라. 우선 해당주식을 살 때 사용한 펀더멘털 기준을 더 이상 충족시키지 못하는 종목은 매도하라. 기준을 충족시키는 종목으로 대체하라.

- 회계부정이나 이익부정과 연루된 종목은 즉시 매도하라. 파산에 직면했을 때도 마찬가지다. 이 경우 다음 재조정 기간까지 기다리지 마라.

- 세금 관계로 1년 이상 보유했는데 수익이 난 상태이거나 1년이 안 되었는데 손해가 난 상태라면 팔아버리는 것이 최선이다. 1년 가까이 보유했다면 세금을 줄이기 위해 1년 기한을 넘길 때까지 보유하는 것을 검토해 보라.

- 여러분의 시스템으로 주식투자에서 손실을 보았다고 해서 실망하지 마라. 최고의 천재투자자조차 항상 성공하는 것은 아니다.

용어	영어약어	영어	공식
단순자기자본비율		equity-to-assets ratio	전체 자산 대비 보통주로 된 자기자본의 비율
이익성장률	PEGR	Price Earnings to Growth Ratio	주가수익률 ÷ 주당순이익 연평균증가율
이익수익률		earnings yield	세전영업이익 ÷ 기업가치
자기자본이익률	ROE	Return On Equity	당기순이익 ÷ 자기자본
자본수익률	ROC	Return On Capital	세전 영업이익 ÷ (순운전자본 + 순고정자산)
주가매출액비율	PSR	Price Sales Ratio	주가 ÷ 1주당매출액
주가배당비율	PDR	Price Dividend Ratio	현재 주가를 최근 연간 배당으로 나눈 비율
주가수익률	PER	Price Earnings Ratio	주가 ÷ 주당순이익
주가순자산비율	PBR	Price Book-value Ratio	주가 ÷ 1주당순자산
주가연구비비율	PRR	Price Research Ratio	시가총액 ÷ 지난 1년간 연구개발에 쓴 금액
주가현금흐름비율	PCR	Price Cashflow Ratio	현재 주가를 최근 회계연도의 현금흐름으로 나눈 비율
주당순이익	EPS	Earnings Per Share	당기순이익 ÷ 총발행주식수
주주수익률		shareholder yield	배당수익률 + 자사주재매입
초기투자수익률			주당순이익 ÷ 주가
총자본수익률	ROTC	Return On Total Capital	순이익을 총자본(자본+부채)으로 나눈 것
총자산수익률 (=총자산이익률)	ROA	Return On Assets	당기순이익 ÷ 총자산
풋/콜비율			풋옵션 거래대금 ÷ 콜옵션 거래대금

| 주식시장의 천재투자자들 관련 도서 |

- Benjamin Graham, David Dodd. Security analysis. McGraw-Hill, 1934. (벤저민 그레이엄·데이비드 도드, 《증권분석》 박길수 옮김, 리딩리더, 2008)
- Benjamin Graham, Jason Zweig, Warren Buffet. The intelligent investor. New York: HaperCollins, 2003. (벤저민 그레이엄·제이슨 츠바이크·워런 버핏, 《현명한 투자자》 박진곤 옮김, 국일증권경제 연구소, 2007)
- David Dreman. Contrarian investment strategies: The next generation. New York: Simon & Schuster, 1998. (데이비드 드레먼, 《역발상투자》 이건·김홍식 옮김, 흐름출판, 2009)
- David Dreman. Psychology and the stock market: Investment strategy beyond random walk. AMACOM, 1977.
- James O' Shaughnessy. How to retire rich. Broadway, 1998.
- James O' Shaughnessy. Invest like the best. McGraw-Hill, 1998.
- James O' Shaughnessy. Predicting the markets of tomorrow. Portfolio Hardcover, 2006.
- James O' Shaughnessy. What works on Wall Street. New York: McGraw-Hill, 1996.
- Janet Lowe. Benjamin Graham on value investing: Lessons from the Dean of Wall Street. Chicago: Dearborn, 1994.
- Janet Lowe. The rediscovered Benjamin Graham: Selected writings of the Wall Street legend. New York: John Wiley & Sons, 1999. (자넷 로우, 《벤저민 그레이엄의 투자 강의》 박진곤 옮김, 국일증권경제 연구소, 2009)
- Janet Lowe. Value investing made easy. New York: McGraw-Hill, 1997.
- Jason Zweig. Your money and your brain: How The science of Neuroeconomics can help make you rich. New York: Simon & Schuster, 2007. (제이슨 츠바이크, 《머니 앤드 브레인》 오성환·이상근 옮김, 까치, 2007)
- Jeremy Siegel. Stocks for the long run. New York: McGraw-Hill, 2007. (제러미 시겔, 《장기투자 바이블》 미래에셋증권 자산운용컨설팅본부·미래에셋생명 재무컨설팅본부 옮김, 김&정, 2008)
- Joel Greenblatt. The little book that beats the market. New York: John Wiley & Sons, 2006. (조엘 그린블라트, 《주식시장을 이기는 작은 책》 안진환 옮김, 시공사, 2006)
John Mauldin. Bull's eye investing: Targeting real returns in a smoke and mirrors market. Hoboken, NJ.: John Wiley & Xons, 2004.

- John Neff, S.L. Mintz. John Neff on investing. New York: John Wiley& Sons, 1999. (존 네프·S.L. 민츠, 《가치투자, 주식황제 존 네프처럼 하라》 김광수 옮김, 시대의창, 2007)
- John Train. Money masters of our time. New York: HarperCollins, 2000.
- Kenneth Fisher, Jennifer Chou, Lara Hoffmans. The only three questions that count. Hoboken, NJ.: John Wiley & Sons, 2007. (켄 피셔·제니퍼 주·라라 호프만스, 《3개의 질문으로 주식시장을 이기다》 우승택·김진호 옮김, 비즈니스맵, 2008)
- Kenneth Fisher, 100 minds that made the market. Business Classics Press, 1993. (켄 피셔, 《시장을 뒤흔든 100명의 거인들》 이건·김홍식 옮김, 비즈니스맵, 2009)
- Kenneth Fisher. The Wall Street waltz: 90 visual perspectives. Pacific Publishing Group, 1987. (켄 피셔, 《90개 차트로 주식시장을 이기다》 김중근 옮김, 비즈니스맵, 2008)
- Martin Zweig. Winning on Wall Street. New York: Warner Books, 1986.
- Mary Buffett, David Clark. Buffettology. New York: Simon & Schuster/Fireside, 1999. (메리 버핏·데이비드 클라크, 《워런 버핏, 주식투자 이렇게 하라》 이기문 옮김, 청림출판, 2008)
- Mary Buffett, David Clark. The new Buffettology. New York:Simon& Schuster/Rawson Associates Scribner, 2002. (메리 버핏·데이비드 클라크, 《워런 버핏의 실전주식투자》 최준철 옮김, 이콘, 2005)
- Peter Lynch, John Rothchild. Beating the Street. New York:Simon& Schuster/Fireside, 1994. (피터 린치, 《이기는 투자》 권성희 옮김, 흐름출판, 2008)
- Peter Lynch, John Rothchild. One up on Wall Street. New York:Simon & Schuster, 1989. (피터 린치 • 존 로스차일드, 《전설로 떠나는 월가의 영웅》 이건 옮김, 국일증권경제연구소, 2009)
- Philip A. Fisher. Common stocks and uncommon profits. Harper & Brothers Publishers, 1958. (필립 피셔, 《위대한 기업에 투자하라》 박정태 옮김, 굿모닝북스, 2005)
- Philip E. Tetlock. Expert political judgment: How good is it? How can we know?. Princeton, N.J.: Princeton University Press, 2006.
- Richard Bernstein. Navigate the noise: Investing in the new age of media and hype. New York:John Wiley & Sons, 2001.
- Robert G. Hagstrom. The Warren Buffet way. New York:John Wiley & sonx, 1994. (로버트 해그스트롬, 《워런 버핏의 완벽투자기법》 구본성 옮김, 세종서적, 2005)
- Roger Lowenstein. Buffett: The making of an American capitalist. New York: Doubleday, 1995.
- Warren Boroson. J.K. Lasser's pick stocks like Warren Buffett. New York:John Wiley& sons, 2002.
- 켄 피셔, 《슈퍼 스톡스》 이건·김홍식 옮김, 중앙북스, 2009.

THE GURU INVESTOR

주식시장의 천재투자자들

초판 1쇄 인쇄 2020년 10월 30일
1쇄 발행 2020년 11월 05일

지은이 **JOHN P. 리즈, JACK M. 포핸드**
펴낸이 **우세웅**
책임편집 **장보연**
기획편집 **김은지 박서영**
콘텐츠기획·홍보 **박서영**
북디자인 **이선영**

종이 ㈜**타라유통**
인쇄 ㈜**다온피앤피**

펴낸곳 **슬로디미디어그룹**
신고번호 **제25100-2017-000035호**
신고년월일 **2017년 6월 13일**
주소 **서울특별시 마포구 월드컵북로 400, 상암동 서울산업진흥원(문화콘텐츠센터)5층 20호**
전화 **02)493-7780**
팩스 **0303)3442-7780**
전자우편 **slody925@gmail.com(원고투고·사업제휴)**
홈페이지 **slodymedia.modoo.at**
블로그 **slodymedia.xyz**
페이스북,인스타그램 **slodymedia**

ISBN 979-11-88977-61-1 (03320)
이 도서의 국립중앙도서관 출판예정도서목록(CIP)은 서지정보유통지원시스템 홈페이지(http://seoji.nl.go.kr)와 국가자료공동목록시스템(http://www.nl.go.kr/kolisnet)에서 이용하실 수 있습니다. (CIP제어번호 : CIP2020044019)